职业教育"十四五"规划教材
财会专业课证岗一体化教材·校企合作系列

税务会计实务

（第二版）

主　编　吴　瑶　玉秋兰
副主编　陈　园　陈　添　樊红艺

立信会计出版社
LIXIN ACCOUNTING PUBLISHING HOUSE

图书在版编目(CIP)数据

税务会计实务 / 吴瑶,玉秋兰主编. -- 2 版.

上海:立信会计出版社,2025.8. -- ISBN 978-7-5429-7933-9

Ⅰ. F810.62

中国国家版本馆 CIP 数据核字第 2025C22X53 号

策划编辑　　余　榕
责任编辑　　王秀宇
美术编辑　　北京任燕飞工作室

税务会计实务(第二版)

SHUIWU KUAIJI SHIWU

出版发行	立信会计出版社		
地　　址	上海市中山西路 2230 号	邮政编码	200235
电　　话	(021)64411389	传　　真	(021)64411325
网　　址	www. lixinaph. com	电子邮箱	lixinaph2019@126. com
网上书店	http://lixin. jd. com		http://lxkjcbs. tmall. com
经　　销	各地新华书店		

印　　刷	浙江临安曙光印务有限公司
开　　本	787 毫米×1092 毫米　　1/16
印　　张	14.25
字　　数	356 千字
版　　次	2025 年 8 月第 2 版
印　　次	2025 年 8 月第 1 次
书　　号	ISBN 978-7-5429-7933-9/F
定　　价	46.00 元

职业教育"十四五"规划教材
财会专业课证岗一体化教材·校企合作系列
编委会名单

主　　　　任　张红梅　广西金融职业技术学院(广西银行学校)
　　　　　　　　　　教授

副　　主　　任　徐建宁　北京东大正保科技有限公司
　　　　　　　　　　(中华会计网校)高级会计师

参 编 行 业 专 家　(排名不分先后)
　　　　　　　　农初勤　广西南宁海翔会计师事务所所长
　　　　　　　　　　高级会计师
　　　　　　　　蒋海娟　广西安驰财务管理有限责任公司 董事长
　　　　　　　　黄河景　新道科技股份有限公司 工程师
　　　　　　　　李　昕　中联集团教育有限公司 工程师
　　　　　　　　李高齐　浙江衡信教育有限责任公司 工程师

学校主要编写人员　(排名不分先后)
　　　　　　　　张　祺　陈　园　吴　瑶　苏　梅　李思静
　　　　　　　　李　燕　陈苗苗　周平欢　蒙环宁　玉秋兰
　　　　　　　　马靖杰　刘　喆　陈　添　陈素萍　蒙丽容

　　随着"互联网＋"的快速发展,教育信息化"十四五"规划提出了职业教育信息化建设的目标任务和重点措施,在线教育、数字化教材已经成为传统教育行业转型的重要方向。开发符合"互联网＋"教育的教材,以教育信息化全面推动教育现代化,促进教育公平,提升教育质量,为培养现代化建设所需要的高素质人才提供保障,已成为当前教材建设和改革的重中之重。

　　广西金融职业技术学院作为广西唯一的专门培养财经人才的全日制高等职业教育学校,享有"广西金融人才的摇篮"之美誉,其大数据与会计专业群实力雄厚,有一支业务水平高、教学能力强、专兼结合、双师型结构的优秀教学团队。近年来,学校在大力推进教育教学改革的基础上,在专业建设方面取得明显成效,毕业生就业率达到95％以上,毕业生双证率达到99％以上,地域品牌效应显著,已经成为广西职业院校中大数据与会计专业群学生规模最大的学校。近年来,学校专任教师依据教学改革成果,结合职业教育人才培养目标和大数据与会计专业群的特点,与用友、新道、中联、百望、浙江衡信、厦门网中网等龙头企业开展校企合作,带动兄弟学校,在专业建设指导委员会的指导下,联合行业、企业专家,推出一套基于"互联网＋"教育教学改革理念的课证岗融合的高质量的职业教育"十四五"规划教材。

　　本套教材校企共研,着重体现课证岗融合和产学合作的特点:

（1）从职业岗位能力培养出发，注重学生职业能力的养成。职业能力培养是职业院校教育的培养目标，财税职业能力围绕学生的职业道德素养养成和职业技能训练来开展。本套教材从大数据与会计职业能力入手，根据现行的准则、政策法规，每个模块把"知识目标""能力目标""素质目标"等教学目标有机结合，按任务和活动设置职业能力目标，明确工作任务，引导学生有效学习。

（2）关注学生专业技术资格证书、职业技能等级证书的认证需求，立体化特色鲜明。教材注重专业技术资格证书、职业技能等级证书相关知识考试的规划和整合，文字通俗易懂，配备各个知识点归纳、比较、总结的图表，以及大量形象化的案例和典型考点等内容，让学生边思边学，边做边学，对于重要事项和考点列有"温馨提示"和"特别提醒"等内容，并配备二维码链接，将教材学习和实训、测试、互动等辅助教学资源紧密结合，实现资源立体化，为教师和学生提供全面的教学支持。

（3）注重学生可持续发展和继续教育的需求。在突出培养学生动手能力的同时，充分考虑职业院校学生的职业发展需求和综合能力培养，在融合会计专业理论知识的同时兼顾学生继续教育和终身教育的要求，丰富教学资源的内容及其呈现途径，引导学生持续性学习。

（4）注重思政教育。本套教材以教育部《高等学校课程思政建设指导纲要》的文件精神为指引，贯彻执行"课程思政建设是落实立德树人根本任务的战略举措"，具体模块教学中渗透职业素养教育，培养学生爱岗敬业、廉洁自律、依法纳税、勤俭节约等素养和品质，教育学生树立正确的人生观和价值观，有助于为学生职业能力发展奠定良好的基础。

（5）校企合作。为了更好地融合"岗课赛证"的知识内容，本套教材由我校与企业共同组织专业老师编写，融合了学校专任老师丰富的教学经验以及企业提供的丰富的题库资源和专业的证书考试指导，校企共同确定教材大纲和编写内容，既满足了学生职业岗位能力培养的需要，又满足了证书考试的需求。

本套教材根据我国现行的企业会计准则体系和税收政策法规编写，不论是课程标准开发，还是项目载体的设计、教学方法的改革和创新，都凝结了编写队伍在会计示范特色专业及实训基地建设中的心血和多年的教学经验。本套教材的出版，将为财会专业职业教育教材建设的不断发展提供新的助力。

张红梅

2023 年 7 月

本书是根据高职高专人才培养目标,为培养能面向一线,懂理论、重操作的高等应用型会计专业人才,满足"培养学生实践能力为主,理论够用为度"的高职高专教育要求而编写的。本书遵循"以学生为主体,以就业为导向"的原则,以"税务基础知识＋会计核算"为主线,以"精简理论,突出实务"为宗旨,在编写时认真分析并结合了我国目前高职高专教育教学特点和学生的知识能力水平,切实帮助学生解决税务会计实务中遇到的各类问题。

本书主要介绍了我国现行税制中增值税、消费税、企业所得税、个人所得税等 14 个企业日常业务中常见税种的基本知识以及税款的计算与征收管理,重点阐释了各个税种在税款形成过程中的会计核算。

本书立足税务会计岗位的实际需要,以帮助学生解决企业涉税业务会计核算工作中的具体问题为编写目标,具有以下特点。

1. 引入思政元素

本书以习近平新时代中国特色社会主义思想为指引,融合了党的二十大精神,引导学生了解税收理论与实践,增强学生对税制设计的政治认同、思想认同、情感认同,有助于引导学生深刻理解并自觉践行税务会计的职业规范,增强其职业责任感,进而培养学生遵纪守法、爱岗敬业的职业品格和行为习惯。

2. 紧扣现行法规和政策

本书的编排以现行的税收法律法规和《企业会计准则》为依据,结

合时政和国家近期颁布的税收政策,紧扣近年来财税改革的新动向和新政策,保证教学内容的先进性。

3. 编排内容注重实用性

本书按照企业税务会计岗位对应的知识、能力、素质要求编写,立足于企业经营中的常见业务,选用典型案例资料,并灵活穿插各种思考、提示内容,而且各项目前都设置了知识点思维导图来提示教学重点,各项目后附有多种形式的课后练习,有助于激发学生的学习兴趣,培养学生的自主学习能力。

4. 内容形式灵活,便于教学

本书在进行基础知识阐释时采用多种图表,并在项目结束时列出项目小结进行重点归纳,有助于学习者记忆知识点、方便教师考核知识点。本书注重税务会计技能训练,能体现高等职业教育特色,便于教师运用"教、学、做"的模式组织教学活动。

5. 具有丰富的配套资源

本书已经录制了全套教学视频,在线精品课程资源(网址为https://coursehome. zhihuishu. com/courseHome/1000075648/176082/19♯teachTeam)已正式上线,免费开放,有助于学生学习。

本书既可以作为我国高职高专财税大数据应用专业、大数据与会计专业及其相关专业的教学用书,又可作为企业单位经济管理人员学习税务会计知识的参考用书。

在教材编写过程中,编者参阅了许多专家、学者的专著和教材,同时得到了广西金融职业技术学院、厦门网中网软件有限公司等单位提供的帮助,谨在此向相关单位和作者表示由衷的感谢!

本书由吴瑶、玉秋兰任主编,由陈园、陈添、樊红艺任副主编,易子园、王夏林参编。由于编者水平有限,本书若存在疏漏或不足之处,恳请广大读者批评指正，以便我们进一步修订和完善。

编者

2025 年 8 月

扫描下方二维码可获取模拟测试一和模拟测试二的试题及参考答案。

模拟测试一试题

模拟测试二试题

模拟测试一参考答案

模拟测试二参考答案

扫描下方二维码可获取有关税收法律法规更新资料：

教材补充资料

CONTENTS 目 录

项目一

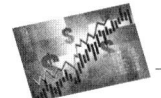

税务会计基础知识

[知识目标]
1. 掌握税务会计的基础知识。
2. 掌握税务会计的基本前提和原则。
3. 熟悉税务会计的工作流程。

[能力目标]
1. 能区分税务会计与财务会计的不同。
2. 能理解税务会计的基本前提。
3. 能基本阐述税务会计的工作流程。

[素质目标]
1. 形成税务会计的基本职业素养。
2. 培养不做假账,守法、诚信的职业道德观念。

[知识点思维导图]

```
                    ┌ 税务会计的概念
          税务会计概述 ┤ 税务会计的对象、目标和职能
                    └ 税务会计与财务会计的区别

税务会计基础知识 ┤ 税务会计的基本前提和原则 ┤ 税务会计的基本前提
                                      └ 税务会计的原则

                    ┌ 税务登记
          税务会计的工作流程 ┤ 账证票管理
                    │ 纳税申报
                    └ 税款缴纳
```

 案例导入

2021年12月,浙江省杭州市税务局稽查局经税收大数据分析发现,网络主播黄某于2019—2020年,通过隐匿个人收入、虚构业务转换收入性质、虚假申报等方式偷逃税款6.43亿元,少缴其他税款0.6亿元。该稽查局依法对黄某作出税务行政处理处罚决定,追缴税款、加收滞纳金并处罚款共计13.41亿元。2021年12月20日,黄某因偷逃税致歉后,其在淘宝、抖音、微博等多个平台的账号被封。2021年12月21日,中央纪委国家监委网站刊文表示,直播不是法外之地。

(资料来源:

佚名.薇娅偷逃税被查,网络直播税收秩序规范迎来新拐点[EB/OL].(2021-12-20)[2023-05-24].http://www.chinatax.gov.cn/chinatax/n810219/c102025/c5171510/content.html.)

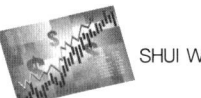

[思考]

该案例给大家敲响警钟,遵纪守法是每个公民应尽的义务。那么,作为一名未来的会计从业者,我们应该进行哪些知识储备来避免主动或者被动碰触税收法律红线呢?

任务一　税务会计概述

一、税务会计的概念

税务会计是以国家现行的税收法律法规为准绳,以货币为主要计量单位,运用会计核算的专门方法,对纳税单位税基形成以及税款的形成、计算、申报和缴纳所引起的资金运动,进行连续、系统、全面的核算和监督的一门专业会计。

税务会计是现代会计体系的重要组成部分,是企业会计的一个特殊领域。它以财务会计为基础,能对企业的涉税事项进行系统的反映,并对财务会计中,按会计准则进行的会计处理与现行税收法律法规不一致的会计事项进行纳税处理。即使当会计准则与现行税收法律法规的规定基本一致时,应纳税额的计算、申报、缴纳乃至纳税筹划等事项也依然存在,税务会计的应用就显得十分必要了。税务会计融合于企业会计核算的全过程。税务会计并非要求企业在财务会计的凭证、账簿、报表之外再设一套会计账表(纳税申报表及其附表除外),而是借助于财务会计的凭证、账簿、报表以及会计核算方法进行会计处理,对财务会计提供的资料按照税收法律法规的要求进行计算和调整后,再融入财务会计账簿和财务会计报表之中。所以,税务会计是融国家税收法律法规和会计核算为一体的一门特殊的专业会计。

二、税务会计的对象、目标和职能

(一) 税务会计的对象

税务会计的对象,即税务会计核算和监督的内容。凡是企业在生产经营过程中能够用货币表现的各种税务活动,都是企业税务会计核算和监督的内容。税务会计的对象主要包括以下几项。

1. 税基的确定

税基是指课税基础。它包含两层含义:一是指某类税的经济基础,如流转税的课税基础是流转额,所得税的课税基础是所得额,财产税的课税基础是财产额等;二是指计算缴纳税金的依据或标准,既有从价计征,又有从量计征,还有复合计征。在企业中,属于计税基础和依据的业务内容主要有应税流转额,生产、经营成本(费用)扣除额,应税所得额,应税财产额,应税行为计税额等。

2. 税款的计算与核算

对每一税种应纳税额的计算是税务会计核算和监督的基本内容之一。企业在计算与核算税款时,应按照税收法规进行计算,并按税务会计的核算方法进行核算,具体包括征税对象、征税范围的界定,计税依据和标准的确定,计算方法的正确使用,应纳税额的正确核算等。

3. 税款的缴纳、退补和减免

企业在正确地计算各种应缴税款后,应按税收法律法规规定的纳税期限、纳税环节、纳税时间和地点的要求,及时进行纳税申报并缴纳税款。退税、补税、减税、免税都是企业税务活动中的特殊业务,应按税收法律法规规定执行,它的过程与结果也应及时在税务会计中得到反映。

4. 税收滞纳金和罚款

作为纳税义务人,企业应按税收法律法规规定,及时足额上缴税款。企业由于生产经营情况或其他原因,未经税务部门同意拖欠了税款,或是为了企业小团体利益,违背了税收法律法规规定等,必须按规定缴纳税收滞纳金或税收罚款。这些也属于税务活动,是税金支出的附加支出,也是税务会计核算和监督的内容。

(二)税务会计的目标

税务会计的目标是指税务会计工作所要达到的最终目的,旨在为利害关系人提供有关纳税人税务活动的信息。税务会计的目标具体可概括为以下三个方面:

(1)依法纳税,保证国家财政收入,并为国家宏观经济管理提供纳税信息。

(2)正确进行税务会计处理,为投资者、债权人进行决策提供有用的会计信息。

(3)科学实施纳税筹划,合理选择纳税方案,为企业内部加强经营管理提供信息。

(三)税务会计的职能

税务会计是会计学的一个分支,其基本职能与一般会计职能相同,主要是核算和监督两大职能。但税务会计与税收联系密切,其核算和监督的具体内容与一般会计有所不同,具体如下。

1. 核算职能

税务会计能根据国家的税收法规、会计准则和财务报告条例等,全面、真实、系统地记录和核算企业生产经营过程中的税务活动,即税务资金的形成、计算、缴纳、退补等,为国家组织税收提供可靠的依据。同时,税务会计又要在遵守税收法律法规的前提下,针对纳税人自身的特点,利用会计特有的方法,科学筹划纳税人的纳税活动,使纳税人充分享受税收的优惠政策,最大限度地减轻或推迟纳税。纳税人通过税务会计活动及提供的资料进行分析,能为企业改善经营管理、提高经济效益提供很大的帮助。

2. 监督职能

税务会计能根据国家的税收法令和有关方针、政策、制度等,通过一系列核算方法,监督企业应纳税款的形成、计算和解缴情况,监督企业的收益分配,实现税收杠杆的经济调节作用。税务会计对企业税务活动的监督和控制及其提供的税收信息,有助于保证国家税收法规的贯彻实施和适时修正。

三、税务会计与财务会计的区别

(一)会计目标不同

税务会计的目标是既能向税务会计信息使用者提供有助于税务决策的会计信息,保证纳税人依法纳税,又能够最大限度地减轻纳税人的税收负担。税务会计信息使用者首先是税务机关,其次是企业的所有者、债权人、经营者和社会公众等。各级税务机关可以根据税务会计信息进行税款的征收、监督和检查,并收集有效反馈信息作为税收立法的依据;企业的所有者、债权人、经营者可以根据税务会计信息了解企业纳税义务的履行情况和税收负担,并据以进行经营、投融资及纳税筹划等方面的决策;社会公众可以根据税务会计信息了解企业的诚信度和社会责任履行情况。

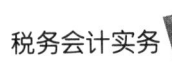

财务会计的目标是通过企业的经济业务进行确认、计量、记录和报告,向财务会计信息使用者提供与企业财务状况、经营成果和现金流量等有关的会计信息,反映企业管理层受托责任的履行情况,从而有助于财务会计信息使用者作出经济决策。财务会计信息使用者包括企业的所有人、债权人、国家相关机构及社会公众等。

(二) 会计核算对象不同

税务会计的核算对象是纳税人在生产经营活动中的涉税事项,即对纳税人在生产经营过程中发生的有关税款的形成、计算、申报和缴纳事项进行核算和监督,反映纳税人的涉税会计信息,而对于纳税人发生的与纳税无关的事项则不予反映。

财务会计的核算对象是纳税人在生产经营过程中的全部资金运动,即纳税人在生产经营过程中可以用货币表现的经济活动,不论是否属于涉税事项,都要通过专门的会计方法进行核算和监督,全面地反映纳税人的财务状况、经营成果和现金流量。

(三) 会计核算依据不同

税务会计的核算依据是税收法律法规,按照税收法律法规的规定计算应纳税额并向税务机关申报,其会计处理具有强制性、客观性和统一性。所以,税务会计不仅要遵循会计准则的规定,更要严格以税收法律法规为准绳处理企业的各项涉税业务,并进行会计核算。当会计准则的规定与税收法律法规对某些业务处理的规定不一致时,企业可以按照会计准则的规定进行会计处理,但在纳税时,必须按税收法律法规的规定进行调整。

财务会计依据会计准则的规定处理企业的各项经济业务并进行会计核算。会计人员对某笔相同的经济业务可能采取不同的处理方式,产生不同的会计结果,这是会计方法的灵活性和会计准则具有弹性的正常表现。

(四) 计算损益的角度不同

税务会计是从计税依据的角度计算损益的,依据税收法律法规的规定,以历史成本确认和计量损益,按照"收入总额－不征税收入－免税收入－各项扣除金额－允许弥补的以前年度亏损＝应纳税所得额"的计算公式来计算损益,由此形成了"会计所得"与"应税所得"的不同。以税收法律法规为依据,将会计所得调整为应税所得,正是税务会计的主要内容。当纳税申报与清缴,财务会计的核算结果与税务会计的核算结果不一致时,财务会计的核算应服从于税务会计的核算,遵循税收法律法规的要求。

财务会计是从企业收益的角度计算损益的,依据会计准则的规定,以资产的历史成本计量为主,以公允价值等计量方式为辅,遵循谨慎性原则来确认和计量损益,按照"收入－费用＝利润"的会计等式来计算损益。

任务二　税务会计的基本前提和原则

一、税务会计的基本前提

税务会计的基本前提是指税务会计信息确认和计量的前提条件。税务会计源于财务会计,财务会计中的某些基本前提也适用于税务会计,如持续经营、会计分期、货币计量等,税务会计在具体运用时,也有其特殊性,具体表现在以下几个方面。

（一）纳税主体

纳税主体是指税务会计工作所服务的法人或自然人，也就是税收法律法规规定的纳税人。税务会计主体是指税务会计工作所服务的特定单位或组织。纳税主体的税务活动与其他活动以及投资者个人经济业务是有区别的，只有纳税主体的税务活动才属于税务会计反映、监督的内容。换言之，企业税务会计人员只能站在企业的立场上，对企业税务活动的过程和结果予以揭示和管理。至于企业投资者其他的税务活动，则是投资者个人或另一个法人的事情，不属于这一纳税主体的活动范围。税务会计核算、监督的范围由纳税主体这一基本前提所决定，要求企业税务会计人员既要严格依据税收法律法规进行计税和纳税，也要维护企业纳税人利益，经济合理地筹划和控制税款费用的发生。

（二）货币时间价值

货币时间价值通常是指货币资金由于时间的推移而能够使自身增值的效能，即今天的1元钱比若干年后收到或付出的1元钱的价值要大得多。随着时间的推移，投入周转使用的资金价值将会发生增值，这种增值的能力或数额，就是货币的时间价值。这一基本前提已成为税收立法、税务征管和纳税人选择会计方法的立足点，它深刻地揭示了纳税人进行纳税筹划的内在原因。

（三）纳税年度

纳税年度是指纳税人应向国家缴纳各种税款的起止时间。在我国，为了便于协调税务会计与财务会计的有关数据，应纳税年度与日历年度、财政年度、会计年度是相同的，都是每年公历1月1日起到12月31日止。在其他一些国家，应纳税年度多同于财政年度和会计年度，但却不同于日历年度，如美国大多数州是每年的7月1日起到次年的6月30日止。

（四）年度会计核算

年度会计核算是指财务会计依据会计准则的规定，遵循财务会计理论的要求，在会计年度内对企业的各项经济活动运用专门的会计方法，正确、及时地记录、整理和汇总，并定期地结账和决算，编制年度财务会计报告的全过程。年度会计核算是税务会计中最根本的前提，各国税制都是建立在年度会计核算期间的基础上，而不是建立在某一特定业务的基础上，课税只针对某一特定纳税期间里发生的全部事件的净结果，而不考虑当期事件在后续年度中的可能结果，后续事件将在其发生的年度内考虑。

二、税务会计的原则

税务会计是会计的一个分支，财务会计中的总体要求原则、会计信息质量要求原则以及会计要素的确认与计量原则，基本上也适用于税务会计。但税务会计与税收法律法规存在特定联系，税收理论和税收立法中的实际支付能力原则、公平税负原则、社会效益原则等，会非常明显地影响税务会计。根据税务会计的特点，结合财务会计原则与税收原则，税务会计的原则可归纳为以下几个方面。

（一）合法性

税务会计在核算收入与费用、计算应纳税额、筹划税务活动和申报缴纳税款的过程中，一切须以税收法规为准绳，不能违背法律。而税收法律法规因国家的政治、经济发展与政策调整会有所变更。因此，税收法律法规是有时效的，这就要求税务会计人员及时关注税收法律法规的变化，坚持按现行税收法律法规处理业务。

(二) 调整性

税务会计与财务会计的依存关系,决定了计税基础对会计账簿数据的依赖性。但税务会计与财务会计目标的分歧,又决定了两者之间的差异。为达到正确计税和及时纳税的目的,税务会计必须对财务会计处理中与现行税收法律法规不符的会计事项进行调整。因此,调整性原则是税务会计有别于其他专业会计的突出标志。

(三) 公平性

税收是调整国家与企业单位、国家与个人之间经济利益的重要手段,税务会计则是落实税收政策、达成公平课税的工具。在税收法律法规面前,每一个纳税人的权利和义务都是平等的。因此,税务会计必须客观、真实地核算纳税人的收入与费用,达到合理、公平税收负担的效果。

(四) 经济性

税务会计信息具有的双向服务特点,决定了税务会计的经济性原则具有双向含义。也就是说,为了维护自身的经济利益,纳税人理应依法筹划税务活动,力求经济纳税;而为了实现国家的宏观管理职能,税务机关必然依法强化税收征管,以保证财政收入。因此,经济性原则要求税务会计精确计算纳税人应纳税额,合理地完成纳税义务。

任务三 税务会计的工作流程

一、税务登记

以增值税一般纳税人登记为例。根据《增值税一般纳税人登记管理办法》,增值税一般纳税人资格登记的条件如下:

(1) 会计核算健全,能够精准提供税务资料。

(2) 预计年应税销售额超过小规模企业标准。根据财政部、国家税务总局发布的《关于统一增值税小规模纳税人标准的通知》(财税〔2018〕33 号)规定,从 2018 年 5 月 1 日起,增值税小规模纳税人标准不再按企业类型划分,统一调整为年应征增值税销售额 500 万元及以下。

增值税一般纳税人资格登记的程序如下:

(1) 纳税人向主管税务机关填报《增值税一般纳税人登记表》。

(2) 纳税人填报内容与税务登记信息一致的,主管税务机关当场登记。

(3) 纳税人填报内容与税务登记信息不一致,或者不符合填列要求的,税务机关应当场告知纳税人需要补正的内容。

二、账证票管理

从事生产、经营的纳税人应当自领取营业执照或者发生纳税义务之日起 15 日内,按照国家有关规定设置账簿。一般企业要设置的涉税账簿有总分类账、明细分类账及相关辅助性账簿。

从事生产、经营的纳税人应当自领取税务登记证件之日起 15 日内,将其财务、会计制度或者财务、会计处理办法报送主管税务机关备案。2016 年,全国推进"五证合一、一照一码"登记制度改革后,企业领取"一照一码"营业执照时,等同于办理了税务登记证,应在领取营业执照之日起 15 日内将其财务、会计制度或财务、会计处理办法报送主管税务机关备案。

扣缴义务人应当自税收法律法规规定的扣缴义务发生之日起 10 日内,按照所代扣、代收的税种设置代扣代缴、代收代缴税款账簿。

其中,关于发票管理的基本内容如下。

1. 发票的领用

需要领用发票的单位和个人,应当持设立登记证件或者税务登记证件,以及经办人身份证明,向主管税务机关办理发票领用手续。领用纸质发票的,还应当提供按照国务院税务主管部门规定式样制作的发票专用章的印模。

2. 发票的开具

销售商品、提供服务以及从事其他经营活动的单位和个人,对外发生经营业务收取款项,收款方应当向付款方开具发票;特殊情况下,由付款方向收款方开具发票。目前大部分业务都是开具电子发票。开具纸质发票应当按照规定的时限、顺序、栏目,全部联次一次性如实开具,还应当加盖发票专用章。付款方在取得发票时,不得要求变更品名和金额。

3. 发票的保管

国家税务总局统一负责全国发票管理工作。税务机关是发票主管机关,负责发票印制、领购、开具、取得、保管、缴销的管理和监督。

企业财务凭证
保管期限

对已开具的发票存根要妥善保管,保存期为 5 年,保存期满需要经税务机关查验后才能销毁。

三、纳税申报

纳税申报是指纳税人、扣缴义务人、代征人为正常履行纳税、扣缴税款义务,就纳税事项向税务机关提出书面申报的一种法定手续。纳税申报的基本内容如下。

1. 纳税申报主体

纳税申报主体是指按规定负有纳税义务的纳税人或代征人、扣缴义务人(含享受减免税的纳税义务人)。本期纳税申报主体无论有无应纳税款,都必须按规定办理纳税申报。

2. 纳税申报方式

纳税申报方式包括直接申报(上门申报)、邮寄申报、电子申报、简易申报、其他申报等。

3. 纳税申报期限

纳税申报期限是指法律、法规规定的纳税人、扣缴义务人向税务机关申报应纳或应解缴税款的期限。不同税种的纳税申报期限不相同,同一税种也会因经营情况的不同而不同,具体由主管税务机关确定。

4. 滞纳金和罚款

《中华人民共和国税收征收管理法》(以下简称《税收征管法》)第 32 条规定:"纳税人未按照规定期限缴纳税款的,扣缴义务人未按照规定期限解缴税款的,税务机关除责令限期缴纳外,从滞纳税款之日起,按日加收滞纳税款万分之五的滞纳金。"

《税收征管法》第 40 条和第 68 条还规定,从事生产、经营的纳税人、扣缴义务人在规定期限内不缴或者少缴应纳或者应解缴的税款,经税务机关责令限期缴纳,逾期仍未缴纳的,税务机关除可以依法采取从其存款中扣缴税款,扣押、查封、依法拍卖或者变卖的强制执行措施追缴其不缴或少缴的税款外,还可以处以不缴或者少缴的税款 50% 以上 5 倍以下的罚款。

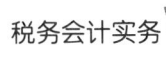

四、税款缴纳

税款缴纳是纳税义务人依税收法律法规规定的期限,将应纳税款向国库解缴的活动。具体内容如下。

1. 税款征收方式

税款征收方式主要包括查账征收、查定征收、查验征收、定期定额征收等方式。

2. 税款缴纳方式

税款缴纳方式主要包括纳税人直接向国库经收处缴纳、税务机关自收税款并办理入库手续、代扣代缴、代收代缴、委托代征等方式。

3. 税款缴纳程序

(1) 正常缴纳税款。

(2) 延期缴纳税款。延期期限最长不能超过 3 个月,且同一笔税款不得滚动审批。

4. 税款的减免、退还与追征

(1) 税款的减免:纳税人可以书面形式按法定程序向税务机关申请减税、免税。

(2) 税款的退还:纳税人缴纳了超过应纳税额的税款,多缴税款应于接到纳税人退款申请之日起 30 日内予以退还。

(3) 税款的追征:①因税务机关的责任,3 年内追征税款。②因纳税人、扣缴义务人的责任,3 年内追征税款及滞纳金,有特殊情况的,追征期可以延长到 5 年。③对逃税、抗税、骗税的,可无限期追征税款、滞纳金。

5. 税款征收措施

税款征收措施主要包括税收保全措施、税收统一强制执行措施、税务检查。

6. 税收法律责任

税收法律责任主要包括以下几点:

(1) 未按规定申报及进行账证管理行为的法律责任。

(2) 逃税行为的法律责任。

(3) 逃避追缴欠税行为的法律责任。

(4) 骗取出口退税行为的法律责任。

(5) 抗税行为的法律责任。

(6) 扣缴义务人不履行扣缴义务的法律责任。

(7) 不配合税务机关依法检查的法律责任。

(8) 有税收违法行为而拒不接受税务机关处理的法律责任。

项 目 小 结

本章主要介绍了税务会计的基础知识,着重介绍了税务会计概述以及税务会计的基本前提、原则和工作流程。税务会计概述包括税务会计的概念、性质及其与财务会计的区别;税务会计的基本前提是纳税主体、货币时间价值、纳税年度、年度会计核算;税务会计的原则为合法性、调整性、公平性、经济性;税务会计的工作流程则分为税务登记、账证票管理、纳税申报、税款缴纳等。

课 后 练 习

课后练习参考答案

一、单选题

1. 在我国,为了便于协调税务会计与财务会计的有关数据,应纳税年度与日历年度、财政年度、会计年度是相同的,都是每年的(　　)。

A. 1月1日起到12月31日止　　　　B. 7月1日起到6月30日止

C. 3月1日起到2月28日止　　　　D. 9月1日起到8月31日止

2. 增值税一般纳税人资格登记条件之一:预计年应税销售额超过小规模企业标准。从2018年5月1日起,不再按企业类型划分,统一调整为(　　)万元。

A. 300　　　　B. 500　　　　C. 800　　　　D. 1 000

3. 纳税人未按规定期限缴纳税款的、扣缴义务人未按照规定期限解缴税款的,税务机关除了责令限期缴纳,从滞纳税款之日起,按日加收滞纳税款(　　)的滞纳金。

A. 0.01%　　　　B. 0.03%　　　　C. 0.05%　　　　D. 0.07%

二、多选题

1. 税务会计的目标包括(　　)。

A. 依法纳税　　　　　　　　　　B. 正确进行税务会计处理

C. 科学进行纳税筹划　　　　　　D. 合理避税

2. 税务会计的职能包括(　　)。

A. 核算职能　　　B. 监督职能　　　C. 盈利职能　　　D. 规划职能

3. 税务会计的原则有(　　)。

A. 合法性　　　B. 调整性　　　C. 公平性　　　D. 经济性

三、判断题

1. 税务会计与财务会计核算方法完全不同。　　　　　　　　　　　　(　　)

2. 税款的追征如果是因税务机关的责任,5年内追征税款。　　　　　　(　　)

四、计算题

甲企业为一般纳税人,按月进行增值税申报。20×3年7月,工作人员由于疏忽,错过了7月15日增值税申报的最后一天,直到7月18日才想起来,到税务局进行补申报。甲企业7月应纳税额为20 000元。请问甲企业预计需要缴纳多少税收滞纳金。

五、简答题

1. 什么是税务会计? 税务会计与财务会计有哪些区别?

2. 税务会计的对象是什么?

3. 税务会计的基本前提是什么?

六、讨论题

1. 我们应该如何学习税务会计实务?

2. 税务会计人员的职业素养包括哪些?

3. 如何成为一名合格的税务会计人员?

项目二

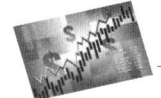

增值税会计

[知识目标]
1. 熟悉增值税有关法规的基本规定。
2. 掌握增值税应纳税额的计算方法。
3. 熟悉增值税的税收优惠政策。
4. 掌握增值税涉税业务的会计核算内容和方法。

[能力目标]
1. 能根据业务情况确定增值税的征税范围。
2. 能根据业务情况判断增值税的纳税人。
3. 能根据业务情况选择增值税适用税率。
4. 能正确计算增值税的应纳税额。
5. 能对涉税经济业务进行增值税账务处理。

[素质目标]
1. 学好税收政策,养成关注国家税收政策变化的习惯。
2. 理解增值税优惠政策,培养爱国主义情怀。
3. 养成认真细致的工作态度,培养对数字的敏感性。
4. 培养良好的职业道德、团结协作的精神和协调工作的素质。

[知识点思维导图]

增值税会计
- 增值税概述
  - 概念及特点
  - 征税范围
  - 纳税人和扣缴义务人
  - 税率与征收率
- 增值税的税款计算
  - 一般纳税人应纳税额的计算
  - 小规模纳税人应纳税额的计算
  - 进口货物应纳税额的计算
- 增值税的会计核算
  - 一般纳税人会计科目的设置
  - 销项税额的会计核算
  - 进项税额的会计核算
  - 小规模纳税人增值税的会计核算
  - 差额征税的会计核算
- 增值税的征收管理
  - 纳税义务发生时间
  - 纳税期限
  - 纳税地点
  - 增值税发票的使用规定
  - 增值税与附加税费申报表

案例导入

国家税务总局于 2023 年 1 月 27 日发布的增值税发票数据显示,2023 年春节假期,全国消费相关行业销售收入与 2022 年春节假期相比增长 12.2％,与 2019 年春节假期相比年均增长 12.4％,总体保持平稳增长态势。

数据显示,2023 年春节假期,旅游及住宿服务恢复加快,旅行社及相关服务业销售收入同比增长 1.3 倍,已恢复至 2019 年春节假期的 80.7％。旅游饭店、经济型连锁酒店销售收入同比分别增长 16.4％、30.6％,分别恢复至 2019 年春节假期的 73.4％、79.9％。

此外,生活必需品消费保持稳定增长,春节假期,粮油食品等基本生活类商品销售收入同比增长 31.5％。家居升级类商品消费增长较快,家具、五金、文体用品销售收入同比分别增长 15.2％、8.6％和 20.9％。

（资料来源:

国家税务总局办公厅.增值税发票数据显示：春节假期消费平稳增长　出行旅游恢复较快［EB/OL］. (2023-01-28)［2023-05-25］. http://www.chinatax.gov.cn/chinatax/n810219/n810780/c5183802/content. html. ）

［要求］

请同学们登录国家税务总局网站或中国注册税务师协会网站,搜索国家近几年出台的税收优惠政策,了解国家为帮助企业恢复元气、增添动力,都制定了哪些有关增值税的优惠政策。

任务一　增值税概述

一、概念及特点

（一）增值税的概念

增值税是以销售货物,销售服务、无形资产或者不动产过程中产生的增值额作为计税依据而征收的一种流转税。

（二）增值税的特点

我国现行增值税的特点如下：

（1）采用消费型增值税。这种类型下,法定增值额小于理论增值额,消除了重复征税。自 2009 年 1 月 1 日起,我国全面实施消费型增值税,这种方式可以凭票抵扣,操作方便。

（2）实行进项税抵扣法,即对以前环节已纳税款予以扣除。

（3）增值税是间接税。增值税税款随着货物销售逐环节转移,最终消费者是全部税款的承担者。虽然增值税是在生产经营的各个环节分段征收的,但各环节的纳税人并不承担增值税税款。

二、征税范围

增值税的征税范围包括在我国境内销售或者进口货物,提供加工、修理修配服务以及销售应税服务、销售无形资产、销售不动产。

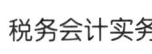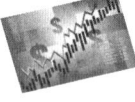

(一) 征税范围的一般规定

1. 销售或者进口货物

货物是指有形动产,包括电力、热力、气体。进口货物是指申报进入中国海关境内的应税货物。

2. 提供加工、修理修配服务

加工服务是指受托加工货物,即委托方提供原料及主要材料,受托方按照委托方的要求,制造货物并收取加工费的业务。修理修配服务是指受托对损伤和丧失功能的货物进行修复,使其恢复原状和功能的业务。

需要注意的是,单位或个体工商户聘用的员工为本单位或雇主提供加工、修理修配服务不包括在内。

3. 销售服务

销售服务中的服务包括交通运输服务、邮政服务、电信服务、建筑服务、金融服务、现代服务、生活服务。

1) 交通运输服务

交通运输服务是指利用运输工具将货物或者旅客送达目的地,使其空间位置得到转移的业务活动。它包括陆路运输服务、水路运输服务、航空运输服务和管道运输服务。

2) 邮政服务

邮政服务是指中国邮政集团公司及其所属邮政企业提供邮件寄递、邮政汇兑和机要通信等邮政基本服务的业务活动。它包括邮政普遍服务、邮政特殊服务和其他邮政服务。

3) 电信服务

电信服务是指利用有线、无线的电磁系统或者光电系统等各种通信网络资源,提供语音通话服务,传送、发射、接收或者应用图像、短信等电子数据和信息的业务活动。它包括基础电信服务和增值电信服务。

4) 建筑服务

建筑服务是指各类建筑物、构筑物及其附属设施的建造、修缮、装饰,线路、管道、设备、设施等的安装以及其他工程作业的业务活动。它包括工程服务、安装服务、修缮服务、装饰服务和其他建筑服务。

5) 金融服务

金融服务是指经营金融保险的业务活动。它包括贷款服务、直接收费金融服务、保险服务和金融商品转让。

6) 现代服务

现代服务是指围绕制造业、文化产业、现代物流产业等提供技术性、知识性服务的业务活动。它包括研发和技术服务、信息技术服务、文化创意服务、物流辅助服务、租赁服务、鉴证咨询服务、广播影视服务商务辅助服务和其他现代服务。

7) 生活服务

生活服务是指为满足城乡居民日常生活需求提供的各类服务活动。它包括文化体育服务、教育医疗服务、旅游、娱乐服务、餐饮住宿服务、居民日常服务和其他生活服务。

4. 销售无形资产

销售无形资产是指转让无形资产所有权或者使用权的业务活动。它包括技术、商标、著作权、商誉、自然资源使用权(包括土地使用权)和其他权益性无形资产(如连锁经营权、代理权、网络游戏虚拟道具、域名、肖像权、冠名权、转会费等)。

5. 销售不动产

销售不动产是指转让不动产所有权的业务活动。企业在转让建筑物或者构筑物时一并转让其所占土地的使用权的,按照销售不动产缴纳增值税。

(二) 征税范围的特殊规定

1. 视同销售

视同销售是指在会计上不作为销售核算,而在税收上作为销售、确认收入计缴税费的商品或服务的转移行为。

《中华人民共和国增值税法》(以下简称《增值税法》)规定,有下列情形之一的,视同应税交易,应当缴纳增值税:

(1) 单位和个体工商户将自产或者委托加工的货物用于集体福利或者个人消费。

(2) 单位和个体工商户无偿转让货物。

(3) 单位和个人无偿转让无形资产、不动产或者金融商品。

2. 混合销售与兼营销售

混合销售是指纳税人的一项既涉及服务又涉及货物的销售行为。

兼营销售是指纳税人兼营货物、劳务、服务、无形资产或者不动产的销售行为。兼营销售适用不同税率或者征收率的,企业应当分别核算适用不同税率或者征收率的销售额;未分别核算的,从高适用税率。

混合销售与兼营销售的区别如表 2-1 所示。

表 2-1 混合销售与兼营销售的区别

项目	行为特征	判定标准	税务处理	举例
混合销售	一项销售行为	经营主体从事货物生产、批发或零售	按销售货物纳税	超市销售家电同时提供送货上门服务
		经营主体从事其他行业	按销售服务纳税	某 KTV 所提供娱乐服务同时销售烟、酒、饮料
兼营销售	多元化经营	增值税不同税目混业经营,不发生在同一项销售行为中	分别核算的,分别纳税;未分别核算的从高适用税率纳税	某购物中心既销售商品,又提供餐饮服务

【注意】

一般纳税人销售活动板房、机器设备、钢结构件等自产货物的同时,提供建筑安装服务,不属于混合销售,应分别核算货物和建筑服务的销售额,分别适用不同的税率或征收率。

三、纳税人和扣缴义务人

(一) 纳税人

在中华人民共和国境内销售货物、服务、无形资产、不动产以及进口货物的单位和个人,为增值税的纳税人,应当缴纳增值税。

1. 在中华人民共和国境内的界定

(1) 销售货物的,货物的起运地或者所在地在境内。

(2) 销售或者租赁不动产、转让自然资源使用权的,不动产、自然资源所在地在境内。

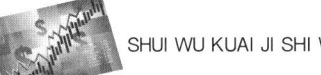

（3）销售金融商品的，金融商品在境内发行，或者销售方为境内单位和个人。

（4）除上述第（2）项、第（3）项规定外，销售服务、无形资产的，服务、无形资产在境内消费，或者销售方为境内单位和个人。

2. 特殊情况下纳税人的确定

单位以承包、承租、挂靠方式经营的，一般情况以承包人为纳税人。承包人以发包人名义对外经营并由发包人承担相关法律责任的，以该发包人为纳税人。资管产品运营过程中发生的增值税应税行为，以资管产品管理人为增值税纳税人。

（二）扣缴义务人

中华人民共和国境外的单位或者个人在境内销售服务，在境内未设有经营机构的，以其境内代理人为扣缴义务人；在境内没有代理人的，以购买方为扣缴义务人。

（三）纳税人的分类

以年应税销售额和会计核算是否健全作为分类标准，增值税纳税人可以分为一般纳税人与小规模纳税人。

一般纳税人与小规模纳税人的对比如表 2-2 所示。

表 2-2　　　　　　　　　　　　　一般纳税人与小规模纳税人的对比

项目	一般纳税人	小规模纳税人
标准	超过小规模纳税人标准	年应税销售额 500 万元及以下
特殊情况	小规模纳税人会计核算健全，可以申请登记为一般纳税人	（1）其他个人（非个体户）必须按小规模纳税人纳税 （2）非企业性单位和不经常发生应税行为的企业可选择按小规模纳税人纳税
计税规定	执行税款抵扣制；可以使用增值税专用发票	采用简易征税；使用增值税普通发票 说明：小规模纳税人（其他个人除外）发生应税行为需要开具增值税专用发票，可以自愿使用增值税发票管理系统自行开具

纳税人一经登记成为一般纳税人后，不得转为小规模纳税人，国家税务总局另有规定除外。

增值税纳税人年应税销售额超过规定的小规模纳税人标准，应当向主管税务机关办理一般纳税人登记。

四、税率与征收率

增值税一般纳税人在一般计税方法下适用 13%、9%、6%、零税率四档比例税率。一般纳税人在特殊情况下以及小规模纳税人缴纳增值税均采用简易计税方法适用征收率。

（一）税率

1. 基本税率 13%

适用基本税率 13% 的货物包括：销售和进口货物（执行 9% 税率的货物除外）；提供加工、修理修配服务；有形动产租赁服务。

2. 税率 9%

适用税率 9% 的销售或进口的货物包括：①粮食等农产品、食用植物油、食用盐；②自来水、暖气、冷气、热水、煤气、石油液化气、天然气、二甲醚、沼气、居民用煤炭制品；③图书、报纸、杂志、音像制品、电子出版物；④饲料、化肥、农药、农机、农膜。

适用税率 9% 的服务、无形资产和不动产包括：提供交通运输服务、邮政服务、基础电信服务、建筑服务、不动产租赁服务，销售不动产，转让土地使用权。

3. 税率 6%

适用税率 6% 的服务、无形资产和不动产包括：提供增值电信服务、金融服务、现代服务（租赁除外）、生活服务，销售无形资产（转让土地使用权除外）。

4. 零税率

适用零税率的情形包括：①纳税人出口货物，税率为 0，但国务院另有规定的除外。②境内单位和个人跨境销售国务院规定范围内的服务、无形资产，税率为 0。

（二）征收率

1. 征收率 3%

1）小规模纳税人

小规模纳税人一般的应税行为适用 3% 征收率；但有特殊情况的，另按其规定征收。

2）一般纳税人

一般纳税人适用 3% 征收率的情形如表 2-3 所示。

表 2-3　　　　　　　　　　　　一般纳税人适用 3% 征收率的情形

适用情形	具体内容	
适用 3% 征收率	寄售商店代销寄售物品、典当业销售死当物品	
销售自产货物可选择按照 3% 征收率纳税的货物	（1）自来水 （2）县级及以下小型水力发电单位生产的电力 （3）用微生物、血液或组织等制成的生物制品 （4）建筑用和生产建材材料所用的砂、土、石料 （5）以自己采掘的砂、土、石料或其他矿物连续生产的砖、瓦、石灰 （6）商品混凝土	选择简易办法后，36 个月内不得变更
可选择按照 3% 征收率纳税的服务	（1）公共交通运输服务 （2）动漫产品的设计、制作服务，以及在境内转让动漫版权 （3）电影放映服务 （4）仓储服务 （5）装卸搬运服务 （6）收派服务 （7）文化体育服务 （8）以营改增试点前取得的有形动产，提供的有形动产经营租赁服务 （9）营改增试点前签订的、尚未执行完毕的有形动产租赁合同	选择简易办法后，36 个月内不得变更

2. 征收率 3% 减按 2% 征收

征收率 3% 减按 2% 征收的情形如表 2-4 所示。

表 2-4　　　　　　　　　　　　征收率 3% 减按 2% 征收的情形

应税项目		计算方法
销售旧货（二手车除外）		
销售自己使用过的购入时不得抵扣且未抵扣过进项税的固定资产	（1）小规模纳税人 （2）2009 年 1 月 1 日以前购入的固定资产 （3）2013 年 8 月 1 日以前购入的小汽车、摩托车和游艇（2 车 1 艇）	应纳税额 = 含税售价 ÷ $(1+3\%) \times 2\%$

3. 征收率 5%

适用征收率 5% 的情形如表 2-5 所示。

表 2-5 适用征收率 5% 的情形

身份		项目		
小规模纳税人	非房地产开发企业	转让、出租其取得的不动产(不含个人出租住房)		
	房地产开发企业	销售自行开发的房地产项目		
一般纳税人	非房地产开发企业	转让、出租其 2016 年 4 月 30 日前取得的不动产且选择简易方法计税		
	房地产开发企业	销售自行开发的房地产老项目且选择简易方法计税		
个人出售住房		购买年限＜2 年		全额计征
		购买年限≥2 年	北京、上海、广州、深圳非普通住房	差额计征
			其他	免征

任务二 增值税的税款计算

增值税税款的计算方法,主要包括一般计税方法和简易计税方法。我国目前对一般纳税人增值税的计算通常采用一般计税方法,某些特殊情况下采用或者选择采用简易计税方法;对小规模纳税人增值税的计算采用简易计税方法。

一、一般纳税人应纳税额的计算

(一) 增值税销项税额的计算

销项税额是指纳税人发生应税销售行为时,按照销售额与适用税率计算并向购买方收取的增值税税额。其计算公式为:

$$销项税额＝销售额×税率$$

1. 一般销售业务销售额的确定

销售额是指纳税人发生应税交易取得的与之相关的价款,包括货币和非货币形式的经济利益对应的全部价款,不包括按照一般计税方法计算的销项税额和按照简易计税方法计算的应纳税额。

销售额以人民币计算。纳税人以人民币以外的货币结算销售额的,应当折合成人民币计算。其计算公式为:

$$销售额＝全部价款＋价外费用$$

价外费用包括价外向购买方收取的手续费、补贴、基金、集资费、返还利润、奖励费、违约金、滞纳金、延期付款利息、赔偿金、代收款项、代垫款项、包装费、包装物租金、储备费、优质费、运输装卸费以及其他各种性质的价外收费。

价外费用不包括以下几个项目:

(1) 向购买方收取的销项税额。

（2）受托加工应征消费税的消费品所代收代缴的消费税。

（3）同时符合以下条件的代垫运费：①承运者的运费发票开给购货方；②纳税人将该项发票转交给购货方。

（4）同时符合一定条件代为收取的政府性基金或者行政事业性收费。

（5）销售货物的同时代办保险等而向购买方收取的保险费，以及向购买方收取的代购买方缴纳的车辆购置税、车辆牌照费。

（6）以委托方名义开具发票代委托方收取的款项。

双方办理结算时，价外费用是含税的，计算增值税时需要换算成不含税价外费用。其换算公式为：

$$不含税价外费用＝含税价外费用÷(1＋税率)$$

在实际业务中，若出现以下说法，则给出的金额为含税销售额：①明确告知含税销售额；②零售价格；③价外费用；④一般情况下普通发票上注明的金额。

2. 视同销售方式下销售额的确定

纳税人销售价格明显偏低且无正当理由或者偏高且不具有合理商业目的的，或视同销售货物而无销售额的，按下列顺序确定销售额：

（1）按纳税人最近时期同类货物、服务、无形资产或者不动产的平均销售价格确定。

（2）按其他纳税人最近时期同类货物、服务、无形资产或者不动产的平均销售价格确定。

（3）以上方法均不能确定，可按组成计税价格确定销售额。

如果是从价计征非应税消费品，组成计税价格计算公式为：

$$组成计税价格＝成本×(1＋成本利润率)$$

其中，成本利润率由国家税务总局确定。

如果是从价计征应税消费品，组成计税价格计算公式为：

$$组成计税价格＝成本×\frac{1＋成本利润率}{1－消费税税率}$$

如果是复合计征消费税应税消费品，组成计税价格计算公式为：

$$组成计税价格＝\frac{成本×(1＋成本利润率)＋从量征收消费税税额}{1－消费税税率}$$

3. 特殊销售方式下销售额的确定

1）包装物押金

纳税人为销售货物而出租、出借包装物收取的押金，单独记账核算的，时间在1年内又未过期的，不并入销售额征税；对收取的包装物押金，逾期（超过12个月）应并入销售额征税。对销售啤酒、黄酒以外的其他酒类产品收取的包装物押金，无论是否返还以及会计上如何核算，均应并入当期销售额征税；啤酒、黄酒包装物押金则按是否逾期处理。

包装物押金增值税的税务处理如表2-6所示。

表 2-6 包装物押金增值税的税务处理

项目	取得押金时	逾期时	项目	取得押金时	逾期时
酒类产品以外的其他货物	×	√	啤酒、黄酒	×	√
白酒、其他酒	√	×			

注：表 2-6 中，"√"表示征税，"×"表示不征税。

需要注意的是，应税包装物押金一般为含税的，需要将其换算成不含税包装物押金。计算公式为：

$$不含税包装物押金 = \frac{含税包装物押金}{1+税率}$$

2）折扣销售、销售折扣与销售折让

（1）折扣销售，在会计上又称商业折扣，是指销货方在销售货物时，因购货方购货数量较大或与销售方有特殊关系等原因而给予对方价格上的优惠（直接打折）。

（2）销售折扣，在会计上又称现金折扣，是指销货方在销售货物或提供应税劳务后，为了鼓励购货方及早偿还货款而协议许诺给予购货方的一种折扣优待。

（3）销售折让，是指货物销售后，由于其品种、质量等原因而给予购买方的补偿。它是原来销售额的减少，折让额可以从销售额中减除。因销售折让、中止或退回而退还给购买方的增值税税额，应当从当期的销项税额中扣减。销售折让要按规定开具红字增值税专用发票。折扣销售、销售折扣与销售折让的具体规定如表 2-7 所示。

表 2-7 折扣销售、销售折扣与销售折让的具体规定

销售方式	具体规定		
折扣销售 （商业折扣）	销售额和折扣额在"同一张发票"上分别注明	均记录在"金额"栏	按折扣后的销售额征收增值税
		销售额记录在"金额"栏，折扣额记录在"备注"栏	不得从销售额中减除折扣额
	销售额和折扣额分别开具发票		不得从销售额中减除折扣额
销售折扣 （现金折扣）	全额计税，即销售折扣不能从销售额中扣除		
销售折让	按规定开具红字增值税专用发票		从发生退回或折让当期的销项税额中扣减
	未按规定开具红字增值税专用发票		不得扣减销项税额或者销售额

3）以旧换新

如果是非金银首饰，按新货物的同期销售价格确定销售额，不得扣减旧货物的收购价格。新货物的销售价格等于实际收取的价款加上旧货物的收购价格。

如果是金银首饰，按销售方实际收取的不含增值税的全部价款确定销售额。实际收取的价款等于新货物的销售价格减去旧货物的收购价格。

4）差额计税

（1）一般纳税人差额计税。一般纳税人允许差额征收的具体情况如下：

第一，金融商品转让，按照卖出价扣除买入价后的余额为销售额。

第二,经纪代理服务,以取得的全部价款和价外费用,扣除向委托方收取并代为支付的政府性基金或者行政事业性收费后的余额为销售额。

第三,融资租赁服务,以全部价款加上价外费用,减去支付的借款利息、发行债券利息和车辆购置税作为销售额。融资性售后回租服务以全部价款加上价外费用(不含本金)减去对外支付的借款利息、发行债券利息作为销售额。

第四,航空运输企业的销售额,不包括代收的机场建设费和代售其他航空运输企业客票而代收转付的价款。

第五,纳税人中的一般纳税人提供客运场站服务,以其取得的全部价款和价外费用,扣除支付给承运方运费后的余额为销售额。

第六,纳税人提供旅游服务,可以选择以取得的全部价款和价外费用,扣除向旅游服务购买方收取并支付给其他单位或者个人的住宿费、餐饮费、交通费、签证费、门票费和支付给其他接团旅游企业的旅游费用后的余额为销售额。

第七,纳税人提供建筑服务适用简易计税方法的,以取得的全部价款和价外费用扣除支付的分包款后的余额为销售额。

第八,房地产开发企业中的一般纳税人销售其开发的房地产项目(选择简易计税方法的房地产老项目除外),以取得的全部价款和价外费用,扣除受让土地时向政府部门支付的土地价款后的余额为销售额。

第九,纳税人转让不动产缴纳增值税差额扣除有关规定。

第十,一般纳税人提供劳务派遣服务,以取得的全部价款和价外费用扣除支付给劳务派遣员工的工资、福利和为其办理社会保险以及住房公积金后的余额为销售额。

一般纳税人差额征收应纳税额的计算公式为:

$$计税销售额 = \frac{取得的全部含税价款和价外费用 - 支付给其他单位或个人的含税价款}{1 + 税率或征收率}$$

$$应纳税额 = 计税销售额 \times 税率或征收率$$

(2)小规模纳税人差额计税。小规模纳税人允许差额征收的具体情况同一般纳税人允许差额征收的具体情况相同。

小规模纳税人差额征收应纳税额的计算公式为:

$$计税销售额 = \frac{取得的全部含税价款和价外费用 - 支付给其他单位或个人的含税价款}{1 + 征收率}$$

$$应纳税额 = 计税销售额 \times 征收率$$

(二)增值税进项税额的计算

进项税额是指纳税人购进货物、服务、无形资产或者不动产所支付或者负担的增值税税额。它与销售方收取的销项税额相对应。

1. 准予抵扣的进项税额

准予抵扣的进项税额抵扣方法及分类如表 2-8 所示。

表 2-8   准予抵扣的进项税额抵扣方法及分类

抵扣方法	分类
以票扣税	法定扣税凭证上的增值税税额
计算抵扣	购入农产品的抵扣
	购入境内旅客运输服务的抵扣
	支付道路、桥、闸通行费的抵扣

1）以票扣税的抵扣标准

（1）从销售方取得的增值税专用发票（含税控机动车销售统一发票）上注明的增值税税额。

（2）从海关取得的海关进口增值税专用缴款书上注明的增值税税额。

（3）纳税人从境外单位或者个人购进劳务、服务、无形资产或者境内的不动产，从税务机关或者扣缴义务人取得的代扣代缴税款的完税凭证上注明的增值税税额。

2）农产品的抵扣政策

（1）购进农产品取得增值税专用发票或海关进口增值税专用缴款书的，凭票抵扣进项税额。

（2）从适用 3％征收率的小规模纳税人处购入农产品，取得 3％税率的增值税专用发票，以及购进免税农产品，取得或开具农产品收购（销售）发票根据用途分别适用规定的扣除率计算抵扣进项税额。具体标准为：①后续用于生产或委托加工 13％税率的货物，适用 10％的扣除率。②后续用于生产或委托加工 9％税率的货物或 6％税率的服务，适用 9％的扣除率。

进项税额计算公式为：

$$进项税额＝买价×扣除率（9\%或10\%）$$

3）购入境内旅客运输服务的抵扣政策

购入境内旅客运输服务取得抵扣税凭证及抵扣政策如表 2-9 所示。

表 2-9   购入境内旅客运输服务取得抵扣税凭证及抵扣政策

取得的抵扣凭证	抵扣政策
增值税电子普通发票	发票上注明的税额（凭票抵扣）
注明旅客身份信息的航空运输电子客票行程单	（票价＋燃油附加费）÷（1＋9％）×9％ （这里不包括代收的机场建设费）
注明旅客身份信息的铁路车票	票面金额÷（1＋9％）×9％
注明旅客身份信息的公路、水路等其他客票	票面金额÷（1＋3％）×3％

4）支付的道路、桥、闸通行费进项税额

过路费、过桥费、过闸费属于道路通行服务，为"现代服务业——租赁业"。2018 年 7 月 1 日后，企业凭公路通行费增值税电子普通发票上注明的税额可以抵扣进项税额，包括以下几种情形：①高速公路通行费可抵扣进项税额＝通行费发票上注明的金额÷（1＋3％）×3％。②一级公路、二级公路、桥、闸通行费可抵扣进项税额＝通行费发票上注明的金额÷（1＋5％）×5％。

2. 不得抵扣的进项税额

（1）纳税人购进货物、服务、无形资产或者不动产，取得的增值税扣税凭证不符合法律、行政法规或者国务院税务主管部门有关规定的，其进项税额不得从销项税额中抵扣。

（2）其他不得从销项税额中抵扣进项税额的情形如下：

第一，用于简易计税方法计税项目、免征增值税项目、集体福利或者个人消费的购进货物、服务、无形资产和不动产。

第二，非正常损失的购进货物，以及相关的加工、修理修配服务和交通运输服务。

第三，非正常损失的在产品、产成品所耗用的购进货物（不包括固定资产）、加工、修理修配服务和交通运输服务。

第四，非正常损失的不动产，以及该不动产所耗用的购进货物、设计服务和建筑服务。

第五，非正常损失的不动产在建工程所耗用的购进货物、设计服务和建筑服务。

第六，购进的餐饮服务、居民日常服务和娱乐服务。

第七，财政部和国家税务总局规定的其他情形。

第八，无法准确划分不得抵扣的进项税额的处理。适用一般计税方法的纳税人，兼营简易计税方法计税项目、免征增值税项目而无法划分不得抵扣的进项税额，计算公式为：

$$\text{不得抵扣的进项税额} = \text{当期无法划分的全部进项税额} \times \frac{\text{当期简易计税方法计税项目销售额} + \text{免征增值税项目销售额}}{\text{当期全部销售额}}$$

第九，扣减当期进项税额的规定。增值税实行购进扣税法，已抵扣进项税额的购进货物（不含固定资产）、服务，发生上述第一至第七条规定情形（简易计税方法计税项目、免征增值税项目除外）的，应当将该进项税额从当期进项税额中扣减（即进项税额转出）；无法确定该进项税额的，按照当期实际成本计算应扣减的进项税额。

（三）增值税应纳税额的计算

1. 一般计税方法

增值税一般纳税人在一般计税方法下的应纳增值税税额的计算公式为：

$$\text{应纳增值税税额} = \text{当期销项税额} - \text{当期准予抵扣进项税额}$$

当期销项税额小于当期准予抵扣进项税额时，不足部分可以结转下期继续抵扣。

【例题 2-1】　甲公司为增值税一般纳税人，主要业务是生产并销售电饭锅，每个电饭锅的不含税销售单价为 500 元，适用税率为 13%。20×2 年 9 月，甲公司发生如下经济业务：

（1）2 日，向各大商场销售电饭锅 200 个，对这些大商场在当月 10 天内付清 200 个电饭锅购货款均给予了 5% 的销售折扣（现金折扣）。

（2）5 日，购进生产电饭锅用原材料一批，取得的增值税专用发票上注明的价款为 300 000 元，增值税税额为 39 000 元，专用发票已认证。

（3）8 日，采取以旧换新方式，从消费者个人手中收购旧型号电饭锅，销售新型号电饭锅 100 个，每个旧型号电饭锅可折价 50 元。

（4）15 日，销售给乙公司 300 个电饭锅。在销售过程中，接受某运输公司的运输服务，支付运费价税合计 1 090 元，取得增值税专用发票，注明运费金额为 1 000 元，增值税税额为 90 元。货款及运费均以银行存款支付。

（5）20 日，将一批电饭锅投资给丙公司，账面价值为 30 000 元，市场不含税售价为 35 000 元。

（6）22 日，将 10 个自己生产的电饭锅发给职工，每个成本是 400 元，每个不含税销售价格为 500 元。

（7）25 日，盘点库存商品，因仓库管理员管理不善，盘亏 2 个电饭锅，账面价值为 800 元。

要求：计算甲公司 20×2 年 9 月应缴纳的增值税税额。

【解析】

销项税额＝200×500×13％＋100×500×13％＋300×500×13％＋35 000×13％＋
            500×10×13％＝44 200（元）

进项税额＝39 000＋90＝39 090（元）

进项税额转出＝800×13％＝104（元）

应纳税额＝44 200－（39 090－104）＝5 214（元）

2. 扣缴计税方法

境外单位或者个人在境内提供应税行为，在境内未设有经营机构的，扣缴义务人应扣缴税额计算公式为：

$$应扣缴税额＝\frac{接受方支付的价款}{1＋税率}×税率$$

3. 简易计税方法

一般纳税人发生应税行为，可以选择适用简易计税方法计算应纳税额，计算公式为：

$$当期应纳增值税税额＝当期销售额×征收率$$

如果一般纳税人同时兼营一般计税方法和简易计税方法的经营活动时，当期应纳增值税的计算公式为：

$$应纳增值税税额＝一般计税方法计算的应纳增值税税额＋简易计税方法计算的应纳增值税税额－本期可抵减的增值税税额$$

二、小规模纳税人应纳税额的计算

小规模纳税人提供应税服务适用简易计税方法计税，不得抵扣进项税额，其计算公式为：

$$应纳增值税税额＝当期不含税销售额×征收率$$

由于小规模纳税人取得的销售收入均为含税销售额，计税时必须换算成不含税销售额，其计算公式为：

$$不含税销售额＝\frac{含税销售额}{1＋征收率}$$

【例题 2-2】 某商店为增值税小规模纳税人，20×2 年 9 月取得零售收入总额为 51.5 万元（含税），款项已经存入银行，适用征收率为 3％。

要求：计算该商店 20×2 年 9 月应缴纳的增值税税额。

【解析】

不含税销售额＝51.5÷(1＋3%)＝50(万元)

应纳增值税税额＝50×3%＝1.5(万元)

三、进口货物应纳税额的计算

纳税人进口货物,无论是一般纳税人还是小规模纳税人,都按照组成计税价格(海关)和税收法律法规规定的税率计算应纳税额。也就是说,进口货物增值税的计税依据是组成计税价格而非其他金额;小规模纳税人进口货物时使用税率计税,而不使用征收率。

进口货物应纳税额计算公式为:

$$应纳税额＝组成计税价格×税率$$

若进口货物不属于消费税应税消费品,则组成计税价格计算公式为:

$$组成计税价格＝关税完税价格＋关税＝关税完税价格×(1＋关税税率)$$

若进口货物属于消费税应税消费品,实行从价定率办法计算,则组成计税价格计算公式为:

$$组成计税价格＝关税完税价格＋关税＋消费税$$
$$＝(关税完税价格＋关税)÷(1－消费税比例税率)$$

【例题 2-3】　甲公司 20×2 年 9 月进口货物一批,该货物的完税价格为 20 000 元,进口关税税率为 20%,增值税税率为 13%,已经缴纳进口关税和增值税,并取得增值税完税凭证。甲公司 9 月销售这批货物取得不含税销售额为 25 000 元。

要求:

(1) 计算甲公司进口环节应缴纳的关税税额。

(2) 计算甲公司进口环节应缴纳的增值税税额。

(3) 计算甲公司当月应缴纳的增值税税额。

【解析】

(1) 甲公司进口环节应缴纳的关税税额＝20 000×20%＝4 000(元)

(2) 甲公司进口环节应缴纳的增值税税额＝(20 000＋4 000)×13%＝3 120(元)

(3) 甲公司当月应缴纳的增值税税额＝25 000×13%－3 120＝130(元)

任务三　增值税的会计核算

一、一般纳税人会计科目的设置

根据《财政部关于印发〈增值税会计处理规定〉的通知》(财会〔2016〕22 号)及相关制度,增值税一般纳税人应通过"应交税费"科目核算增值税,设置"应交税费——应交增值税""应交税费——未交增值税""应交税费——预交增值税""应交税费——待抵扣进项税额"等二级科目。

（一）"应交税费——应交增值税"科目

"应交税费——应交增值税"科目期末贷方余额,反映企业尚未缴纳的税费;期末如为借方余额,反映企业多缴或尚未抵扣的税金。

"应交税费——应交增值税"科目借方既要反映进项税额,又要反映预缴的税金;贷方既要反映销项税额,又要反映出口退税、进项税额转出等情况。如果"应交税费——应交增值税"科目使用三栏式科目,很难完整反映企业增值税的抵扣、缴纳、退税等情况,因此,在科目设置上采用了多栏式科目的方式,在"应交税费——应交增值税"科目中的借方和贷方各设置了"进项税额""销项税额抵减""已交税金""转出未交增值税""减免税款"等专栏加以反映。

1. 与增值税核算有关的"应交税费"二级明细科目

与增值税核算有关的"应交税费"二级明细科目包括:①应交增值税;②未交增值税;③预交增值税;④待抵扣进项税额;⑤待认证进项税额;⑥待转销项税额;⑦增值税留抵税额;⑧简易计税;⑨转让金融商品应交增值税;⑩代扣代交增值税;⑪增值税检查调整。

2. "应交税费——应交增值税"三级明细科目

"应交税费——应交增值税"三级明细科目如表 2-10 所示。

表 2-10　　　　　　　　　"应交税费——应交增值税"三级明细科目

借方专栏	贷方专栏
进项税额	销项税额
销项税额抵减	出口退税
已交税金	进项税额转出
减免税款	转出多交增值税
出口抵减内销产品应纳税额	
转出未交增值税	

1）"应交税费——应交增值税（进项税额）"科目

该科目核算一般纳税人购进货物、服务、无形资产或不动产而支付或负担的,准予从当期销项税额中抵扣的增值税税额。

"应交税费——应交增值税（进项税额）"科目一般的处理包括:①企业购入时支付或负担的进项税额,用蓝字登记;②退回所购货物应冲销的进项税额,用红字登记。

【例题 2-4】　20×2 年 9 月,甲电器厂购进原料一批,取得的增值税专用发票上注明的价款为 10 000 元、增值税税额为 1 300 元,原料已验收入库并同时支付货款。在购货过程中支付运输费,取得的交通运输业增值税专用发票上注明的运输费为 2 000 元、增值税税额为 180 元。请问甲电器厂应如何进行账务处理?

【解析】

允许抵扣的进项税额＝1 300＋180＝1 480（元）

入库材料采购成本＝10 000＋2 000＝12 000（元）

根据增值税专用发票、入库单及付款凭证,账务处理为:

借：原材料	12 000
应交税费——应交增值税(进项税额)	1 480
贷：银行存款	13 480

【例题 2-5】 乙公司为增值税一般纳税人。20×2 年 2 月 9 日,乙公司将 20×1 年 12 月 20 日购进的不含税价为 30 000 元、增值税税额为 3 900 元的原材料退回销售方。请问乙公司应如何进行账务处理?

【解析】

借：银行存款	33 900
应交税费——应交增值税(进项税额)	3 900
贷：原材料	30 000

【例题 2-6】 20×2 年 9 月,丙加工公司从农民手中收购玉米,填开的经税务机关批准使用的收购凭证上注明的买价为 70 000 元,该批玉米已运抵企业并验收入库,货款以银行存款支付。假设收购玉米用于生产适用 9% 税率的玉米粉。请问丙加工公司应如何进行账务处理?

【解析】

购进免税农产品允许抵扣的进项税额=70 000×9%=6 300(元)

原材料入账价值=70 000−6 300=63 700(元)

根据收购发票和付款凭证,账务处理为:

借：原材料	63 700
应交税费——应交增值税(进项税额)	6 300
贷：银行存款	70 000

【例题 2-7】 假设甲公司从农民手中收购玉米,填开的经税务机关批准使用的收购凭证上注明的买价为 70 000 元,该批玉米已运抵企业并验收入库,货款以银行存款支付。假设收购玉米用于生产适用 13% 增值税税率的食品。请问甲公司应如何进行账务处理?

【解析】

收购玉米用于生产适用 13% 增值税税率的食品可以加计扣除 1%。

购进免税农产品允许抵扣的进项税额=70 000×(9%+1%)=7 000(元)

(1)验收入库时,根据收购凭证、付款凭证和入库单,账务处理为:

借：原材料	63 700
应交税费——应交增值税(进项税额)	6 300
贷：银行存款	70 000

(2)生产领用时,根据出库单,账务处理为:

借：生产成本	63 000
应交税费——应交增值税(进项税额)	700
贷：原材料	63 700

2)"应交税费——应交增值税(销项税额抵减)"科目

该科目核算一般纳税人按照现行增值税制度规定因扣减销售额而减少的销项税额,记录一般纳税人差额纳税而减少的销项税额。只有按一般计税方法计税且允许差额纳税时才使用该科目核算。其账务处理为：

借：主营业务成本等
　　应交税费——应交增值税(销项税额抵减)
　　贷：银行存款[或应付账款]

【例题 2-8】　甲公司为房地产开发企业,20×1 年 9 月开工建设某住宅小区,至 20×3 年 12 月 30 日全部竣工结算。甲公司采用一般计税方法计算缴纳增值税。开发成本中的土地出让金为 12 000 万元,土地面积为 12 000 平方米,可以供出售建筑面积为 37 500 平方米。20×3 年 12 月,甲公司销售住宅取得含税收入为 29 000 万元,销售面积为 15 000 平方米。请问甲公司应如何进行账务处理? 假设不考虑进项税额。

【解析】

甲公司不是在支付土地价款时差额计税,而是在销售开发产品实现收入时才可以差额计税。

(1) 甲公司 20×3 年 12 月的计税处理为:

$$当期允许扣除的土地价款=\frac{当期销售房地产项目建筑面积}{房地产项目可供销售建筑面积}\times 支付的土地价款$$

$$=(15\,000\div 37\,500)\times 12\,000=4\,800(万元)$$

$$销项税额抵减金额=\frac{当期允许扣除的土地价款}{1+9\%}\times 9\%=4\,800\div(1+9\%)\times 9\%$$

$$=396.33(万元)$$

销售住宅不含税收入=29 000÷(1+9%)=26 605.5(万元)

销售住宅销项税额=29 000÷(1+9%)×9%=2 394.5(万元)

(2) 甲公司 20×1 年 9 月购入土地时账务处理为:

借：主营业务成本　　　　　　　　　　　　　　　　　　　　　　120 000 000
　　贷：银行存款　　　　　　　　　　　　　　　　　　　　　　　　120 000 000

(3) 甲公司为 20×3 年 12 月销售开发产品实现收入时账务处理为:

借：应交税费——应交增值税(销项税额抵减)　　　　　　　　　　3 963 300
　　贷：主营业务成本　　　　　　　　　　　　　　　　　　　　　　3 963 300

借：银行存款　　　　　　　　　　　　　　　　　　　　　　　　290 000 000
　　贷：主营业务收入　　　　　　　　　　　　　　　　　　　　　266 055 000
　　　　应交税费——应交增值税(销项税额)　　　　　　　　　　　23 945 000

3) "应交税费——应交增值税(已交税金)"科目

该科目核算一般纳税人当月缴纳当月的应缴增值税税额,企业已缴纳的增值税用蓝字登记;退回多缴的增值税税额用红字登记,注意该科目不同于"应交税费——预交增值税"科目。

用"应交税费——应交增值税(已交税金)"科目记账的情形包括:①辅导期一般纳税人需要增购发票;②以 1 日、3 日、5 日、10 日、15 日(不足 1 个月)为一期纳税的。

其账务处理为:

借：应交税费——应交增值税(已交税金)
　　贷：银行存款

【注意】

企业当月缴纳上月应缴未缴的增值税时，借记"应交税费——未交增值税"科目，贷记"银行存款"科目。

【例题 2-9】 甲公司为增值税一般纳税人，于 20×2 年 9 月 15 日缴纳 9 月 1 日至 9 月 10 日应该缴纳的增值税税额为 15 万元。甲公司应该如何进行账务处理？

【解析】

借：应交税费——应交增值税(已交税金)　　　　　　　　　　　　　　150 000
　　贷：银行存款　　　　　　　　　　　　　　　　　　　　　　　　　　150 000

4)"应交税费——应交增值税(减免税款)"科目

该科目核算一般纳税人按现行增值税制度规定准予减免的增值税税额。企业按规定直接减免的增值税税额，借记该科目，贷记损益类相关科目，如"其他收益""营业外收入"等科目。

企业初次购买增值税税控系统专用设备支付的费用以及缴纳的技术维护费允许在增值税应纳税额中全额抵减的，按规定抵减的增值税应纳税额，借记"应交税费——应交增值税(减免税款)"科目(小规模纳税人借记"应交税费——应交增值税"科目)。

【例题 2-10】 甲公司为增值税一般纳税人，于 20×2 年 9 月初次购买增值税税控系统专用设备，支付 2 000 元，取得合规发票。甲公司应该如何进行账务处理？

【解析】

借：管理费用　　　　　　　　　　　　　　　　　　　　　　　　　　　2 000
　　贷：银行存款　　　　　　　　　　　　　　　　　　　　　　　　　　　2 000
借：应交税费——应交增值税(减免税款)　　　　　　　　　　　　　　　2 000
　　贷：管理费用　　　　　　　　　　　　　　　　　　　　　　　　　　　2 000

5)"应交税费——应交增值税(出口抵减内销产品应纳税额)"科目

该科目核算实行"免抵退"办法的一般纳税人按规定计算的出口货物的进项税额抵减内销产品的应纳税额，即反映出口企业销售出口货物后，向税务机关办理免、抵、退税申报，按规定计算的应免抵税额。其账务处理为：

借：应交税费——应交增值税(出口抵减内销产品应纳税额)
　　贷：应交税费——应交增值税(出口退税)

6)"应交税费——应交增值税(转出未交增值税)"科目

该科目核算企业月度终了转出当月应缴未缴的增值税。月末，"应交税费——应交增值税"科目出现贷方余额时，账务处理为：

借：应交税费——应交增值税(转出未交增值税)
　　贷：应交税费——未交增值税

【例题 2-11】 甲公司为增值税一般纳税人，20×2 年 9 月 30 日，账面"应交税费——应交增值税"科目贷方的销项税额为 50 000 元，借方的进项税额为 10 000 元。甲公司月末应如何进行账务处理？

【解析】

借：应交税费——应交增值税（转出未交增值税）　　　　　　　　　　　　　40 000

　　贷：应交税费——未交增值税　　　　　　　　　　　　　　　　　　　　　　40 000

【思考】

若甲公司 10 月缴纳 9 月应纳增值税如何处理呢？

7)"应交税费——应交增值税（销项税额）"科目

该科目核算一般纳税人销售货物、服务、无形资产或不动产应收取的增值税税额。

需要说明的是，退回销售货物应冲减的销项税额，只能在贷方用红字登记。

【例题 2-12】　甲公司为增值税一般纳税人，于 20×2 年 9 月销售一批货物，不含税价格为 20 000 元，增值税销项税额为 2 600 元，货物的成本为 10 000 元。货税款已存进银行。10 月，该批货物被退回，假设已按税收法律法规规定开具了红字增值税专用发票。要求：分别作出甲公司 9 月销售时和 10 月退回时的会计处理。

【解析】

甲公司 9 月实现销售，同时结转成本：

借：银行存款　　　　　　　　　　　　　　　　　　　　　　　　　　　　　22 600

　　贷：主营业务收入　　　　　　　　　　　　　　　　　　　　　　　　　　20 000

　　　　应交税费——应交增值税（销项税额）　　　　　　　　　　　　　　　　2 600

借：主营业务成本　　　　　　　　　　　　　　　　　　　　　　　　　　　10 000

　　贷：库存商品　　　　　　　　　　　　　　　　　　　　　　　　　　　　10 000

甲公司 10 月退回时，同时冲减成本：

借：银行存款　　　　　　　　　　　　　　　　　　　　　　　　　　　　　22 600

　　贷：主营业务收入　　　　　　　　　　　　　　　　　　　　　　　　　　20 000

　　　　应交税费——应交增值税（销项税额）　　　　　　　　　　　　　　　　2 600

借：主营业务成本　　　　　　　　　　　　　　　　　　　　　　　　　　　10 000

　　贷：库存商品　　　　　　　　　　　　　　　　　　　　　　　　　　　　10 000

8)"应交税费——应交增值税（出口退税）"科目

该科目核算一般纳税人出口货物、服务、无形资产按规定退回的增值税税额。企业出口适用零税率的货物。

出口企业当期按规定计算应退税额、应免抵税额后：

借：应收出口退税款

　　应交税费——应交增值税（出口抵减内销产品应纳税额）

　　贷：应交税费——应交增值税（出口退税）

【例题 2-13】　甲公司为增值税一般纳税人，20×2 年 10 月的免抵退税额为 10 000 元，应退税税额为 8 000 元，免抵税额为 2 000 元。甲公司应如何进行账务处理？

【解析】

借：应收出口退税款——增值税	8 000	
应交税费 ——应交增值税(出口抵减内销产品应纳税额)	2 000	
贷：应交税费——应交增值税(出口退税)		10 000

9) "应交税费——应交增值税(进项税额转出)"科目

(1) 核算范围。

该科目核算一般纳税人购进货物、服务、无形资产或不动产等发生非正常损失以及其他原因而不应从销项税额中抵扣、按规定转出的进项税额。

自 2019 年 4 月 1 日起,试行增值税期末留抵税额退税制度。对同时符合条件的纳税人,可以向主管税务机关申请退还增量留抵税额,纳税人取得退还的留抵税额后,应相应调减当期留抵税额。即企业收到退税款项的当月,应将退税额从增值税进项税额中转出,取得退还的留抵税额时的财务处理为:

借：银行存款
  贷：应交税费——应交增值税(进项税额转出)

(2) 按规定转出的进项税额的四种情况。

第一,已经抵扣进项税额的外购货物等改变用途,用于不得抵扣进项税额的用途,作进项税额转出。

【例题 2-14】 甲商场是增值税一般纳税人,20×2 年 9 月,将 8 月外购服装 20 000 元用于职工福利。甲商场应如何进行账务处理?

【解析】

进项税额转出金额=20 000×13%=2 600(元)

借：应付职工薪酬——非货币性福利	22 600	
贷：库存商品		20 000
应交税费——应交增值税(进项税额转出)		2 600

第二,在产品、产成品、不动产等发生非正常损失,其所用外购货物、劳务、服务等进项税额作转出处理。

【例题 2-15】 甲公司是增值税一般纳税人,20×2 年 10 月因管理不善,造成购入的原材料发霉变质,成本为 10 000 元,购入原材料时取得增值税专用发票,适用税率为 13%,已申报抵扣。甲公司应如何进行账务处理?

【解析】

进项税额转出金额=10 000×13%=1 300(元)

借：待处理财产损溢	11 300	
贷：原材料		10 000
应交税费——应交增值税(进项税额转出)		1 300

【例题 2-16】 乙公司是增值税一般纳税人,20×2 年 9 月新购入一批电脑并作为固定资产核算;11 月,因人为因素发生火灾,这批电脑被烧毁。这批电脑已于上月认证抵扣进项税额 8 000 元。20×2 年 11 月乙公司应如何进行账务处理?

【解析】

审核批准前,账务处理为:

借:待处理财产损溢——固定资产(非正常损失)　　　　　　　　　　　　8 000

　　贷:应交税费——应交增值税(进项税额转出)　　　　　　　　　　　　　　8 000

待审核批准后,账务处理为:

借:营业外支出　　　　　　　　　　　　　　　　　　　　　　　　　　8 000

　　贷:待处理财产损溢——固定资产(非正常损失)　　　　　　　　　　　　8 000

第三,生产企业出口自产货物的免抵退税不得免征和抵扣进项税额,账务处理为:

借:主营业务成本

　　贷:应交税费——应交增值税(进项税额转出)

第四,对符合条件的纳税人,可以向主管税务机关申请退还增量留抵税额,纳税人取得退还的留抵税额后,作进项税额转出。取得退还的留抵税额时,账务处理为:

借:银行存款

　　贷:应交税费——应交增值税(进项税额转出)

【注意】

转出增值税时应按照抵扣时的税率或扣除率进行计算,而非按照转出时的税率或扣除率进行计算。即抵扣多少,转出多少。

10)"应交税费——应交增值税(转出多交增值税)"科目

该科目核算一般纳税人月度终了转出当月多缴纳的增值税。月末企业"应交税费——应交增值税"科目出现借方余额时,账务处理为:

借:应交税费——未交增值税

　　贷:应交税费——应交增值税(转出多交增值税)

【例题 2-17】　甲公司为增值税一般纳税人,20×2 年 9 月 30 日账面"应交税费——应交增值税"科目贷方的销项税额为 90 000 元,借方的进项税额为 100 000 元。甲公司月末应如何进行账务处理?

【解析】

甲公司月末不进行账务处理。

【例题 2-18】　乙公司为增值税一般纳税人,20×2 年 10 月 31 日账面"应交税费——应交增值税"科目贷方的销项税额为 20 000 元,借方的进项税额为 18 000 元,已交税金为 8 500 元。月末乙公司应该如何进行账务处理?

【解析】

"应交税费——应交增值税(已交税金)"科目借方金额＝8 500(元)

本期应纳税额＝20 000－18 000＝2 000(元)

结转本期多交税款＝8 500－2 000＝6 500(元)

借:应交税费——未交增值税　　　　　　　　　　　　　　　　　　　　6 500

　　贷:应交税费——应交增值税(转出多交增值税)　　　　　　　　　　　　6 500

【例题 2-19】 丙公司为增值税一般纳税人,20×2 年 11 月 30 日账面"应交税费——应交增值税"科目贷方的销项税额为 10 000 元,借方的进项税额为 12 000 元,已交税金为 9 000 元。丙公司月末应该如何进行账务处理?

【解析】

"应交税费——应交增值税(已交税金)"科目借方金额＝9 000(元)

本期应纳税额＝0

结转本期多交税款＝9 000－0＝9 000(元)

借:应交税费——未交增值税　　　　　　　　　　　　　　　　　　　　　9 000

　　贷:应交税费——应交增值税(转出多交增值税)　　　　　　　　　　　9 000

(二)"应交税费——未交增值税"科目

为了分别反映企业欠缴增值税税款和待抵扣增值税情况,企业应在"应交税费"科目下设置"未交增值税"明细科目,核算一般纳税人月度终了从"应交税费——应交增值税"或"应交税费——预交增值税"明细科目转入当月应缴未缴、多缴或预缴的增值税税额,以及当月缴纳以前期间未缴的增值税税额。

1. 月末核算

一般纳税人月度终了核算从"应交税费——应交增值税"或"应交税费——预交增值税"明细科目转入当月的应缴未缴、多缴或预缴的增值税税额,账务处理如表 2-11 所示。

表 2-11　　　　　　　　"应交税费——未交增值税"科目账务处理

月末结转情况	账务处理
(1) 月度终了,企业应将当月发生的应缴增值税税额自"应交税费——应交增值税"科目转入"应交税费——未交增值税"科目	借:应交税费——应交增值税(转出未交增值税) 　　贷:应交税费——未交增值税
(2) 月度终了,企业应将当月多缴的增值税税额自"应交税费——应交增值税"科目转入"应交税费——未交增值税"科目	借:应交税费——未交增值税 　　贷:应交税费——应交增值税(转出多交增值税)

2. 企业当月缴纳以前期间未缴的增值税

企业当月缴纳以前期间未缴的增值税的账务处理为:

借:应交税费——未交增值税

　　贷:银行存款

3. 月末余额

月末,"应交税费——未交增值税"科目的借方余额反映的是企业多缴的增值税,贷方余额反映的是期末结转下期应缴的增值税。

【注意】

期末留抵税额反映在"应交税费——应交增值税"科目的借方,而不是反映在"应交税费——未交增值税"科目。

4. 用进项留抵税额抵减增值税欠税

对纳税人因销项税额小于进项税额而产生期末留抵税额的,应以期末留抵税额抵减增值税欠税。按增值税欠税税额与期末留抵税额中较小的数字红字借记"应交税费——应交增值税(进项税额)"科目,贷记"应交税费——未交增值税"科目。

（三）"应交税费——预交增值税"科目

该科目核算一般纳税人转让不动产、提供不动产经营租赁服务、提供建筑服务、采用预收款方式销售自行开发的房地产项目等，以及其他按现行增值税制度规定应预缴的增值税税额。企业预缴增值税时应进行的账务处理为：

借：应交税费——预交增值税
　　贷：银行存款

月末，企业应将"预交增值税"明细科目余额转入"未交增值税"明细科目：

借：应交税费——未交增值税
　　贷：应交税费——预交增值税

需要说明的是，一般纳税人采用一般计税方法预缴的增值税才通过"预交增值税"明细科目核算，一般纳税人采用简易计税方法预缴的增值税通过"简易计税"明细科目核算；小规模纳税人预缴增值税通过"应交增值税"明细科目核算。

【例题 2-20】 甲公司是增值税一般纳税人，于 20×3 年 9 月 30 日转让其 20×1 年购买的写字楼一层，取得转让收入 100 万元（含税）。甲公司于 20×1 年购买该写字楼时的含税价格为 60 万元，保留有合法有效凭证。请帮甲公司进行预交增值税的账务处理。

【解析】

无论一般计税，还是简易计税，只要是销售非自建不动产，都要向不动产所在地税务机关按照差额的 5% 预缴。

预缴税款＝(1 000 000－600 000)÷1.05×5%＝19 047.62(元)

向不动产所在地主管税务机关预缴税款的账务处理：

借：应交税费——预交增值税　　　　　　　　　　　　　　　　　19 047.62
　　贷：银行存款　　　　　　　　　　　　　　　　　　　　　　19 047.62

（四）"应交税费——待抵扣进项税额"科目

自 2019 年 4 月起，企业可以将以前按规定尚未抵扣完毕的待抵扣进项税额一次性进行抵扣，其账务处理为：

借：应交税费——应交增值税（进项税额）
　　贷：应交税费——待抵扣进项税额

（五）"应交税费——待认证进项税额"科目

该科目核算一般纳税人由于未经税务机关认证而不得从当期销项税额中抵扣的进项税额。具体内容包括：①一般纳税人已取得增值税扣税凭证、按规定准予从销项税额中抵扣，但尚未经税务机关认证的进项税额；②一般纳税人已申请稽核但尚未取得稽核相符结果的海关缴款书进项税额。该科目具体账务处理如表 2-12 所示。

表 2-12　　　　　　　　　"应交税费——待认证进项税额"科目的账务处理

业务时点	账务处理
购进货物，抵扣凭证未经认证（查询）、比对时	借：原材料[或固定资产等] 　　应交税费——待认证进项税额 　　贷：银行存款、应付账款等

（续表）

业务时点	账务处理
抵扣凭证经认证（查询）、比对、准予抵扣时	借：应交税费——应交增值税（进项税额） 　贷：应交税费——待认证进项税额
抵扣凭证经认证（查询）、比对、不得抵扣时	借：原材料［或固定资产等］ 　贷：应交税费——待认证进项税额

（六）"应交税费——待转销项税额"科目

该科目核算一般纳税人销售货物、服务、无形资产或不动产，已确认相关收入（或利得）但尚未发生增值税纳税义务而需于以后期间确认为销项税额的增值税税额。该科目具体账务处理如表 2-13 所示。

表 2-13　　　　　　　　　　"应交税费——待转销项税额"科目的账务处理

税法纳税义务时间与会计收入确认时间比较	账务处理
增值税纳税义务发生时间早于会计上收入确认时间（如出租房屋收到预收款）	借：银行存款等 　贷：预收账款 　　　应交税费——应交增值税（销项税额）
会计上收入确认时间早于增值税纳税义务发生时间（如建筑服务完成后被扣留的质押金、保证金）	借：应收账款 　贷：主营业务收入［或工程结算等］ 　　　应交税费——待转销项税额

【例题 2-21】　甲公司是一家建筑公司，为增值税一般纳税人。20×2 年 9 月底甲公司某项工程完工，收到工程款 10 900 万元，尚余 1 090 万元的质保金未收。甲公司应如何进行账务处理？

【解析】

借：银行存款　　　　　　　　　　　　　　　　　　　　　109 000 000
　应收账款　　　　　　　　　　　　　　　　　　　　　　 10 900 000
　　贷：主营业务收入　　　　　　　　　　　　　　　　　　110 000 000
　　　　应交税费——应交增值税（销项税额）　　　　　　　 9 000 000
　　　　　　　　——待转销项税额　　　　　　　　　　　　　 900 000

（七）"应交税费——增值税留抵税额"科目

该科目核算兼有销售服务、无形资产或者不动产的原增值税一般纳税人，截至纳入营改增试点之日前的增值税期末留抵税额按照现行增值税制度规定不得从销售服务、无形资产或不动产的销项税额中抵扣的增值税留抵税额。

（八）"应交税费——简易计税"科目

该科目核算一般纳税人采用简易计税方法发生的增值税计提、扣减、预缴、缴纳等业务。

【例题 2-22】　甲公司是增值税一般纳税人，20×2 年准备建造厂房，将此工程发包给乙公司，工程总价为 1 854 万元（含税）。乙公司也是增值税一般纳税人。乙公司又把其中的 618 万元（含税）分包给丙公司，假设乙公司对该工程采用简易计税办法核算。乙公司收到工程款 1 854 万元（含税），开具的增值税发票上的增值税税额为 54 万元。乙公司应如何进行账务处理？

【解析】

乙公司应纳增值税税额＝（1 854－618）÷（1＋3%）×3%＝36（万元）

乙公司账务处理如下：

（1）乙公司收到工程款时：

借：银行存款　　　　　　　　　　　　　　　　　　　　　　　18 540 000
　　贷：工程结算　　　　　　　　　　　　　　　　　　　　　18 000 000
　　　　应交税费——简易计税　　　　　　　　　　　　　　　　540 000

（2）乙公司收到分包增值税发票时：

借：工程施工——合同成本　　　　　　　　　　　　　　　　　6 000 000
　　应交税费——简易计税　　　　　　　　　　　　　　　　　　180 000
　　贷：银行存款　　　　　　　　　　　　　　　　　　　　　6 180 000

（3）乙公司按差额缴纳增值税时：

乙公司差额缴税＝540 000－180 000＝360 000（元）

借：应交税费——简易计税　　　　　　　　　　　　　　　　　　360 000
　　贷：银行存款　　　　　　　　　　　　　　　　　　　　　　360 000

（九）"应交税费——转让金融商品应交增值税"科目

该科目核算增值税纳税人转让金融商品发生的增值税税额。金融商品转让按规定以盈亏相抵后的余额作为销售额。

【例题 2-23】　甲公司是增值税一般纳税人，20×2 年 9 月，销售作为交易性金融资产管理的债券，获得收入 70 万元。甲公司 20×1 年购入该债券的价格为 60 万元。甲公司应如何进行账务处理？

【解析】

本期应交增值税税额＝（700 000－600 000）÷（1＋6％）×6％＝5 660.38（元）

借：银行存款　　　　　　　　　　　　　　　　　　　　　　　700 000
　　贷：交易性金融资产　　　　　　　　　　　　　　　　　　600 000
　　　　投资收益　　　　　　　　　　　　　　　　　　　　　100 000

借：投资收益　　　　　　　　　　　　　　　　　　　　　　　5 660.38
　　贷：应交税费——转让金融商品应交增值税　　　　　　　　5 660.38

（十）"应交税费——代扣代交增值税"科目

该科目核算纳税人购进在境内未设经营机构的境外单位或境外个人在境内的应税行为代扣代缴的增值税。

按照适用税率代扣代缴税额的计算公式为：

$$应扣缴税额＝\frac{购买方支付的价款}{1＋税率}×税率$$

【例题 2-24】　甲公司是增值税一般纳税人，20×2 年 9 月 10 日，从境外乙公司购入商标权一项，不含税价款为 100 万元，增值税税额为 6 万元，款项已用银行存款支付。甲公司按规定扣缴税款并取得解缴税款完税凭证。甲公司应如何进行账务处理？

【解析】

借：无形资产——商标权	1 000 000	
应交税费——应交增值税(进项税额)	60 000	
贷：银行存款		1 000 000
应交税费——代扣代交增值税		60 000

（十一）"应交税费——增值税检查调整"科目

增值税一般纳税人在税务机关对其增值税纳税情况进行检查后，凡涉及增值税涉税账务调整的，应设置"应交税费——增值税检查调整"专门科目。在调账过程中，与增值税有关的科目用"应交税费——增值税检查调整"科目替代；全部调账事项入账后，结出"应交税费——增值税检查调整"科目的余额，并将该余额转至"应交税费——未交增值税"科目中。结转之后，"应交税费——增值税检查调整"科目无余额。

【例题 2-25】　甲公司为增值税一般纳税人。20×2 年 9 月 1 日，主管税务局检查发现，甲公司 8 月购进的 A 材料用于单位员工福利，但仅以账面金额 30 000 元（不含税价格）结转至"应付职工薪酬"科目核算；另有 5 000 元的 B 材料购入业务取得的增值税专用发票不符合规定，但是，相应增值税 650 元已于上月抵扣。税务机关要求该公司在本月调账并于 9 月 30 日前补交税款入库（假设不考虑其他税费、滞纳金和罚款）。

【解析】

借：应付职工薪酬	3 900	
贷：应交税费——增值税检查调整		3 900

借：原材料	650	
贷：应交税费——增值税检查调整		650

借：应交税费——增值税检查调整	4 550	
贷：应交税费——未交增值税		4 550

借：应交税费——未交增值税	4 550	
贷：银行存款		4 550

（十二）加计抵减政策下的会计核算

（1）自 2023 年 1 月 1 日至 2027 年 12 月 31 日，允许集成电路设计、生产、封测、装备、材料企业（以下简称集成电路企业），按照当期可抵扣进项税额加计 15％ 抵减应纳增值税税额（以下简称加计抵减政策）。对适用加计抵减政策的集成电路企业采取清单管理，具体适用条件、管理方式和企业清单由工业和信息化部会同国家发展和改革委员会、财政部、国家税务总局等部门制定。

（2）自 2023 年 1 月 1 日至 2027 年 12 月 31 日，允许先进制造业企业按照当期可抵扣进项税额加计 5％ 抵减应纳增值税税额（以下简称加计抵减政策）。先进制造业企业是指高新技术企业（含所属的非法人分支机构）中的制造业一般纳税人，高新技术企业是指按照《科技部　财政部　国家税务总局关于修订印发〈高新技术企业认定管理办法〉的通知》（国科发火〔2016〕32 号）规定认定的高新技术企业。先进制造业企业具体名单，由各省、自治区、直辖市、计划单列市工业和信息化部门会同同级科技、财政、税务部门确定。

实际缴纳增值税时，账务处理为：

借：应交税费——未交增值税
  贷：银行存款
    其他收益（按加计抵减的金额）

【例题 2-26】 甲公司为增值税一般纳税人，属于先进制造业企业，符合增值税加计抵减政策。20×2 年 9 月，甲公司的销项税额为 100 万元，进项税额为 50 万元，本期加计抵减额为 2.5 万元。甲公司应如何进行账务处理？

【解析】

加计抵减增值税＝500 000×5％＝25 000（元）

借：应交税费——未交增值税   500 000
  贷：银行存款   475 000
    其他收益   25 000

二、销项税额的会计核算

（一）不同销售结算方式下的增值税的会计核算

1. 直接收款方式

一般销售方式是指企业以直接收款方式销售货物的方式。此方式下不论货物是否发出，均应以收到货款或取得索取销货款凭据或开出销货发票交给购货方的当日确认销售成立并发生纳税义务。其账务处理为：

借：银行存款〔或应收账款、应收票据〕
  贷：主营业务收入〔或其他业务收入〕
    应交税费——应交增值税（销项税额）

【例题 2-27】 甲公司为增值税一般纳税人。20×2 年 9 月 2 日，甲公司向乙商场销售电视机 10 台，每台不含售价为 6 000 元，开具增值税专用发票注明的价款为 60 000 元，增值税税额为 7 800 元。当天甲公司银行账户收到乙商场汇来的货款及税款。甲公司应如何进行账务处理？

【解析】

借：银行存款   67 800
  贷：主营业务收入   60 000
    应交税费——应交增值税（销项税额）   7 800

2. 委托收款和托收承付方式

采用委托收款和托收承付结算方式销售货物的，增值税纳税义务发生时间为发出货物并办妥托收手续当日。其账务处理为：

借：应收账款
  贷：主营业务收入
    应交税费——应交增值税（销项税额）

【例题 2-28】 甲公司为增值税一般纳税人，20×2 年 9 月 5 日，向外地乙公司销售发出 A 产品一批，开具的增值税专用发票注明的价款为 70 000 元、增值税税额为 9 100 元。当日向银行办妥委托收款手续。甲公司应如何进行账务处理？

【解析】

根据增值税专用发票及银行托收手续回单，编制会计分录：

借：应收账款 79 100
　　贷：主营业务收入 70 000
　　　　应交税费——应交增值税（销项税额） 9 100

3. 赊销和分期收款销售方式

采取赊销或分期收款方式销售货物的，增值税纳税义务发生时间为书面合同约定的收款日期当日；无书面合同或书面合同没有约定收款日期的，为货物发出当日。其账务处理为：

借：应收账款
　　贷：主营业务收入
　　　　应交税费——应交增值税（销项税额）

【例题 2-29】 甲公司为增值税一般纳税人。20×2 年 9 月 5 日，甲公司销售给乙公司 A 产品 2 台，每台不含税售价为 5 000 元，单位成本为 4 000 元，货已发出。按合同约定货款分 3 个月付清，9 月 10 日为第一次付款日，开具增值税专用发票注明的价款为 3 000 元、增值税税额为 390 元。请编制 9 月甲公司的会计分录。

【解析】

收到首笔货款时，根据增值税专用发票和银行进账单，编制会计分录：

借：银行存款 3 390
　　应收账款 7 000
　　贷：主营业务收入 10 000
　　　　应交税费——应交增值税（销项税额） 390

（二）特殊销售方式下增值税的会计核算

1. 销售包装物的会计核算

包装物无论是随同产品销售还是单独销售，均应计算缴纳增值税。

【例题 2-30】 甲公司为增值税一般纳税人，销售 B 产品为 100 件，每件不含税销售价格为 100 元，单位成本为 60 元，包装物不含税售价为 100 元，成本共计 50 元。全部款项已收到。甲公司应如何进行账务处理？

【解析】

借：银行存款 11 413
　　贷：主营业务收入 10 000
　　　　其他业务收入 100
　　　　应交税费——应交增值税（销项税额） 1 313

借：主营业务成本 6 000
　　贷：库存商品 6 000

借：其他业务成本 50
　　贷：周转材料——包装物 50

2. 包装物押金的会计核算

未逾期的包装物押金不计算缴纳增值税,但对逾期的包装物押金应计算其销项税额。纳税人为销售货物而出租、出借包装物收取的押金,单独记账核算、时间在 1 年内、又未过期的,不并入销售额征税;但对因逾期未收回包装物不再退还的押金,应按所包装货物的适用税率计算增值税销项税额。

【例题 2-31】 甲公司为增值税一般纳税人,20×2 年 9 月 5 日,销售打印机取得不含税收入为 20 000 元,同时出借包装物一批,收到包装物押金为 3 390 元,款项已存入银行。打印机成本为 18 000 元,包装物成本为 1 000 元。甲公司应如何进行账务处理?

【解析】

(1) 销售打印机收到包装物押金时:

借:银行存款   25 990
    贷:主营业务收入   20 000
       应交税费——应交增值税(销项税额)   2 600
       其他应付款——存入保证金   3 390

(2) 结转成本时:

借:主营业务成本   18 000
    贷:库存商品   18 000

(3) 如果出借的包装物在约定期限之内或者在 1 年之内收回,则退还包装物押金:

借:其他应付款——存入保证金   3 390
    贷:银行存款   3 390

(4) 如果出借的包装物逾期或者超过 1 年仍未收回的,则没收包装物押金,确认收入及销项税额或应纳增值税税额,并同时结转包装物成本:

借:其他应付款——存入保证金   3 390
    贷:其他业务收入   3 000
       应交税费——应交增值税(销项税额)   390
借:其他业务成本   1 000
    贷:周转材料——包装物   1 000

3. 以旧换新

以旧换新是指纳税人在销售自己的货物时,有偿收回旧货物的行为。采取以旧换新方式销售货物的,应按新货物的同期销售价格确定销售额,不得扣减旧货物的收购价格。

【例题 2-32】 甲公司为增值税一般纳税人,20×2 年 9 月 8 日,采取以旧换新方式向个人消费者销售手机 10 台,手机零售价为 3 390 元/台,收回旧手机入账单价为 600 元/台。甲公司从个人消费者处共收取现金 27 900 元。甲公司应如何进行账务处理?

【解析】

借:库存现金   27 900
   库存商品   6 000
    贷:主营业务收入   30 000
       应交税费——应交增值税(销项税额)   3 900

4. 以物易物

在以物易物销售方式下,根据会计准则的规定,客户支付非现金对价的,企业应当按照非现金对价的公允价值确定交易价格。

【例题 2-33】 甲公司为增值税一般纳税人,20×2 年 9 月,以自产的 1 台 C 产品与乙公司交换原材料。已知 C 产品每台不含税售价为 10 万元。换回的原材料已入库,对方开来的增值税专用发票上注明的价款为 4 万元、增值税税额为 0.52 万元,收到一张转账支票,金额为 6.78 万元。甲公司应如何进行账务处理?

【解析】

```
借：原材料                                            40 000
    应交税费——应交增值税(进项税额)                     5 200
    银行存款                                          67 800
    贷：主营业务收入                                         100 000
        应交税费——应交增值税(销项税额)                      13 000
```

5. 以物抵债

以物抵债是指企业以自己的货物抵偿债务的行为。企业以自己的产品或库存商品抵偿债务,应按其计税价格计算缴纳增值税,并根据货物的账面价值与债务价值的差额情况,进行如下账务处理:

```
借：应付账款
    营业外支出——债务重组损失
    贷：主营业务收入[或库存商品等]
        应交税费——应交增值税(销项税额)
        银行存款[支付的相关费用]
        应交税费[应交的其他相关税金]
        营业外收入——债务重组收益
```

【例题 2-34】 甲公司为增值税一般纳税人。20×2 年 9 月,甲公司以公允价值为 20 000 元的库存商品抵付乙公司 18 000 元货款。甲公司应如何进行账务处理?

【解析】

```
借：应付账款                                          18 000
    营业外支出——债务重组损失                            4 600
    贷：主营业务收入                                         20 000
        应交税费——应交增值税(销项税额)                       2 600
```

6. 买一赠一

买一赠一是一种促销行为,不属于无偿赠送,应属于附有条件、义务的有偿赠送,是以购买方购买商品为前提的,类似于成套、捆绑或降价销售。因此,纳税人采用买一赠一方式销售货物,对于随同销售所赠送的货物不需要视同销售计算缴纳增值税,只需要按其实际收到的不含税销售金额缴纳增值税。

企业应将实际收到的销售金额按销售货物和随同销售赠送货物的公允价值的比例来分摊确认其销售收入,同时将销售货物和随同销售赠送的货物品名、数量以及按各项商品公允价值

的比例分摊确认的价格和金额在同一张发票上注明。

【例题 2-35】 甲公司为增值税一般纳税人,20×2 年 5 月,"五一"假期期间进行促销活动,采用买一赠一方式销售服装,即销售一件西服,赠送一条领带。每件西服不含税价格为 1 000 元,每条领带不含税价格为 200 元。当月,甲公司采用买一赠一方式销售西服为 80 件。已知每件西服成本为 500 元,每条领带成本为 150 元。甲公司应如何进行账务处理?

【解析】

甲公司当月销项税额=1 000×80×13%=10 400(元)

销售西服应分摊销售额(收入)=1 000×80×1 000÷(1 000+200)=66 666.67(元)

赠送领带应分摊销售额(收入)=1 000×80−66 666.67=13 333.33(元)

账务处理如下:

```
借:银行存款                                              90 400.00
    贷:主营业务收入——西服                                 66 666.67
              ——领带                                    13 333.33
        应交税费——应交增值税(销项税额)                    10 400.00
```

7. 兼营方式

纳税人销售货物、服务、无形资产或者不动产适用不同税率的,应当分别核算适用不同税率的销售额;未分别核算销售额的,从高适用税率。

【例题 2-36】 甲公司为增值税一般纳税人,20×2 年 5 月,销售货物取得不含税销售额为 10 000 元,对外提供装卸搬运服务取得不含税销售额为 2 000 元。甲公司对以上两种业务分别核算,并按照各自的适用税率分别开具了增值税专用发票,款项均已结清并存入银行。甲公司应如何进行账务处理?

【解析】

销售货物适用税率为 13%,装卸搬运服务适用税率为 6%,甲公司分开核算且分别开具增值税专用发票。其账务处理为:

(1)取得销售货物收入时:

```
借:银行存款                                              11 300
    贷:主营业务收入                                      10 000
        应交税费——应交增值税(销项税额)                    1 300
```

(2)取得装卸搬运服务收入时:

```
借:银行存款                                              2 120
    贷:其他业务收入                                       2 000
        应交税费——应交增值税(销项税额)                      120
```

【思考】

如果甲公司对外提供装卸搬运服务未分开核算,适用的税率是多少?如何进行账务处理?

8. 混合销售

从事货物的生产、批发或者零售的企业、企业性单位和个体工商户的混合销售行为,按照销售货物缴纳增值税;其他单位和个体工商户的混合销售行为,按照销售服务缴纳增值税。销售活动板房、机器设备、钢结构件等自产货物提供的建筑、安装服务,不属于混合销售、应分别核算、计征。

【例题 2-37】 甲公司为增值税一般纳税人,主营业务为销售空调设备以及配件。20×2 年 6 月,甲公司销售空调并为客户提供上门安装服务,取得空调不含税销售额为 20 000 元,收取安装费不含税收入为 2 000 元,款项均已结清并存入银行。甲公司应如何进行账务处理?

【解析】

销售空调同时提供空调安装服务属于混合销售行为。其账务处理如下:

销项税额＝(20 000＋2 000)×13%＝2 860(元)

借:银行存款		24 860
贷:主营业务收入		20 000
其他业务收入		2 000
应交税费——应交增值税(销项税额)		2 860

(三)视同销售方式下增值税的会计核算

视同发生应税交易以及销售额为非货币形式的,按照市场公允价格确定销售额。企业发生视同销售行为,应当按照国家统一的会计制度进行相应的会计处理,并按照增值税法律制度规定计算销项税额(或采用简易计税方法计算应纳增值税税额)。

将自产、委托加工的货物用于集体福利或个人消费属于视同应税交易的典型业务。

纳税人将自产或者委托加工的货物用于集体福利或个人消费的,其纳税义务发生时间为货物移送的当天。这种行为分两种情况,即控制权未发生改变和控制权发生改变。

(1)将自产、委托加工的货物用于集体福利或个人消费,控制权未发生改变的,不应确认收入。

【例题 2-38】 甲公司为增值税一般纳税人,20×2 年 5 月,将自产的 10 台电视机用于员工食堂,作为集体福利使用。已知电视机的成本为 2 000 元/台,对外销售不含税销售价格为 3 000 元/台。假设甲公司对电视机的控制权未发生改变,甲公司应如何进行账务处理?

【解析】

控制权未发生改变的,按自产或委托加工货物的市场公允价格计算销项税额,不确认收入。账务处理为:

借:应付职工薪酬		23 900
贷:库存商品		20 000
应交税费——应交增值税(销项税额)		3 900

(2)将自产、委托加工的货物用于集体福利或个人消费,控制权发生改变的,应确认收入。

【例题 2-39】 甲公司为增值税一般纳税人,20×3 年 6 月,将自产的 100 台电饭锅发给职工,作为员工节日福利。已知电饭锅的成本为 200 元/台,对外销售不含税价格为 300 元/台。甲公司应如何进行账务处理?

【解析】

控制权发生改变的,按自产或委托加工货物的市场公允价格计算销项税额,并确认收入。

账务处理为：

借：应付职工薪酬		33 900
贷：主营业务收入		30 000
应交税费——应交增值税(销项税额)		3 900
借：主营业务成本		20 000
贷：库存商品		20 000

（四）销售自己使用过的固定资产(不动产除外)有关增值税的会计核算

增值税一般纳税人销售自己使用过的,属于税收法律法规规定不得抵扣且未抵扣进项税额的固定资产,自 2014 年 7 月 1 日起调整为按简易计税方法依照 3% 的征收率减按 2% 征收增值税;已使用过的固定资产是指纳税人根据财务会计制度已经计提折旧的固定资产。

【例题 2-40】 甲公司为增值税一般纳税人,20×2 年 8 月,转让一台自己使用过的旧设备。该设备是 2007 年 12 月 31 日购入的,原值为 50 000 元,已经提足折旧。在转让过程中,甲公司用银行存款支付清理费为 200 元,取得转让收入为 2 000 元,甲公司选择使用简易计税办法。甲公司应如何进行账务处理?

【解析】

甲公司 2007 年 12 月 31 日购入的旧设备,按当时税收法律法规的规定不能抵扣进项税额。因此,甲公司按简易计税方法依照 3% 的征收率减按 2% 计算应交增值税。

应交增值税 = 2 000 ÷ (1+3%) × 2% = 38.83(元)

（1）注销固定资产时：

借：累计折旧		50 000
贷：固定资产		50 000

（2）支付清理费时：

借：固定资产清理		200
贷：银行存款		200

（3）收到转让收入时：

借：银行存款		2 000.00
贷：固定资产清理		1 961.17
应交税费——简易计税		38.83

（4）计算城市维护建设税、教育费附加时：

借：固定资产清理		3.88
贷：应交税费——城市维护建设税		2.72
——教育费附加		1.16

（5）结转净收益时：

净收益 = 1 961.17 − 200 − 3.88 = 1 757.29(元)

借：固定资产清理		1 757.29
贷：资产处置损益		1 757.29

三、进项税额的会计核算

采用增值税一般计税方法的纳税人购进的与应税交易相关的货物、服务、无形资产、不动产和金融商品，按应计入相关成本、费用或资产的金额。

进项税额核算的关键：区分哪些进项税额允许抵扣，哪些进项税额不得抵扣。

（一）准予抵扣的进项税额的会计核算

准予从销项税额中抵扣的进项税额包括以下几种情形：

（1）从销售方取得的增值税专用发票（含税控机动车销售统一发票）上注明的增值税税额。

（2）从海关取得的海关进口增值税专用缴款书上注明的增值税税额。

（3）从境外单位或者个人购进服务、无形资产或者不动产，自税务机关或者扣缴义务人取得的解缴税款的完税凭证上注明的增值税税额。

（4）购进农产品的进项税额的扣税凭证上注明的增值税税额，这类凭证包括：增值税专用发票、海关进口增值税专用缴款书、农产品收购发票或者销售发票。

账务处理应按价税分别记账，具体为：

借：原材料［或材料采购、固定资产］
　　应交税费——应交增值税（进项税额）
　　　　　　——待抵扣进项税额［或待认证进项税额］
　　贷：银行存款［或应付账款、应付票据、实收资本、营业外收入等］

（二）不得抵扣的进项税额的会计核算

"应交税费——应交增值税（进项税额转出）"科目一般用于核算一般纳税人购进货物、服务、无形资产或不动产等发生非正常损失以及其他原因而不应从销项税额中抵扣、按规定转出的进项税额。以此对不得抵扣进项税额进行会计核算。

（三）进项税额的账务处理

进项税额的账务处理案例详细见本项目任务三中"一般纳税人会计科目的设置"以及"应交税费——应交增值税（进项税额）""应交税费——应交增值税（进项税额转出）"科目的核算。

四、小规模纳税人增值税的会计核算

小规模纳税人销售货物和服务，增值税适用简易计税方法计征，不得抵扣进项税额。

（一）小规模纳税人应纳税额的核算

小规模纳税人提供应税服务适用简易计税方法计税，计算公式为：

$$当期应纳增值税税额＝当期销售额×征收率$$

【注意】

公式中销售额与一般纳税人计算应纳增值税的销售额规定内容一致，不包括按征收率收取的增值税税额。

（二）小规模纳税人的税收优惠

（1）自 2023 年 1 月 1 日至 2027 年 12 月 31 日，对月销售额 10 万元以下（含本数）的增值

税小规模纳税人,免征增值税。

(2) 自 2023 年 1 月 1 日至 2027 年 12 月 31 日,增值税小规模纳税人适用 3‰征收率的应税销售收入,减按 1‰征收率征收增值税;适用 3‰预征率的预缴增值税项目,减按 1‰预征率预缴增值税。

(3) 适用增值税差额征税政策的小规模纳税人,以计算差额后的销售额确定是否可以享受规定的免征增值税政策。

(三) 小规模纳税人的会计核算

小规模纳税人只需在"应交税费"科目下设置"应交增值税"明细科目,不需要设置一般纳税人设置的专栏及"转让金融商品应交增值税""代扣代交增值税"以外的明细科目。

1. 销售货物的核算

小规模纳税人发生应税行为实行简易计税方法,无论是否开具专用发票,小规模纳税人均按实现的应税收入和征收率计算应纳税额,并记入"应交税费——应交增值税"科目。其账务处理如下:

(1) 发生应税行为时:

借:银行存款[或应收账款等]
　　贷:主营业务收入[或其他业务收入等]
　　　　应交税费——应交增值税

(2) 缴纳税款时:

借:应交税费——应交增值税
　　贷:银行存款

【例题 2-41】 丁公司是增值税小规模纳税人,20×2 年 9 月,销售货物一批,收取价款为 181 280 元,开具普通发票。请计算丁公司 9 月的应交增值税税额,并编制会计分录。

【解析】

应交增值税税额＝181 280÷(1＋3‰)×3‰＝5 280(元)

借:银行存款	181 280
贷:主营业务收入	176 000
应交税费——应交增值税	5 280

2. 购进货物的核算

小规模纳税人购进货物、劳务、服务、无形资产或者不动产时,不论是否取得增值税专用发票,其支付给销售方的增值税税额都不得抵扣,应计入购进货物或接受劳务的成本。其账务处理如下:

借:在途物资[或原材料、库存商品、固定资产、管理费用、主营业务成本等]
　　贷:银行存款[或应付账款等]

【例题 2-42】 丁公司是增值税小规模纳税人,20×2 年 9 月,购进商品取得普通发票注明不含税价款为 2 000 元,增值税税额为 260 元;另以银行存款支付运费 218 元、装卸费 106 元,以上业务均取得增值税普通发票。请计算丁公司购入商品的实际成本,编制会计分录。

【解析】

购进商品的实际成本＝2 000＋260＋218＋106＝2 584(元)

借：库存商品	2 854
贷：银行存款	2 854

五、差额征税的会计核算

1. 采用一般计税方法

通常情况下,采用差额征税会计核算的企业发生相关成本、费用允许扣减销售额的,应当按减少的销项税额作如下账务处理:

借：主营业务成本等
　　应交税费——应交增值税(销项税额抵减)
　　　贷：应付账款[或应付票据、银行存款等]

【例题 2-43】　甲公司为增值税一般纳税人,核算选择差额征税方式。甲公司于20×2年5月向旅游服务购买方收取含税价款为 106 万元(适用税率为6%),支付给其他接团旅游企业的旅游费用和其他单位的相关费用为 84.8 万元,其中因允许扣减销售额而减少的销项税额为4.8 万元。假设该旅游企业采用总额法确认收入。请对甲公司业务作会计处理。

【解析】

(1) 确认收入时:

借：银行存款	1 060 000
贷：主营业务收入	1 000 000
应交税费——应交增值税(销项税额)	60 000

(2) 支付旅游费用时:

借：主营业务成本	848 000
贷：银行存款	848 000

(3) 根据扣税凭证,差额计税抵减销项税额,调整成本时:

借：应交税费——应交增值税(销项税额抵减)	48 000
贷：主营业务成本	48 000

也可以合并(2)(3)分录如下:

借：主营业务成本	800 000
应交税费——应交增值税(销项税额抵减)	48 000
贷：银行存款	848 000

2. 转让金融产品的会计核算

转让金融产品的增值税核算中,也是依据差额征税,通过"应交税费——转让金融商品应交增值税"科目核算。具体会计处理如下:

(1) 计提转让损失时:

借：投资收益
　　贷：应交税费——转让金融商品应交增值税

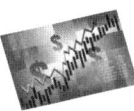

若计提转让收益则作相反会计分录。

（2）年末缴纳税款时：

借：应交税费——转让金融商品应交增值税

　　贷：银行存款

【例题 2-44】 甲公司增值税一般纳税人，20×2 年 11 月，转让作为交易性金融资产管理的 A 股票，卖出价为 10 万元，对应的买入价为 12 万元；20×2 年 12 月，转让作为交易性金融资产管理的 B 股票，卖出价为 15 万元，对应的买入价为 11 万元。适用增值税税率为 6%。请作出甲公司 11 月、12 月计提和缴纳增值税的账务处理。

【解析】

（1）11 月转让 A 股票时：

差价 = 100 000 − 120 000 = −20 000（元）

增值税 = 20 000 ÷ (1 + 6%) × 6% = 1 132.08（元）

借：应交税费——转让金融商品应交增值税　　　　　　　　　　　　1 132.08

　　贷：投资收益　　　　　　　　　　　　　　　　　　　　　　　　1 132.08

（2）12 月转让 B 股票时：

差价 = 150 000 − 110 000 = 40 000（元）

增值税 = 40 000 ÷ (1 + 6%) × 6% = 2 264.15（元）

借：投资收益　　　　　　　　　　　　　　　　　　　　　　　　　2 264.15

　　贷：应交税费——转让金融商品应交增值税　　　　　　　　　　　2 264.15

（3）12 月缴纳税款时：

应交增值税 = 2 264.15 − 1 132.08 = 1 132.07（元）

借：应交税费——转让金融商品应交增值税　　　　　　　　　　　　1 132.07

　　贷：银行存款　　　　　　　　　　　　　　　　　　　　　　　　1 132.07

3. 采用简易计税方法

采用简易计税方法下，一般通过"应交税费——简易计税"科目（一般纳税人适用）或"应交税费——应交增值税"科目（小规模纳税人适用）核算。具体会计处理如下：

借：主营业务成本等

　　应交税费——简易计税［或应交税费——应交增值税］

　　贷：应付账款［或应付票据、银行存款等］

4. 差额纳税可以扣除项目的其他注意事项

在差额征税项目中，由于一些项目不能开具增值税专用发票，企业可以将增值税普通发票上注明的销售额换算成不含税销售额后计算销项税额，待收到扣除项目发票后，按应付或实际支付的金额换算成不含税金额计算销项税额抵减额。

对于可以开具增值税专用发票的差额征税项目，按销售收入扣减扣除项目后的差额计算增值税税额，企业可以按照增值税专用发票上注明的税额贷记"应交税费——应交增值税（销项税额）"科目。

任务四　增值税的征收管理

一、纳税义务发生时间

增值税纳税义务发生时间的有关规定如表 2-14 所示。

表 2-14　　　　　　　　　　增值税纳税义务发生时间

销售方式		纳税义务发生时间
直接收款		收到销售款或取得索取销售款凭据的当日
托收承付、委托收款		发出货物并办妥托收手续的当日
赊销、分期收款		书面合同约定的收款日期的当日，无合同或有合同无约定，为货物发出的当日
预收货款	销售货物	货物发出的当日，生产工期超过 12 个月的，为收到预收款或书面合同约定的收款日期的当日
	租赁服务	收到预收款的当日
委托代销		收到代销清单或全部、部分货款的当日；未收到代销清单及货款的，为发出货物满 180 天的当日
金融商品转让		所有权转移的当日
视同销售		货物移送、转让完成或权属变更的当日
进口		报关进口的当日
扣缴义务		纳税义务发生的当日

需要说明的是，如果开票在先，则纳税义务发生时间为开具发票的当日。

二、纳税期限

增值税的纳税期限有 10 日、15 日、1 个月或 1 个季度几类。纳税人不能按期纳税的，可以按次纳税。其中，以 1 个季度为纳税期限适用于小规模纳税人、银行、财务公司、信托投资公司、信用社。

纳税人以 1 个月或 1 个季度为纳税期的，应在期满之日起 15 日内申报纳税。纳税人以 10 日、15 日为纳税期的，期满之日起 5 日内预缴税款，于次月 1 日起 15 日内申报纳税并结清上月税款。

纳税人进口货物，应当自海关填发进口增值税专用缴款书之日起 15 日内缴纳税款。

三、纳税地点

增值税纳税地点的有关规定如表 2-15 所示。

表 2-15   增值税纳税地点

业户情况			申报纳税地点
固定户	一般情况		机构所在地
	总分机构不在同一县(市)		按机构所在地分别申报
			经批准,可以由总机构汇总向总机构所在地的税务机关申报
	外出经营	报告外出经营事项	机构所在地
		未报告	销售地或劳务发生地;未申报的,由其机构所在地税务机关补征税款
非固定户			销售地或劳务发生地
其他个人提供建筑服务,销售或者租赁不动产,转让自然资源使用权			建筑服务发生地、不动产所在地、自然资源所在地
进口			报关地海关

四、增值税发票的使用规定

纳税人应当依法开具和使用增值税发票。增值税发票包括纸质发票和电子发票,电子发票与纸质发票具有同等法律效力。国家积极推广使用电子发票。按照增值税抵扣凭证分类,增值税发票可以分为增值税专用发票和增值税普通发票。

(一) 增值税专用发票的使用规定

1. 联次及用途

增值税专用发票的使用规定如表 2-16 所示。

表 2-16   增值税专用发票的使用规定

基本联次	持有方	用途
发票联	购买方	核算采购成本和增值税进项税额的记账凭证
抵扣联		报送税务机关认证和留存备查的扣税凭证
记账联	销售方	核算销售收入和增值税销项税额的记账凭证

2. 最高开票限额管理

最高开票限额由区县税务机关依法审批。一般纳税人申请增值税专用发票最高开票限额≤10 万元的,主管税务机关不需要事前进行实地查验。

3. 一般纳税人不得领购开具增值税专用发票的情形

(1) 会计核算不健全,不能向税务机关准确提供增值税销项税额、进项税额、应纳税额数据及其他有关增值税税务资料的。

(2) 有《税收征管法》规定的税收违法行为,拒不接受税务机关处理的。

(3) 有涉及发票的税收违法行为,经税务机关责令限期改正而仍未改正的。

4. 一般纳税人不得开具增值税专用发票的情形

(1) 向消费者个人销售货物、提供应税劳务或者销售服务、无形资产、不动产的。

(2) 销售增值税免税项目,法律、法规及国家税务总局另有规定的除外。

(3) 部分适用增值税简易征收政策规定的。

(4) 法律、法规及国家税务总局规定的其他情形。

【注意】

①一般纳税人向小规模纳税人销售货物可以开具增值税专用发票。②自 2020 年 2 月 1 日起,纳入增值税小规模纳税人自开增值税专用发票试点的小规模纳税人需要开具增值税专用发票的,可以通过新系统自行开具,主管税务机关不再为其代开。

（二）增值税普通发票的使用规定

（1）增值税普通发票是增值税小规模纳税人销售货物劳务、服务、无形资产和不动产开具的发票,一般纳税人在销售货物或者提供应税劳务不能开具增值税专用发票时,也可以使用增值税普通发票。

（2）除了机动车销售统一发票、农产品销售发票或收购发票、通行费发票、通行费电子发票、航空运输电子客票行程单、铁路车票、公路、水路等其他客票可以抵扣增值税进项税额,其他增值税普通发票不能作为抵扣增值税进项税额的凭证。

（3）目前尚未纳入增值税发票管理新系统的发票主要有：门票、过路（过桥）费发票、定额发票、客运发票。

五、增值税与附加税费申报表

（一）增值税与附加税费申报表现行规定

2021 年 7 月 9 日发布的《国家税务总局关于增值税消费税与附加税费申报表整合有关事项的公告》（国家税务总局公告 2021 年第 20 号）规定,自 2021 年 8 月 1 日起,全面推行增值税、消费税分别与附加税费申报表整合工作。增值税与附加税费申报表整合,一般纳税人增值税纳税申报表在原主表中增加了城市维护建设税、教育费附加、地方教育附加三个附加税费相关栏次,并增加一张附表,体现附加税费的明细申报情况,申报表的表名也增加了"附加税费"字样,调整为《增值税及附加税费申报表（一般纳税人适用）》。纳税人在申报增值税时,应一并申报附征的城市维护建设税、教育费附加和地方教育附加等附加税费。增值税与附加税费申报表整合的含义,就是将原有的《增值税纳税申报表（一般纳税人适用）》《增值税纳税申报表（小规模纳税人适用）》《增值税预缴税款表》与《城市维护建设税　教育费附加　地方教育附加申报表》整合后,启用《增值税及附加税费申报表（一般纳税人适用）》《增值税及附加税费申报表（小规模纳税人适用）》《增值税及附加税费预缴表》。简单而言就是申报表整合后,附加税费随着主税使用同一张申报表,申报一次完成,不再单独使用各自的申报表申报纳税。

（二）增值税一般纳税人纳税申报的主要资料

按 2021 年 8 月 1 日之后的申报要求,增值税一般纳税人主要报送的申报表以及附列资料如下:《增值税及附加税费申报表（主表）》《增值税及附加税费申报表附列资料（一）（本期销售情况明细）》《增值税及附加税费申报表附列资料（二）（本期进项税额明细）》《增值税及附加税费申报表附列资料（三）（服务、不动产和无形资产扣除项目明细）》《增值税及附加税费申报表附列资料（四）（税额抵减情况表）》《增值税及附加税费申报表附列资料（五）（附加税费情况表）》《增值税减免税申报明细表》等。

（三）增值税小规模纳税人纳税申报的主要资料

按 2021 年 8 月 1 日之后的申报要求,增值税小规模纳税人主要报送的申报表以及附列资料如下:《增值税及附加税费申报表（小规模纳税人适用）》《增值税及附加税费申报表（小规模纳税人适用）附列资料（一）（服务、不动产和无形资产扣除项目明细）》《增值税及附加税费申报

表(小规模纳税人适用)附列资料(二)(附加税费情况表)》等。

课堂笔记

项 目 小 结①

一、一般纳税人适用税率

一般纳税人适用税率小结如表 2-17 所示。

表 2-17　　　　　　　　　　　一般纳税人适用税率小结

税率	适用范围
13%	销售或进口货物，提供应税服务，提供动产租赁服务
9%	特定货物；提供交通运输服务、邮政服务、基础电信服务、建筑服务、不动产租赁服务，销售不动产，转让土地使用权
6%	提供现代服务（租赁除外）、增值电信服务、金融服务、生活服务，销售无形资产（转让土地使用权除外）
0	出口货物、劳务，境内单位和个人发生的跨境应税行为

二、计税方法及主要计算公式

（一）一般计税方法

$$应纳税额 = 当期销项税额 - 当期进项税额$$
$$销项税额 = 不含税销售额 \times 税率$$
$$不含税销售额 = \frac{含税销售额}{1 + 增值税税率}$$
$$从价计征非应税消费品的组成计税价格 = 成本 \times (1 + 成本利润率)$$
$$从价计征应税消费品的组成计税价格 = 成本 \times \frac{1 + 成本利润率}{1 - 消费税税率}$$

（二）简易计税方法

$$应纳税额 = 不含税销售额 \times 征收率$$
$$不含税销售额 = \frac{含税销售额}{1 + 征收率}$$

（三）进口环节计税方法

$$应纳税额 = 组成计税价格 \times 税率$$

进口货物不属于消费税应税消费品：

$$组成计税价格 = 关税完税价格 + 关税 = 关税完税价格 \times (1 + 关税税率)$$

$$\begin{array}{l} 进口货物属于消费税应税消费品 \\ （从价定率）的组成计税价格 \end{array} = \frac{关税完税}{价格} + 关税 + \frac{消费}{税} = \frac{关税完税价格 + 关税}{1 - 消费税比例税率}$$

---

①本书项目二至项目五是对四个重要税种的介绍，包含了本书需要学生掌握的大部分主要知识，因此这四个项目小结内容较为详细，分别罗列了每一税种的基本要素总结、主要计算公式、主要会计处理等，有别于项目一和项目六，需要学生重点记忆和掌握。

三、主要的会计处理

(一)销项税额的会计处理

1. 一般销售业务

借：银行存款[或应收账款、应收票据、预收账款、应付账款、其他应付款等]
　　贷：主营业务收入[或其他业务收入]
　　　　应交税费——应交增值税（销项税额）

2. 将自产、委托加工的货物用于集体福利或个人消费

（1）控制权未发生改变的，不应确认收入。

借：应付职工薪酬
　　贷：库存商品
　　　　应交税费——应交增值税（销项税额）

（2）控制权发生改变的，应确认收入。

借：应付职工薪酬
　　贷：主营业务收入
　　　　应交税费——应交增值税（销项税额）

(二)进项税额的会计核算

借：原材料[或材料采购、固定资产等]
　　应交税费——应交增值税（进项税额）
　　贷：银行存款[或应付账款、应付票据、实收资本、营业外收入等]

(三)进项税额转出的会计核算

1. 已经抵扣进项税额的外购货物等改变用途，用于不得抵扣进项税额的用途

借：应付职工薪酬——非货币性福利
　　贷：库存商品
　　　　应交税费——应交增值税（进项税额转出）

2. 在产品、产成品、不动产等发生非正常损失，其所用外购货物、劳务、服务等进项税额作转出处理

借：待处理财产损溢
　　贷：原材料[或库存商品]
　　　　应交税费——应交增值税（进项税额转出）

借：待处理财产损溢——固定资产（非正常损失）
　　贷：应交税费——应交增值税（进项税额转出）

(四)企业月度终了转出当月应缴未缴的增值税

借：应交税费——应交增值税（转出未交增值税）
　　贷：应交税费——未交增值税

（五）企业月度终了转出当月多缴的增值税

借：应交税费——未交增值税

　　贷：应交税费——应交增值税（转出多交增值税）

（六）企业当月缴纳以前期间未缴的增值税

借：应交税费——未交增值税

　　贷：银行存款

（七）小规模纳税人增值税的会计核算

1. 发生应税行为

借：银行存款[或应收账款等]

　　贷：主营业务收入[或其他业务收入等]

　　　　应交税费——应交增值税

2. 缴纳税款

借：应交税费——应交增值税

　　贷：银行存款

课堂笔记

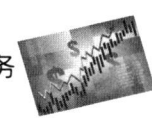

课堂笔记

课后练习参考答案

课 后 练 习

一、单选题

1. 一般纳税人销售货物向购买方收取的下列款项中,不计入销售额计算销项税额的是( )。

A. 代办保险收取的保险费　　　B. 包装费
C. 违约金　　　D. 手续费

2. 甲公司为增值税一般纳税人,20×2年9月,销售A产品一批,取得不含税销售额10 000元,同时向对方收取A产品包装物租金100元,已知增值税税率为13%,则计算甲公司本月增值税销项税额的下列算式中,正确的是( )。

A. $(10\ 000+100)\div(1+13\%)\times13\%$

B. $10\ 000\times13\%$

C. $10\ 000\times13\%+100\div(1+13\%)\times13\%$

D. $(10\ 000+100)\times13\%$

3. 甲公司为增值税一般纳税人,20×2年9月,将自己生产的一批B产品用于个人消费,甲公司并无同类B产品销售价格,其他公司也无同类货物,已知B产品的生产成本为100万元,甲公司的成本利润率为10%,该产品适用的增值税税率为13%。则计算甲公司当月增值税销项税额的下列算式中正确的是( )。

A. $100\times13\%$　　　B. $100\times(1+10\%)\div(1-13\%)\times13\%$
C. $100\times(1+10\%)\times13\%$　　　D. $100\times(1+10\%)\div(1+13\%)\times13\%$

4. 甲商贸公司为增值税一般纳税人,20×2年9月,采取折扣方式销售产品一批,该批产品不含税销售额为16 600元,因购买数量大,给予购买方10%的价格优惠,销售额和折扣额在同一张发票上的金额栏上分别注明。已知增值税税率为13%。计算甲商贸公司当月该笔业务增值税销项税额的下列算式中,正确的是( )。

A. $16\ 600\times(1-10\%)\div(1-13\%)\times13\%$

B. $16\ 600\times(1-10\%)\times13\%$

C. $16\ 600\times13\%$

D. $16\ 600\div(1-13\%)\times13\%$

5. 甲公司为增值税一般纳税人,20×2年9月,购进一批玉米,玉米收购发票注明买价1 000元,当月全部用于生产玉米面粉。已知农产品扣除率为9%。计算甲公司当月该笔业务准予抵扣进项税额的下列算式中,正确的是( )。

A. $1\ 000\div(1-9\%)\times9\%$　　　B. $1\ 000\times9\%$
C. $1\ 000\times(1-9\%)\times9\%$　　　D. $1\ 000\div(1+9\%)\times9\%$

6. 20×2年9月,甲公司员工孙某出差乘坐飞机取得航空运输电子客票行程单上注明票价为5 000元,燃油附加费为100元;乘坐高铁取得铁路车票上注明的票价为1 000元,航空运输电子客票行程单、铁路车票适用的增值税税率为9%。则甲公司孙某出差本月准予抵扣的进项税额的下列算式中,正确的是( )。

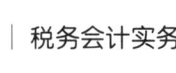 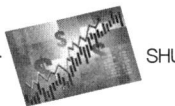

A. $(5\,000+100+1\,000)\div(1+9\%)\times9\%$　B. $(5\,000+100+1\,000)\times9\%$

C. $(5\,000+100+1\,000)\div(1+3\%)\times3\%$　D. $(5\,000+100+1\,000)\times3\%$

二、多选题

1. 下列业务中,应当征收增值税的有(　　)。

A. 销售天然气　　　　　　　　　B. 有形动产租赁业务

C. 鉴证咨询服务　　　　　　　　D. 提供缝纫劳务

2. 根据增值税法律制度的规定,下列纳税人中,不用办理一般纳税人资格登记的有(　　)。

A. 个体工商户以外的其他个人

B. 选择按照小规模纳税人纳税的非企业性单位

C. 选择按照小规模纳税人纳税的不经常发生应税行为的企业

D. 从事货物生产且年应税销售额达到 600 万元的纳税人

3. 根据增值税法律制度的规定,下列项目适用 9% 的税率的有(　　)。

A. 电子出版物　　　B. 鲜鱼　　　　　C. 农机　　　　　D. 矿泉水

4. 某公司外购货物进项税额准予从销项税额中抵扣的有(　　)。

A. 将外购货物无偿赠送给甲客户　　B. 将外购货物作为投资提供给乙公司

C. 将外购货物分配给丙股东　　　　D. 将外购货物用于公司交际应酬

5. 甲公司涉及的以下业务增值税进项税额不得抵扣的有(　　)。

A. 因库管员过失导致货物丢失造成的损失

B. 为庆祝公司业绩达成外出吃饭的消费支出

C. 接受乙公司提供的餐饮宴请服务

D. 将外购的电脑供员工食堂使用

6. 甲公司下列业务中,符合增值税纳税义务发生时间的有(　　)。

A. 将货物交付他人代销,为收到代销清单或者收到全部或者部分货款的当日

B. 采用预收货款方式销售货物,为发出货物的当日

C. 采用分期付款结算方式的,为收到首期货款的当日

D. 销售应税劳务,为提供劳务同时收讫销售额或者取得索取销售款的凭据的当日

三、判断题

1. 小规模纳税人,转让其取得的不动产,按照 3% 的征收率征收增值税。　　(　　)

2. 甲公司将该商业广场商铺的外墙出租给乙广告公司用于发布公告,该经营业务取得的收入应按"文化创意服务——广告服务"的税目缴纳增值税。　　(　　)

3. 单位或者个体工商户聘用的员工为本单位或者雇主提供加工、修理修配服务,属于增值税的征税范围。　　(　　)

4. 因被执法部门依法没收或者强令自行销毁的货物,其进项税额不得抵扣。　　(　　)

5. 纳税人发生服务中止、购进货物退回、销售折让而收回的增值税税额,不得从当期的进项税额中扣减。　　(　　)

四、计算题

1. 甲公司为增值税一般纳税人,20×2 年 9 月,生产销售一批电视机,每台不含税销售单价为 3 000 元,适用税率为 13%。9 月发生如下经济业务:

业务一:1 日,向各大商场销售电视机 15 台,对这些大商场在当月 10 天内付清 15 台电视

机购货款均给予了5%的销售折扣。

业务二：3日，购进生产电视机用原材料一批，取得增值税专用发票上注明的价款为30 000元，增值税税额为3 900元，专用发票已认证。

业务三：15日，销售给乙公司5台电视机。在销售过程中，接受某运输公司的运输服务，支付运费价税合计21 800元，取得增值税专用发票，注明运费金额20 000元、增值税税额1 800元。货款及运费均以银行存款支付。

业务四：20日，将一批自产的电视机用于集体福利，账面价值为15 000元，市场不含税售价为18 000元。

业务五：26日，盘点库存商品，因仓库管理员管理不善，盘亏2台电视机，账面价值为5 000元。

业务六：28日销售电视机10台，同时向对方收取电视机包装物租金为5 650元。

要求：

（1）计算业务一的销项税额。

（2）计算业务二的进项税额。

（3）计算业务三的增值税税额。

（4）计算业务四的销项税额。

（5）计算业务五应转出的进项税额。

（6）计算业务六的销项税额。

（7）计算甲公司9月应缴纳的增值税税款。

2. 乙公司于20×2年9月进口一批建材，完税价格是35 000元，进口关税税率为20%，增值税税率为13%，已经缴纳进口关税和增值税，并取得增值税完税凭证。当月乙公司销售这批货物取得不含税销售额为65 000元。

要求：（1）计算乙公司进口环节的应缴纳的关税税额。

（2）计算乙公司进口环节的应缴纳的增值税税额。

（3）计算乙公司9月应缴纳的增值税税额。

3. 某商店为增值税小规模纳税人，20×2年9月，销售商品取得零售收入总额为51.5万元（含税），款项已经存入银行。该商店于9月又将2007年6月购入自用的一辆货车和2012年3月购入自用的一辆大卡车分别以10.3万元和34.8万元的价格出售，已知增值税征收率为3%。

要求：（1）计算该商店销售商品取得零售收入应缴纳的增值税税额。

（2）计算该商店出售货车和大卡车取得收入应缴纳的增值税税额。

（3）计算该商店9月应缴纳的增值税税额。

五、业务题

1. （1）某公司为增值税一般纳税人，20×2年9月，销售一批商品的不含税价格为10 000元，销项税额为1 300元，货物的成本为8 000元。客户已用银行存款支付货款。要求：编制相应的会计分录。

（2）假设业务（1）中9月的商品10月被客户退回，而且已按税收法律法规规定开具了红字增值税专用发票。要求：编制相应的会计分录。

2. 某建材商店购进建材一批，20×2年4月，取得增值税专用发票注明价款为25 000元、

增值税税额为 3 250 元,材料已验收入库并同时支付货款。在购货过程中支付运输费,取得交通运输业增值税专用发票注明运输费 1 000 元、增值税税额 90 元。要求:编制相应的会计分录。

3. 某食品公司从农民手中收购小麦,20×2 年 5 月,取得的收购凭证上注明的买价为 50 000 元,该批小麦已运抵企业并验收入库,货款以银行存款支付。假设收购小麦用于生产适用 9%税率的小麦粉。要求:编制相应的会计分录。

4. 某商贸公司为一般纳税人,20×2 年 7 月,初次购买增值税税控系统专用设备,支付 5 000 元,取得合规发票。要求:编制相应的会计分录。

5. 某公司是增值税一般纳税人,20×2 年 8 月,因管理不善,造成购入的原材料发霉变质,成本为 8 000 元,原材料的购入时取得增值税专用发票,适用税率 13%,已申报抵扣进项税。要求:编制相应的会计分录。

6. 甲公司为增值税一般纳税人,20×2 年 9 月 15 日,与乙公司签订供货合同,约定销售商品一批,不含税售价为 50 000 元,乙公司预付定金为 2 000 元,余款到货时支付。9 月 20 日,甲公司发出货物并收到余款。要求:编制相应的会计分录。

7. 某公司为增值税一般纳税人,于 20×2 年销售产品一批 10 件,每件不含税售价为 200 元,单位成本为 100 元,包装物不含税售价为 200 元,成本共计 100 元。全部款项已收到存入银行。要求:编制相应的会计分录。

8. (1)某公司为增值税一般纳税人,20×2 年 9 月,销售 A 商品取得不含税收入为 15 000 元,同时出借包装物一批,收到包装物押金为 2 000 元,款项已存入银行,A 商品成本为 12 000 元,包装物成本为 1 000 元。要求:编制相应的会计分录。

(2) 假如业务(1)中出借的包装物在约定期限之内或者在 1 年之内收回。要求:编制相应的会计分录。

9. 甲公司为增值税一般纳税人,20×2 年 6 月,甲公司以自产 A 产品的与乙公司互换一批原材料,已知 A 产品不含税售价为 50 000 元,换回的原材料已入库,对方开来的增值税专用发票上注明价款为 30 000 元、增值税税额为 3 900 元,全部款项已收到存入银行。要求:编制相应的会计分录。

10. 某公司为增值税一般纳税人,20×2 年 7 月,将自产的 10 台电脑发给职工,作为员工集体福利。已知电脑的成本为 3 000 元/台,对外销售不含税价格为 4 000 元/台。要求:编制相应的会计分录。

11. 某公司是增值税小规模纳税人,20×2 年 6 月,销售商品一批,收取价款为 15 450 元(含税),开具普通发票。要求:计算甲公司 6 月应缴纳的增值税税额,并编制会计分录。

六、讨论题

1. "只要取得增值税专用发票,其税额就是可抵扣的。"这种说法是否正确? 请给出理由。

2. 一般纳税人简易计税销售应设置什么科目核算税额?

项目三

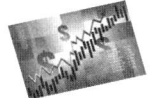

消费税会计

[知识目标]
1. 掌握消费税税目、税率和征税环节的规定。
2. 掌握消费税应纳税额的计算公式。
3. 掌握消费税涉及的会计科目。

[能力目标]
1. 能准确记忆消费税税目和征税环节。
2. 能够运用公式准确计算消费税税额。
3. 能准确编制出消费税涉及的会计分录。

[素质目标]
1. 培养学生法治意识、责任意识,树立健康环保观念。
2. 建立理性消费观,引导合理消费行为。

[知识点思维导图]

消费税会计
- 消费税概述
  - 纳税人
  - 税目、税率
  - 征税环节
- 消费税的税款计算
  - 应纳税额计算的一般规定
  - 特殊情况下销售额的确定
  - 组成计税价格的运用
  - 已纳消费税的扣除
- 消费税的会计核算
  - 会计科目的设置
  - 一般销售业务的会计核算
  - 纳税人自产自用应税消费品的会计核算
  - 应税消费品包装物的会计核算
  - 委托加工应税消费品的会计核算
  - 进口应税消费品的会计核算
- 消费税的征收管理
  - 纳税义务发生时间
  - 纳税地点

案例导入

2023年3月中旬,中国汽车市场迎来了一次降价狂潮,国产燃油车品牌降价幅度高达9.8万元,价格大幅下降的主要原因是车企的销量不佳,这与新能源汽车的亮眼交付数据形成了鲜明对比。为扶持电动汽车为代表的新能源汽车产业,促进汽车行业节能减排,现行消费税政策规定,电动汽车不纳入消费税征收范围,不征收消费税。国家对新能源汽车的政策扶持,使得不少家庭购车意愿转向新能源汽车市场,2022年全年燃油车零售销量同比减少230.2万辆,新能源汽车同比净增长268.7万辆。

(资料来源:

谭梦桐.2022全年燃油车零售销量同比减少230.2万辆　新能源净增268.7万辆[EB/OL].(2023-02-02)[2023-06-09].http://auto.china.com.cn/news/20230202/721455.shtml.)

[要求]

阅读上述资料,思考征收消费税的目的有哪些?

任务一　消费税概述

一、纳税人

消费税的纳税人包括在我国境内生产、委托加工和进口《中华人民共和国消费税暂行条例》(以下简称《消费税暂行条例》)规定的消费品的单位和个人,以及国务院确定的销售《消费税暂行条例》规定的消费品的其他单位和个人。增值税与消费税的对比如表3-1所示。

表3-1　　　　　　　　　　　　　增值税与消费税的对比

税种	目的	对象	计税基础	纳税环节
增值税	避免重复征税	所有货物	价外税	多环节
消费税	限制某些消费行为	特定货物	价内税	单一环节

二、税目、税率

消费税的税目和税率的有关规定如表3-2所示。

表3-2　　　　　　　　　　　　　消费税的税目和税率

税目	比例税率	定额税率
一、烟		
1. 卷烟		
（1）工业		
① 甲类卷烟[调拨价每条70元及以上(不含增值税)]	56%	每支0.003元
② 乙类卷烟[调拨价每条70元以下(不含增值税)]	36%	每支0.003元
（2）商业批发	11%	每支0.005元
2. 雪茄烟	36%	
3. 烟丝	30%	
4. 电子烟		
（1）工业	36%	

（续表）

税目	比例税率	定额税率
（2）商业批发	11%	
二、酒		
1. 白酒	20%	每 500 克 0.5 元
2. 黄酒		每吨 240 元
3. 啤酒		
（1）甲类啤酒［出厂价格每吨 3 000 元及以上（不含增值税）］		每吨 250 元
（2）乙类啤酒［出厂价格每吨 3 000 元以下（不含增值税）］		每吨 220 元
4. 其他酒	10%	
三、高档化妆品	15%	
四、贵重首饰及珠宝玉石		
1. 金银首饰、铂金首饰和钻石及钻石饰品	5%	
2. 其他贵重首饰和珠宝玉石	10%	
五、鞭炮、焰火	15%	
六、成品油		
1. 汽油		每升 1.52 元
2. 柴油		每升 1.20 元
3. 航空煤油		每升 1.20 元
4. 石脑油		每升 1.52 元
5. 溶剂油		每升 1.52 元
6. 润滑油		每升 1.52 元
7. 燃料油		每升 1.20 元
七、摩托车		
1. 气缸容量（排气量，下同）=250 毫升	3%	
2. 气缸容量>250 毫升	10%	
八、小汽车		
1. 乘用车		
（1）气缸容量（排气量，下同）≤1.0 升	1%	
（2）1.0 升<气缸容量≤1.5 升	3%	
（3）1.5 升<气缸容量≤2.0 升	5%	
（4）2.0 升<气缸容量≤2.5 升	9%	
（5）2.5 升<气缸容量≤3.0 升	12%	
（6）3.0 升<气缸容量≤4.0 升	25%	
（7）气缸容量>4.0 升	40%	

(续表)

税目	比例税率	定额税率
2. 中轻型商用客车	5%	
3. 超豪华小汽车	10%	
九、高尔夫球及球具	10%	
十、高档手表	20%	
十一、游艇	10%	
十二、木制一次性筷子	5%	
十三、实木地板	5%	
十四、电池	4%	
十五、涂料	4%	

注：（1）根据《财政部 海关总署 税务总局关于对电子烟征收消费税的公告》（财政部 海关总署 税务总局公告 2022 年第 33 号）规定，自 2022 年 11 月 1 日起对电子烟征收消费税。

（2）电子烟的计量单位为盒。

三、征税环节

消费税按照不同的应税消费品征税环节有几种不同的情况，具体如表 3-3 所示。

表 3-3　　　　　　　　　　　　消费税的征税环节

征税环节		适用应税消费品	是否单一环节征税
生产		"金银首饰、铂金首饰、钻石及钻石饰品"以外的其他应税消费品	单一环节征税
委托加工			
进口			
销售	零售	金银首饰、铂金首饰、钻石及钻石饰品	仅在零售环节征收消费税
		超豪华小汽车	在零售环节加征一道消费税
	批发	卷烟、电子烟	在批发环节加征一道消费税

以下将详细按表 3-3 的不同征税环节进行介绍。

（一）生产应税消费品

1. 直接对外销售

纳税人生产应税消费品用于直接对外销售，于销售时缴纳消费税。

2. 移送使用

（1）用于连续生产应税消费品在移送使用时不纳税，待生产的最终应税消费品销售时缴纳消费税。

（2）用于连续生产非应税消费品在移送使用时纳税，生产的最终非应税消费品销售时不再缴纳消费税。

（3）用于其他方面（在建工程、管理部门、非生产机构、提供劳务、馈赠、赞助、集资、广告、样品、职工福利、奖励），视同销售，于移送使用时缴纳消费税。

（二）委托加工应税消费品

1. 委托加工行为判定

委托加工行为的判定依据如表 3-4 所示。

表 3-4　　　　　　　　　　　委托加工行为的判定依据

应税行为	判定依据
委托加工	委托方提供原料和主要材料，受托方只收取加工费和代垫部分辅助材料
受托方销售自产应税消费品	（1）由受托方提供原材料生产的应税消费品 （2）受托方先将原材料卖给委托方，然后再接受加工的应税消费品 （3）由受托方以委托方名义购进原材料生产的应税消费品

2. 委托加工业务的税务处理

委托加工业务的税务处理如表 3-5 所示。

表 3-5　　　　　　　　　　　委托加工业务的税务处理

受托方身份	税务处理
单位	由受托方在向委托方交货时代收代缴消费税
个人	由委托方收回后自行缴纳消费税

需注意：委托加工业务中，受托方是增值税的纳税人，委托方是消费税的纳税人。

3. 委托方收回后的税务处理

委托方收回后根据应税消费品用途不同，税务处理有所不同，具体如表 3-6 所示。

表 3-6　　　　　　　　　　　委托方收回后的税务处理

用途	税务处理
用于连续生产应税消费品	所缴纳的消费税税款准予按规定抵扣
直接出售	不再缴纳消费税
以高于受托方的计税价格出售	按规定申报缴纳消费税，在计税时准予扣除受托方已代收代缴的消费税

注：以不高于受托方的计税价格出售的，为直接出售。

（三）进口应税消费品

单位和个人进口应税消费品，于报关进口时缴纳消费税。

（四）销售应税消费品

1. 仅在零售环节征收消费税

仅在零售环节征收消费税的应税消费品只包括金银首饰、铂金首饰、钻石及钻石饰品。具体征收要求如下：

（1）金银首饰仅限于金、银以及金基、银基合金首饰和金基、银基合金的镶嵌首饰，不包括镀金首饰和包金首饰。

（2）金银首饰在零售环节缴纳消费税，生产环节不再缴纳。

（3）对既销售金银首饰，又销售非金银首饰的生产、经营单位，应将两类商品划分清楚，分别核算销售额。凡划分不清楚或不能分别核算的，在生产环节销售的，一律从高适用税率征收消费税；在零售环节销售的，一律按金银首饰征收消费税。

（4）金银首饰连同包装物一起销售的，无论包装物是否单独计价，也无论会计上如何核算，均应并入金银首饰的销售额，计征消费税。

（5）带料加工的金银首饰，应按受托方销售同类金银首饰的销售价格确定计税依据征收消费税，没有同类金银首饰销售价格的，按照组成计税价格计算纳税。

2. 零售环节加征消费税

零售环节加征消费税的应税消费品只有超豪华小汽车。具体征收要求如下：

（1）超豪华小汽车是指单价在130万元（不含增值税）以上的小汽车。

（2）纳税人是将超豪华小汽车销售给消费者的单位和个人。

（3）对超豪华小汽车，在生产（进口）环节按现行税率征收消费税的基础上，在零售环节加征消费税，税率为10%。

3. 批发环节加征消费税

批发环节加征消费税的应税消费品只有卷烟。具体征收要求如下：

（1）烟草批发企业将卷烟销售给零售单位的，要再征一道消费税。

（2）卷烟在批发环节加征消费税，采用复合计征的方法。税率适用比例税率11%和定额税率0.005元/支。

任务二　消费税的税款计算

案例分析

一、应纳税额计算的一般规定

消费税应纳税额计税方法包括从价定率计税、从量定额计税和复合计税三类。从价定率计税适用于大部分应税消费品，从量定额计税仅适用于啤酒、黄酒、成品油三种消费品，复合计税仅适用于白酒、卷烟两种消费品。应纳税额计算的一般规定如表3-7所示。

表3-7　应纳税额计算的一般规定

计税方法	税额计算
从价定率计税	应纳税额＝销售额×比例税率
从量定额计税（如啤酒、黄酒、成品油）	应纳税额＝销售数量×单位税额
复合计税（如白酒、卷烟）	应纳税额＝销售额×比例税率＋销售数量×单位税额

（一）从价定率计税

1. 计算公式

从价定率计税应纳消费税税额的计算公式为：

$$应纳税额＝销售额×比例税率$$

2. 销售额的确定

销售额是纳税人销售应税消费品向购买方收取的全部价款和价外费用。

【注意】

销售额不包括向购买方收取的增值税税款。

（二）从量定额计税

1. 计算公式

从量定额计税应纳消费税税额的计算公式为：

$$应纳税额＝销售数量×单位税额$$

2. 销售数量的确定

（1）销售应税消费品的，为应税消费品的销售数量。

（2）自产自用应税消费品的，为应税消费品的移送使用数量。

（3）委托加工应税消费品的，为纳税人收回的应税消费品数量。

（4）进口应税消费品的，为海关核定的应税消费品进口征税数量。

（三）复合计税

复合计征消费税应纳税额的计算公式为：

$$应纳税额＝销售额×税率＋销售数量×单位税额$$

二、特殊情况下销售额的确定

（一）非独立核算门市部销售自产应税消费品

纳税人通过自设非独立核算门市部销售的自产应税消费品，应当按照门市部对外销售额或者销售数量征收消费税。

（二）换取生产资料和消费资料、投资入股和抵偿债务的应税消费品

纳税人用于换取生产资料和消费资料、投资入股和抵偿债务等方面的应税消费品，应当以纳税人同类应税消费品的最高销售价格作为计税依据计算消费税。

【注意】

"换、抵、投"三种行为在计算消费税时按"最高销售价格"计征。上述业务同时属于增值税视同销售行为，在计算增值税时须按"平均销售价格"计征。

（三）包装物押金的税务处理

包装物押金的税务处理如表3-8所示。

表3-8　　　　　　　　　　　　　包装物押金的税务处理

包装物押金	增值税		消费税	
	取得时	逾期时	取得时	逾期时
一般货物	不缴纳	缴纳	不缴纳	缴纳
啤酒、黄酒以外的其他酒	缴纳	不缴纳	缴纳	不缴纳
啤酒、黄酒	不缴纳	缴纳	不缴纳	不缴纳

（四）品牌使用费

白酒生产企业向商业销售单位收取的品牌使用费应并入白酒的销售额中缴纳消费税。

（五）以旧换新

1. 非金银首饰

非金银首饰以旧换新业务以新货物的销售额作为消费税的计税基础，不扣减旧货物的回收价格。

2. 金银首饰

金银首饰以旧换新业务按实际收取的不含增值税的全部价款征收消费税。

三、组成计税价格的运用

（一）自产自用环节

1. 用于连续生产应税消费品

纳税人自产自用应税消费品用于连续生产应税消费品不缴纳消费税。

例如,卷烟厂生产的烟丝,用于本厂连续生产卷烟,只对生产销售的卷烟征收消费税,用于连续生产卷烟的烟丝不缴纳消费税。

2. 用于其他方面

纳税人自产自用应税消费品用于其他方面,于移送使用时缴纳消费税。用于其他方面是指用于:①连续生产非应税消费品。②在建工程、管理部门、非生产机构、提供劳务。③馈赠、赞助、集资、广告、样品、职工福利、奖励等。

3. 自产自用应税消费品的计税依据和应纳税额计算

1) 纳税人有同类消费品销售价格

纳税人有同类消费品销售价格的,按照纳税人生产的同类消费品销售价格计算纳税。

【注意】

一般情况下按平均销售价格;纳税人用于换取生产资料和消费资料、投资入股和抵偿债务等方面的应税消费品按最高销售价格。

2) 纳税人没有同类消费品销售价格

纳税人没有同类消费品销售价格,按照组成计税价格计算纳税。

(1) 从价计征应税消费品的组成计税价格公式为:

$$组成计税价格=成本\times\frac{1+成本利润率}{1-消费税比例税率}$$

$$应纳消费税=组成计税价格\times消费税比例税率$$

(2) 复合计征应税消费品组成计税价格公式为:

$$组成计税价格=\frac{成本\times(1+成本利润率)+自产自用数量\times消费税单位税额}{1-消费税比例税率}$$

$$应纳消费税=组成计税价格\times消费税比例税率+自产自用数量\times消费税单位税额$$

【注意】

自产自用应税消费品同时涉及缴纳增值税的,其增值税应税商品的组成计税价格与消费税相同。

【思考】

请大家对比、归纳增值税和消费税的视同销售行为。

增值税和消费税的视同销售行为对比如表 3-9 所示。

表 3-9　　　　　　　　　增值税和消费税的视同销售行为对比

行为	是否视同销售	
	增值税	消费税
将自产应税消费品连续生产应税消费品,如自产烟丝连续加工卷烟	×	×
将自产应税消费品连续生产非应税消费品,如自产高档香水精连续生产普通护肤护发品	×	√ 按同类加权平均销售价格计税

（续表）

行为	是否视同销售	
	增值税	消费税
将自产应税消费品用于馈赠、赞助、集资、广告、样品、职工福利、奖励等	√ 按同类加权平均 销售价格计税	√ 按同类加权平均 销售价格计税
将自产应税消费品用于本企业在建工程（福利等除外），如自产应税涂料用于本企业在建厂房	× 2016 年 5 月 1 日后 不视同销售	√ 按同类加权平均 销售价格计税
将自产应税消费品用于换取生产资料或消费资料、投资入股、抵偿债务	√ 按同类加权平均 销售价格计税	√ 按同类最高 销售价格计税

注：×代表不视同销售，√代表视同销售。

（二）委托加工环节

1. 受托方有同类消费品销售价格

受托方有同类消费品销售价格的，按照受托方的同类消费品的销售价格计算纳税。

2. 受托方没有同类消费品销售价格

受托方没有同类消费品销售价格的，按照组成计税价格计算纳税。

（1）一般应税消费品组成计税价格公式为：

$$组成计税价格 = \frac{材料成本 + 加工费}{1 - 消费税比例税率}$$

$$应纳消费税 = 组成计税价格 × 消费税比例税率$$

（2）复合计征应税消费品组成计税价格公式为：

$$组成计税价格 = \frac{材料成本 + 加工费 + 委托加工数量 × 消费税单位税额}{1 - 消费税比例税率}$$

$$应纳消费税 = 组成计税价格 × 消费税比例税率 + 委托加工数量 × 消费税单位税额$$

【注意】

委托加工应税消费品，委托方不涉及缴纳增值税的问题。

（三）进口环节

纳税人进口应税消费品，按照组成计税价格计算纳税。

（1）一般应税消费品组成计税价格公式为：

$$组成计税价格 = \frac{关税完税价格 + 关税}{1 - 消费税比例税率}$$

$$应纳消费税 = 组成计税价格 × 消费税比例税率$$

（2）复合计征应税消费品组成计税价格公式为：

$$组成计税价格 = \frac{关税完税价格 + 关税 + 进口数量 × 消费税单位税额}{1 - 消费税比例税率}$$

$$应纳消费税 = 组成计税价格 × 消费税比例税率 + 进口数量 × 消费税单位税额$$

【注意】

进口应税消费品同时涉及缴纳进口环节增值税,计税增值税的组成计税价格与计税消费税的组成计税价格相同。

四、已纳消费税的扣除

纳税人用外购和委托加工收回的应税消费品,连续生产应税消费品,在计征消费税时,可以按当期生产领用数量计算准予扣除外购和委托加工的应税消费品已纳消费税税款。

1. 扣除范围

(1)以外购或委托加工收回的已税烟丝为原料生产的卷烟。

(2)以外购或委托加工收回的已税高档化妆品原料生产的高档化妆品。

(3)以外购或委托加工收回的已税珠宝、玉石原料生产的贵重首饰及珠宝、玉石。

(4)以外购或委托加工收回的已税鞭炮、焰火原料生产的鞭炮、焰火。

(5)以外购或委托加工收回的已税杆头、杆身和握把为原料生产的高尔夫球杆。

(6)以外购或委托加工收回的已税木制一次性筷子原料生产的木制一次性筷子。

(7)以外购或委托加工收回的已税实木地板原料生产的实木地板。

(8)以外购或委托加工收回的已税石脑油、润滑油、燃料油为原料生产的成品油。

(9)以外购或委托加工收回的已税汽油、柴油为原料生产的汽油、柴油。

不得扣除消费税的情形如表 3-10 所示。

表 3-10　　　　　　　　　不得扣除消费税的情形

不得扣除的原因	具体内容
特殊应税消费品	酒类产品(不包括葡萄酒)、高档手表、烧油的(小汽车、摩托车、游艇)、电池、涂料
纳税环节不同	如用已税"珠宝玉石"加工"金银镶嵌首饰"
用于生产非应税消费品	如用已税"高档化妆品"连续生产"普通化妆品"

2. 计算公式

当期准予扣除的应税消费品已纳税款的计算公式为:

(1)实行从价定率计算应纳税额:

$$准予扣除的应税消费品已纳税款＝当期生产领用数量×单价×应税消费品的适用税率$$

(2)实行从量定额计算应纳税额:

$$准予扣除的应税消费品已纳税款＝当期生产领用数量×应税消费品的单位税额$$

任务三　消费税的会计核算

一、会计科目的设置

为了正确反映消费税的有关缴纳事项等情况,需要缴纳消费税的企业应在"应交税费"科目下设置"应交消费税"明细科目。由于消费税是价内税,为了反映消费税对损益的影响,通常企业正常销售应税消费品时,按规定缴纳的消费税,借记"税金及附加"科目,贷记"应交税费——应交消费税"科目。下面分别加以说明。

(一)"应交税费——应交消费税"科目

该科目核算消费税的应交、已交、欠交等情况。其贷方核算企业按规定计算应交的消费税和代收代缴的消费税;借方核算企业实际缴纳的消费税及多缴的消费税。

(二)"税金及附加"科目

该科目核算企业经营活动发生的消费税、城市维护建设税、资源税、教育费附加及房产税等相关税费。企业按规定计算确定的与经营活动相关的税费,借记"税金及附加"科目,贷记"应交税费"等科目。期末,应将"税金及附加"科目余额转入"本年利润"科目,结转后,"税金及附加"科目应无余额。

一般情况下,消费税实行单环节纳税,我国消费税主要选择在生产环节和进口环节征税。因此,消费税的核算主要涉及企业生产销售、自产自用、委托加工和进口应税消费品。由于消费税是增值税的延伸,与增值税交叉征收,因而两者的会计处理一般都是同时进行的。

二、一般销售业务的会计核算

企业将生产的应税消费品直接销售,按规定需要同时计算应缴纳的增值税和消费税。在销售实现时,按销售收入和增值税,借记"银行存款""应收账款"等科目,贷记"主营业务收入"科目和"应交税费——应交增值税"科目;结转销货成本时,借记"主营业务成本"科目,贷记"库存商品"科目,按规定计算应缴纳的消费税,借记"税金及附加"科目,贷记"应交税费——应交消费税"科目。实际缴纳消费税时,借记"应交税费——应交消费税"科目,贷记"银行存款"科目,发生销售退回及退税时作相反的会计分录。

【例题 3-1】 心语化妆品厂于 20×2 年 11 月采取直接收款方式销售高档化妆品 3 000 套,不含税出厂价为 220 元/套,增值税专用发票上注明的增值税税额为 85 800 元,实际生产成本为 140 元/套,款项均已通过银行收讫,适用的消费税税率为 15%,请进行相应的会计处理。

【解析】

(1) 销售实现,确认收入时:

借:银行存款	745 800
贷:主营业务收入	660 000
应交税费——应交增值税(销项税额)	85 800

(2) 结转已销产品成本时:

借:主营业务成本	420 000
贷:库存商品	420 000

(3) 计算应缴纳的消费税时:

应纳消费税税额 $= 660\,000 \times 15\% = 99\,000$(元)

借:税金及附加	99 000
贷:应交税费——应交消费税	99 000

三、纳税人自产自用应税消费品的会计核算

消费税的视同销售行为范围除了与增值税有相同之处,还包括纳税人以自产应税消费品连续生产非应税消费品的行为。对视同销售行为,一般按同类应税消费品市场价格计税,但对纳税人用于换取生产资料、生活资料、投资入股和抵偿债务等方面的应税消费品,增值税的计税依据为企业同类产品的平均售价,而消费税的计税依据是企业同类产品的最高售价。

(一) 自产应税消费品用于对外投资

企业以自产的应税消费品对外投资,按企业同类资产同期对外销售价格确定的销售收入与按规定计算的增值税,借记"长期股权投资"科目;按企业同类资产同期对外销售价格确定销售收入,贷记"主营业务收入"科目,按规定计算的应纳增值税,贷记"应交税费——应交增值税(销项税额)"科目。同时按规定计算应纳消费税税额,借记"税金及附加"科目,贷记"应交税费——应交消费税"科目。

【例题 3-2】 宝迪汽车制造厂于 20×2 年 7 月以自产 10 辆小汽车向出租车公司投资。同类小汽车每辆不含增值税的平均售价为 160 000 元,当月同类小汽车每辆最高售价为 170 000 元,实际成本为每辆 90 000 元,该厂已将小汽车交付出租车公司使用,该小汽车适用的消费税税率为 5%。请进行相应的会计处理。

【解析】

(1) 计算应缴纳的增值税和消费税:

增值税销项税额 $= 160\,000 \times 10 \times 13\% = 208\,000$(元)

应纳消费税税额 $= 170\,000 \times 10 \times 5\% = 85\,000$(元)

(2) 该厂应编制的会计分录:

借:长期股权投资	1 808 000
贷:主营业务收入	1 600 000
应交税费——应交增值税(销项税额)	208 000
借:税金及附加	85 000
贷:应交税费——应交消费税	85 000
借:主营业务成本	900 000
贷:库存商品	900 000

(二) 自产应税消费品用于换取生产资料或抵偿债务等

企业以自产的应税消费品换取生产资料、消费资料或者抵偿债务、支付代购劳务费等,应视同销售进行会计处理。应税消费品若有不同售价,在计算增值税时应当按同类产品平均售价确定销售额,但在计算消费税时应当以换出的应税消费品当月同类产品最高售价计征。

【例题 3-3】 山水卷烟厂于 20×2 年 11 月用 200 条甲类卷烟与宏道公司换取烟叶一批。该甲类卷烟当月同类产品最高售价为 82 元/条,最低售价为 71 元/条,加权平均售价为 76 元/条。该甲类卷烟的生产成本为 40 元/条,每条 200 支。假定山水卷烟厂将甲类卷烟换出的交易符合《企业会计准则第 14 号——收入》规定的收入确认条件。甲类卷烟适用的税率为 56% 加

0.003 元/支,请进行相应的会计处理。

【解析】

山水卷烟厂以甲类卷烟换取生产资料,应缴纳增值税和消费税。

(1) 计算应缴纳的增值税和消费税:

增值税销项税额＝200×76×13%＝1 976(元)

应纳消费税税额＝200×82×56%＋200×200×0.003＝9 304(元)

(2) 山水卷烟厂应编制如下会计分录:

借:原材料 17 176
　　贷:主营业务收入 15 200
　　　　应交税费——应交增值税(销项税额) 1 976

借:税金及附加 9 304
　　贷:应交税费——应交消费税 9 304

借:主营业务成本 8 000
　　贷:库存商品 8 000

(三) 自产应税消费品用于在建工程、赠送、职工福利

企业将自产的应税消费品用于在建工程等非生产机构,以及将自产应税消费品用于赠送、职工福利时,都属于消费税视同销售范围,应当按照同类产品平均售价来计算消费税。

【例题 3-4】 建宇地板公司为实木地板生产企业,20×2 年 3 月,办公楼装修领用 20 箱,每箱木地板的出厂价(销售价)为 5 000 元,成本价为 4 000 元,消费税税率为 5%。请进行相应的会计处理。

【解析】

建宇地板公司将自产的实木地板用于办公楼装修,应缴纳消费税。

(1) 计算应缴纳的消费税:

应纳消费税税额＝20×5 000×5%＝5 000(元)

(2) 建宇地板公司应编制如下会计分录:

借:在建工程 85 000
　　贷:库存商品 80 000
　　　　应交税费——应交消费税 5 000

【例题 3-5】 20×2 年 10 月,桂香酒业公司将自产的应税消费品 2 吨白酒无偿赠送鑫鑫坊公司,该批白酒的成本为 3 000 元/吨。如果白酒用于出售,其售价为 4 000 元/吨,该白酒适用的消费税税率为 20%加 0.5 元/500 克。请进行相应的会计处理。

【解析】

桂香酒业公司将自产的白酒无偿赠送鑫鑫坊公司,应缴纳增值税和消费税。

(1) 计算应缴纳的增值税和消费税:

增值税销项税额＝2×4 000×13%＝1 040(元)

应纳消费税税额＝2×4 000×20%＋2×2 000×0.5＝3 600(元)

（2）桂香酒业公司应编制如下会计分录：

借：营业外支出   10 640
  贷：库存商品   6 000
    应交税费——应交增值税(销项税额)   1 040
     ——应交消费税   3 600

【例题 3-6】 清清啤酒厂于 20×2 年 12 月将自产的啤酒(甲类啤酒)8 吨发给本厂职工作为福利。该啤酒生产成本为 2 600 元/吨，同类啤酒售价为 3 600 元/吨。该甲类啤酒适用的消费税税率为 250 元/吨。请进行相应的会计处理。

【解析】

清清啤酒厂将自产的啤酒发给本厂职工作为福利，应缴纳增值税和消费税。

（1）计算应缴纳的增值税和消费税：

应付职工薪酬＝8×3 600×(1+13%)＝32 544(元)

增值税销项税额＝8×3 600×13%＝3 744(元)

应纳消费税税额＝8×250＝2 000(元)

（2）清清啤酒厂应编制如下会计分录：

借：应付职工薪酬   32 544
  贷：主营业务收入   28 800
    应交税费——应交增值税(销项税额)   3 744

借：税金及附加   2 000
  贷：应交税费——应交消费税   2 000

借：主营业务成本   20 800
  贷：库存商品   20 800

四、应税消费品包装物的会计核算

应税消费品连同包装物销售的，无论包装物是否单独计价，均应并入应税消费品的销售额中计算缴纳消费税。对出租出借包装物收取的押金和包装物已作价随同应税消费品销售，又另外加收的押金，因逾期未收回包装物而没收的部分，也应并入应税消费品的销售额中计算缴纳消费税。

（一）包装物随同产品销售而不单独计价

因为包装物随同产品销售的收入已包括在主营业务收入中，其应纳消费税与产品销售的会计处理应同时进行。

（二）包装物随同产品销售而单独计价

包装物随同产品销售而单独计价的收入记入"其他业务收入"科目，应纳的消费税记入"税金及附加"科目。

包装物随同产品销售时单独计价和不单独计价两种情况应记入的会计科目如表 3-11 所示。

表 3-11　　　　　　　　　　　　　两种情况应记入的会计科目

业务内容	单独计价应记入的科目	不单独计价应记入的科目
确认销售收入	"其他业务收入"	"主营业务收入"
计算应纳消费税	"税金及附加"	"税金及附加"
结转成本	"其他业务成本"	"销售费用"

（三）因出租、出借包装物逾期未收回而没收的押金

因出租、出借包装物逾期未收回而没收的押金记入"其他业务收入"科目,计算的消费税记入"税金及附加"科目。

【例题 3-7】　20×2 年 12 月,丰源酒厂销售散装粮食白酒 10 吨,不含税售价为 2 400 元/吨,生产成本为 1 600 元/吨。随同白酒出售单独计价的包装桶 400 个,每个不含税售价为 20 元,成本价为 12 元/个。请进行相应的会计处理。

【解析】

（1）计算应缴纳的增值税和消费税:

增值税销项税额=10×2 400×13%+400×20×13%=4 160(元)

应纳消费税税额=10×2 400×20%+10×2 000×0.5+400×20×20%=16 400(元)

（2）丰源酒厂应编制如下会计分录:

借：银行存款　　　　　　　　　　　　　　　　　　　36 160
　　贷：主营业务收入　　　　　　　　　　　　　　　24 000
　　　　其他业务收入　　　　　　　　　　　　　　　8 000
　　　　应交税费——应交增值税(销项税额)　　　　4 160

借：税金及附加　　　　　　　　　　　　　　　　　　16 400
　　贷：应交税费——应交消费税　　　　　　　　　　16 400

借：主营业务成本　　　　　　　　　　　　　　　　　16 000
　　其他业务成本　　　　　　　　　　　　　　　　　4 800
　　贷：库存商品　　　　　　　　　　　　　　　　　16 000
　　　　周转材料——包装物　　　　　　　　　　　　4 800

【例题 3-8】　20×2 年 7 月,美玉化妆品厂销售化妆品取得不含税收入 60 000 元,随同产品销售出借包装物 30 份,每份成本价为 30 元,每份收取押金 46.8 元。款项均已通过银行收讫。约定包装物 2 个月内归还。10 月,因包装物损坏无法收回,没收押金。请进行相应的会计处理。

【解析】

（1）7 月,美玉化妆品厂计算应缴纳的增值税和消费税:

增值税销项税额=60 000×13%=7 800(元)

应纳消费税税额=60 000×15%=9 000(元)

美玉化妆品厂应编制如下会计分录:

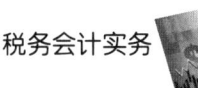

```
  借：银行存款                                                    69 204
     贷：主营业务收入                                                      60 000
        其他应付款                                                        1 404
        应交税费——应交增值税（销项税额）                                    7 800

  借：税金及附加                                                   9 000
     贷：应交税费——应交消费税                                              9 000
```

（2）10月，逾期未收回包装物，没收押金时：

应纳增值税税额＝1 404÷（1＋13％）×13％＝162（元）

应纳消费税税额＝1 404÷（1＋13％）×15％＝186（元）

```
  借：其他应付款                                                   1 404
     贷：其他业务收入                                                      1 242
        应交税费——应交增值税（销项税额）                                      162

  借：税金及附加                                                    186
     贷：应交税费——应交消费税                                                186
```

五、委托加工应税消费品的会计核算

（一）委托方的会计核算

1. 委托加工应税消费品收回后直接销售

委托方发出委托加工材料，向受托方支付加工费和代收代缴的消费税时，借记"委托加工物资"等科目，贷记"应付账款""银行存款"等科目。在收回的委托加工应税消费品直接销售时，如果委托方在受托方计税基础上加价出售，则需要计算缴纳消费税；如果不加价直接销售，则不缴纳消费税。

【例题3-9】 20×2年5月，山水卷烟厂委托祥云公司加工烟丝，原材料烟叶总计500 000元，并均来源于山水卷烟厂。收回烟丝后，山水卷烟厂以1 100 000元的价格直接对外销售，款项已全部用银行存款收讫。加工过程中，山水卷烟厂支付加工费270 000元，祥云公司代收代缴消费税，并且没有同类消费品出售。烟丝的消费税税率为30％，山水卷烟厂应如何进行会计处理？

【解析】

（1）发出材料时：

```
  借：委托加工物资                                                500 000
     贷：原材料                                                          500 000
```

（2）支付加工费时：

```
  借：委托加工物资                                                270 000
     应交税费——应交增值税（进项税额）                                35 100
     贷：银行存款                                                        305 100
```

（3）支付代收代缴的消费税时：

由于祥云公司没有同类消费品出售，可以按组成计税价格计算消费税。

受托方代收消费税税额＝（500 000＋270 000）÷（1－30％）×30％＝330 000（元）

```
借：委托加工物资                                                          330 000
    贷：银行存款                                                              330 000
```

（4）加工的烟丝入库时：

```
借：库存商品                                                            1 100 000
    贷：委托加工物资                                                        1 100 000
```

（5）收回烟丝后直接对外销售时：

```
借：银行存款                                                            1 243 000
    贷：主营业务收入                                                        1 100 000
        应交税费——应交增值税（销项税额）                                      143 000
```

（6）结转成本时：

```
借：主营业务成本                                                        1 100 000
    贷：库存商品                                                            1 100 000
```

山水卷烟厂按入库价对外销售烟丝，不再计算缴纳消费税；如果加价出售，按规定计算缴纳消费税。

2. 委托加工应税消费品收回后连续生产应税消费品

委托加工应税消费品收回后连续生产应税消费品时，已纳消费税税款准予抵扣。因此，委托方应将受托方代收代缴的消费税记入"应交税费——应交消费税"科目的借方，待最终应税消费品销售时，允许从应缴纳的消费税中抵扣。

【例题 3-10】 承[例题 3-9]，若烟丝收回后继续生产卷烟，请问山水卷烟厂应如何进行会计处理？

【解析】

（1）发出材料时：

```
借：委托加工物资                                                          500 000
    贷：原材料                                                                500 000
```

（2）支付加工费时：

```
借：委托加工物资                                                          270 000
    应交税费——应交增值税（进项税额）                                          35 100
    贷：银行存款                                                              305 100
```

（3）支付代收代缴的消费税时：
由于祥云公司没有同类消费品出售，可以按组成计税价格计算消费税。
受托方代收消费税税额＝（500 000＋270 000）÷（1－30%）×30%＝330 000（元）

```
借：应交税费——应交消费税                                                 330 000
    贷：银行存款                                                              330 000
```

（4）加工的烟丝入库时：

```
借：库存商品                                                              770 000
    贷：委托加工物资                                                          770 000
```

（二）受托方的会计核算

如果受托方有同类应税消费品的售价，受托方可按本企业同类应税消费品的售价计算代收消费税；若没有同类消费品的售价，按照组成计税价格计算代收消费税。

【例题 3-11】 承［例题 3-9］，请问祥云公司作为受托方应如何进行会计处理？

【解析】

（1）收取加工费时：

借：银行存款   305 100
  贷：其他业务收入［或主营业务收入］   270 000
    应交税费——应交增值税（销项税额）   35 100

（2）代收消费税时：

借：银行存款   330 000
  贷：应交税费——应交消费税   330 000

（3）实际缴纳代收的消费税时：

借：应交税费——应交消费税   330 000
  贷：银行存款   330 000

六、进口应税消费品的会计核算

纳税人进口应税消费品应纳的消费税税额，应与进口关税一并计入进口应税消费品的成本，不需要通过"应交税费——应交消费税"科目核算。纳税人按照海关提供的完税凭证上注明的消费税税额，借记"固定资产""材料采购""原材料"等科目，贷记"银行存款""应付账款"等科目。

【例题 3-12】 20×2 年 8 月，宝丽公司从英国购进 100 只高档手表，经海关核定的计税价格为 120 000 元/只。进口商品已验收入库，全部税款和价款已用银行存款支付。该高档手表适用的消费税税率为 20％，关税税率为 50％，请进行相应的会计处理。

【解析】

（1）计算宝丽公司进口环节应缴纳的关税、增值税和消费税：

应纳关税税额＝100×120 000×50％＝6 000 000（元）

组成计税价格＝100×120 000×（1＋50％）÷（1－20％）＝22 500 000（元）

应纳增值税税额＝22 500 000×13％＝2 925 000（元）

应纳消费税税额＝22 500 000×20％＝4 500 000（元）

（2）宝丽公司应编制的会计分录为：

借：库存商品   22 500 000
  应交税费——应交增值税（进项税额）   2 925 000
    贷：银行存款   25 425 000

任务四　消费税的征收管理

一、纳税义务发生时间

（1）纳税人销售应税消费品的，其纳税义务发生时间同增值税销售货物的发生时间。

（2）纳税人自产自用应税消费品的，为移送使用的当天。

（3）纳税人委托加工应税消费品的，为纳税人提货的当天。

（4）纳税人进口应税消费品的，为报关进口的当天。

二、纳税地点

（一）委托加工的应税消费品

（1）受托方为单位，消费税由受托方向机构所在地或居住地的税务机关解缴。

（2）受托方为个人，消费税由委托方向机构所在地的税务机关解缴。

（二）代销自产应税消费品

纳税人到外县（市）销售或者委托外县（市）代销自产应税消费品的，于应税消费品销售后，向机构所在地或者居住地税务机关申报纳税。

📝 **课堂笔记**

课堂笔记

项 目 小 结

一、消费税的 15 个税目

烟、酒、高档化妆品、贵重首饰及珠宝玉石、鞭炮和焰火、成品油、摩托车、小汽车、高尔夫球及球具、高档手表、游艇、木制一次性筷子、实木地板、电池、涂料。

二、应纳税额计算的一般规定

应纳税额计算的一般规定详见表 3-7。

三、主要的会计处理

（一）一般销售业务的会计处理

1. 销售实现，确认收入

借：银行存款［或应收账款等］
　　贷：主营业务收入
　　　　应交税费——应交增值税（销项税额）

2. 结转已销产品成本

借：主营业务成本
　　贷：库存商品

3. 计算应缴纳的消费税

借：税金及附加
　　贷：应交税费——应交消费税

（二）自产自用应税消费品的会计处理

1. 用于换取生产资料、对外投资

借：原材料［库存商品或长期股权投资等］
　　贷：主营业务收入
　　　　应交税费——应交增值税（销项税额）

借：税金及附加
　　贷：应交税费——应交消费税

借：主营业务成本
　　贷：库存商品

2. 用于在建工程

借：在建工程
　　贷：库存商品
　　　　应交税费——应交消费税

3. 用于赠送

借：营业外支出
    贷：库存商品
        应交税费——应交增值税（销项税额）
            ——应交消费税

4. 用于职工福利

借：应付职工薪酬
    贷：主营业务收入
        应交税费——应交增值税（销项税额）

借：税金及附加
    贷：应交税费——应交消费税

借：主营业务成本
    贷：库存商品

（三）应税消费品包装物的会计处理

1. 随同产品出售单独计价

借：银行存款
    贷：主营业务收入
        其他业务收入
        应交税费——应交增值税（销项税额）

借：税金及附加
    贷：应交税费——应交消费税

借：主营业务成本
    其他业务成本
    贷：库存商品
        周转材料——包装物

2. 逾期未收回包装物，没收押金时：

$$应纳增值税税额=\frac{押金金额}{1+增值税税率}\times 增值税税率$$

$$应纳消费税税额=\frac{押金金额}{1+增值税税率}\times 消费税税率$$

借：其他应付款
    贷：其他业务收入
        应交税费——应交增值税（销项税额）

借：税金及附加
    贷：应交税费——应交消费税

（四）委托加工应税消费品的会计处理

1. 委托方核算

1）委托加工应税消费品收回后直接销售

（1）发出材料时：

借：委托加工物资
　　贷：原材料

（2）支付加工费时：

借：委托加工物资
　　应交税费——应交增值税（进项税额）
　　贷：银行存款

（3）支付代收代缴的消费税时：

借：委托加工物资
　　贷：银行存款

（4）加工的物资入库时：

借：库存商品
　　贷：委托加工物资

（5）收回应税消费品后直接对外销售时：

借：银行存款
　　贷：主营业务收入
　　　　应交税费——应交增值税（销项税额）

（6）结转成本时：

借：主营业务成本
　　贷：库存商品

2）委托加工应税消费品收回后继续加工

（1）发出材料时：

借：委托加工物资
　　贷：原材料

（2）支付加工费时：

借：委托加工物资
　　应交税费——应交增值税（进项税额）
　　贷：银行存款

（3）支付代收代缴的消费税时：

借：应交税费——应交消费税
　　贷：银行存款

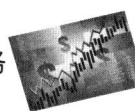

（4）加工的物资入库时：

借：库存商品
　　贷：委托加工物资

2. 受托方核算

（1）收取加工费时：

借：银行存款
　　贷：其他业务收入（或主营业务收入）
　　　　应交税费——应交增值税（销项税额）

（2）代收消费税时：

借：银行存款
　　贷：应交税费——应交消费税

（3）实际缴纳代收的消费税时：

借：应交税费——应交消费税
　　贷：银行存款

课堂笔记

课后练习

课后练习参考答案

一、单选题

1. 根据消费税法律制度的规定,下列各项中,应缴纳消费税的是(　　)。

A. 汽车厂销售雪地车　　　　　　　B. 手表厂销售高档手表

C. 珠宝店销售珍珠项链　　　　　　D. 商场销售木制一次性筷子

2. 根据消费税法律制度的规定,下列消费品中,实行从价定率和从量定额相结合的复合计征办法征收消费税的是(　　)。

A. 啤酒　　　　　B. 汽油　　　　　C. 卷烟　　　　　D. 高档手表

3. 某白酒厂在 20×2 年春节前将新研制的 1 吨粮食白酒作为过节福利发放给员工,该粮食白酒无同类产品市场销售价格。已知该批粮食白酒的生产成本为 20 000 元,成本利润率为 5%,白酒消费税比例税率为 20%;定额税率为 0.5 元/500 克。则该批粮食白酒应纳消费税税额为(　　)元。

A. $[20\,000×(1+5\%)]÷(1-20\%)×20\%+1×2\,000×0.5=6\,250$

B. $[20\,000×(1+5\%)+(1×2\,000×0.5)]÷(1-20\%)×20\%=5\,500$

C. $[20\,000×(1+5\%)+(1×2\,000×0.5)]÷(1-20\%)×20\%+1×2\,000×0.5=6\,500$

D. $[20\,000×(1+5\%)+(1×2\,000×0.5)]×20\%+1×2\,000×0.5=5\,400$

4. 某化妆品企业于 20×2 年 10 月受托为某商场加工一批高档化妆品,收取不含增值税的加工费 13 万元,商场提供的原材料金额为 50 万元(不含税)。已知该化妆品企业无同类产品销售价格,消费税税率为 15%。该化妆品企业应代收代缴的消费税税额是(　　)。

A. 0

B. $50÷(1-15\%)×15\%=8.82$(万元)

C. $(50+13)×15\%=9.45$(万元)

D. $(50+13)÷(1-15\%)×15\%=11.12$(万元)

5. 根据消费税法律制度的规定,纳税人以 1 个月或者 1 个季度为 1 个纳税期的,自期满之日起一定时间内申报缴纳消费税,该时间为(　　)日。

A. 7　　　　　　　B. 10　　　　　　　C. 15　　　　　　　D. 30

二、多选题

1. 甲公司是一家卷烟厂,20×2 年 8 月,从烟农乙手中收购一批烟叶,并将之委托给丙公司加工成烟丝,收回后一半直接出售给 A 企业,一半用于连续生产卷烟,并将生产出的卷烟销售给卷烟批发丁公司。丁公司又将卷烟销售给卷烟批发戊公司,戊公司又将其批发给 B、C、D 等多家卷烟零售企业,则下列关于消费税的说法中,错误的有(　　)。

A. 在将烟丝出售给 A 企业的业务中,甲公司是消费税的纳税人

B. 在用烟丝加工卷烟的活动中,甲公司是消费税的纳税人

C. 在向丁公司销售卷烟的业务中,甲公司是消费税的纳税人

D. 在向戊公司销售卷烟的业务中,丁公司是消费税的纳税人

2. 根据消费税法律制度的有关规定,纳税人外购和委托加工的特定应税消费品,用于继

续生产应税消费品的,已缴纳的消费税税款准予从应纳消费税税额中抵扣。下列各项中,可以抵扣已缴纳的消费税的有(   )。

    A. 外购的已税高档化妆品原料用于生产高档化妆品

    B. 委托加工收回的烟丝用于生产卷烟

    C. 外购的已税汽车用于改装成小货车

    D. 外购的已税润滑油用于生产润滑油

  3. 根据消费税法律制度的规定,下列货物销售应征收消费税的有(   )。

    A. 汽车销售公司代销小汽车　　　　　B. 汽车修理厂销售汽车轮胎

    C. 金店零售金银首饰　　　　　　　　D. 手表厂生产销售高档手表

  4. 下列各项关于从量计征消费税计税依据确定方法的表述中,正确的有(   )。

    A. 销售应税消费品的,为应税消费品的销售数量

    B. 进口应税消费品的为海关核定的应税消费品数量

    C. 以应税消费品投资入股的,为应税消费品移送使用数量

    D. 委托加工应税消费品的,为加工完成的应税消费品数量

  5. 下列关于消费税纳税地点的说法中,正确的有(   )。

    A. 进口应税消费品,由进口人在其机构所在地申报纳税

    B. 一般情况下,纳税人的总机构与分支机构不在同一县(市)的,应当分别向各自机构所在地的税务机关申报纳税

    C. 委托加工的应税消费品,受托方为个人的,由委托方向机构所在地的税务机关申报纳税

    D. 纳税人销售的应税消费品,以及自产自用的应税消费品,除了国务院财政、税务部门另有规定,应当向纳税人机构所在地或者居住地的税务机关申报纳税

三、判断题

  1. 某卷烟厂通过自设独立核算门市部销售自产卷烟,应当按照门市部对外销售额或销售数量计算征收消费税。（   ）

  2. 纳税人自产自用的应税消费品,用于连续生产应税消费品的,不纳税;用于其他方面的,于移送使用时纳税。（   ）

  3. 我国的消费税主要在生产和委托加工环节课征,实行单一环节征税,批发、零售等环节一律不征收消费税。（   ）

  4. 实行从价计征办法征收消费税的应税消费品,对包装物既作价随同应税消费品销售,又另外收取押金的包装物的押金,凡纳税人在规定的期限内没有退还的,均应并入应税消费品的销售额,按照应税消费品的适用税率缴纳消费税。（   ）

  5. 纳税人销售的应税消费品,如因质量等原因由购买者退回时,经机构所在地或者居住地税务机关审核批准后,可退还已缴纳的消费税税款。（   ）

四、计算题

  1. 某企业是增值税一般纳税人,20×2年4月,受托加工甲类高档化妆品20套,受托方同类产品含增值税售价为28 250元/套;受托加工乙类高档化妆品5套,材料成本为85 000元,加工费为20 000元(不含税),受托方不销售乙类高档化妆品。已知高档化妆品的增值税税率为13%,消费税税率为15%。要求:计算企业当月应代收代缴消费税税额。

2. 某白酒生产企业为增值税一般纳税人，20×2 年 10 月，销售白酒 2 吨，取得含税销售额 226 万元，另收取单独记账核算的包装物押金 5.65 万元。当月没收逾期未退还包装物的押金 4.52 万元。已知白酒的消费税比例税率为 20%，定额税率为 0.5 元/500 克；增值税税率为 13%。要求：计算该白酒生产企业当月应缴纳增值税税额和消费税税额。

3. 某汽车贸易公司于 20×2 年 11 月从国外进口小汽车 50 辆，海关核定的每辆小汽车关税完税价为 28 万元。已知小汽车关税税率为 20%，消费税税率为 25%。要求：计算该公司进口小汽车应纳消费税税额。

五、业务题

1. 心语化妆品厂于 20×2 年 2 月采取直接收款方式销售高档化妆品 1 200 套，不含税出厂价为 200 元/套，增值税专用发票上注明的税额为 31 200 元，实际生产成本为 130 元/套，款项均已通过银行收讫，适用的消费税税率为 15%。要求：请进行缴纳消费税的会计处理。

2. 山水卷烟厂于 20×2 年 12 月将 100 条甲类卷烟与宏道公司换取烟叶一批。该甲类卷烟当月同类产品最高售价为 84 元/条，最低售价为 73 元/条，加权平均售价为 79 元/条。该甲类卷烟的生产成本为 45 元/条，每条 200 支。甲类卷烟适用的税率为 56% 加 0.003 元/支。要求：请进行缴纳消费税的会计处理。

3. 清清啤酒厂于 20×2 年 10 月将自产的 2 吨啤酒（甲类啤酒）发给本厂职工作为福利。该啤酒生产成本为 2 900 元/吨，同类啤酒售价为 3 800 元/吨。该甲类啤酒适用的消费税税率为 250 元/吨。要求：请进行缴纳消费税的会计处理。

4. 美玉化妆品厂销售化妆品取得不含税收入 80 000 元，随同产品销售出借包装物 20 只，每只成本价为 35 元，每只收取押金 46.8 元。款项均已通过银行收讫。在约定的退还期限因包装物损坏而无法收回。要求：请进行缴纳消费税的会计处理。

5. 20×2 年 6 月，山水卷烟厂委托祥云公司加工烟丝，原材料烟叶总计为 600 000 万元，并均来源于山水卷烟厂。收回烟丝后，山水卷烟厂以 1 230 000 万元的价格直接对外销售，款项已全部用银行存款收讫。加工过程中，山水卷烟厂支付加工费 290 000 万元，祥云公司代收代缴消费税，并且没有同类消费品出售。烟丝的消费税税率为 30%。要求：请进行缴纳消费税的会计处理。

6. 卡路高尔夫球制造厂为增值税一般纳税人，主要从事高尔夫球具的生产与销售，20×2 年 7 月发生的有关经营活动如下：

（1）2 日，采取直接收款方式销售 A 款高尔夫球杆 300 支，不含税出厂价为 1 380 元/支，增值税专用发票上注明的税额为 414 000 元，实际生产成本为 880 元/支，款项均已通过银行收讫。

（2）5 日，将自产的 B 款 100 支高尔夫球杆和 300 个高尔夫球向某高尔夫俱乐部投资，其中同类高尔夫球杆不含税出厂价为 2 600 元/支，成本为 1 580 元/支，同类高尔夫球不含税出厂价为 40 元/个，成本为 26 元/个。高尔夫球现已交付俱乐部使用，双方协议投资作价320 000 元。

（3）8 日，以自产的 C 款 50 支高尔夫球杆向匹极公司换取 60 个高尔夫球包。该高尔夫球杆同类产品最高售价为 1 000 元/支，最低售价为 800 元/支，加权平均售价为 880 元/支，成本为 490 元/支。

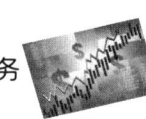

(4) 11 日,将自产的 D 款 10 支高尔夫球杆无偿赠送客户,所提供的高尔夫球杆不含税出厂价 1 000 元/支,成本为 530 元/支。

(5) 14 日,将自产的 150 个高尔夫球包发给本厂职工作为福利,同类高尔夫球包不含税出厂价为 800 元/个,成本为 410 元/个。

(6) 17 日,销售 D 款高尔夫球杆 200 支,不含税出厂价为 1 000 元/支,成本为 530 元/支,随同白酒出售单独计价的包装盒 200 个,每个不含税售价为 30 元,成本价为 15 元/个。

(7) 21 日,销售 D 款高尔夫球杆 100 支,不含税出厂价为 1 000 元/支,成本为 530 元/支,随同产品销售出借包装物 100 个,每个成本价为 15 元,每个收取押金 30 元。款项均已通过银行收讫,在约定的退还期限因包装物损坏而无法收回。

(8) 25 日,委托祥瑞公司加工高尔夫球杆,原材料总计为 52 000 元,并均来源于卡路高尔夫球制造厂,收回高尔夫球杆后,以 140 000 元的价格直接对外销售,款项已全部用银行存款收讫,加工过程中卡路高尔夫球制造厂支付加工费 21 000 元,祥瑞公司代收代缴消费税,并且没有同类消费品出售。

(9) 28 日,委托茂承公司加工高尔夫球杆,原材料总计为 29 000 元,并均来源于卡路高尔夫球制造厂,加工过程中卡路高尔夫球制造厂支付加工费 8 000 元,收回高尔夫球杆后,继续生产加工高尔夫球杆。

(10) 30 日,从德国进口 100 支高尔夫球杆,经海关核定的计税价格为 3 200 元/支。进口商品已验收入库,全部税款和价款已用银行存款支付。

要求:请进行上述消费税业务的会计处理。高尔夫球及球具的消费税税率为 10%,增值税税率为 13%,关税税率为 6%。

六、讨论题

1. 列入消费税征收范围的应税消费品有哪些?规定消费税应税消费品有什么意义?

2. 消费税在哪些环节征收?每个征税环节适用于哪些应税消费品?

3. 纳税人将自产应税消费品用于哪些方面可不征收消费税?用于哪些方面应征收消费税?

项目四

企业所得税会计

[知识目标]
1. 理解企业所得税的纳税人、征税对象、征税范围和税率。
2. 掌握企业所得税应纳税额的计算方法。
3. 掌握企业所得税的会计核算方法。
4. 掌握企业所得税的征收管理规定。

[能力目标]
1. 能准确计算企业所得税应纳税所得额及应纳税额。
2. 能运用企业所得税税收优惠政策。
3. 能对涉税经济业务进行账务处理。

[素质目标]
1. 熟悉企业所得税税制并做到依法办理所得税业务。
2. 了解税收优惠政策,增强民族自豪感。
3. 精准纳税,以法律维护企业的合法权益。

[知识点思维导图]

企业所得税会计
- 企业所得税概述
  - 概念
  - 纳税人
  - 纳税义务
  - 所得来源地
  - 税率
- 企业所得税的税款计算
  - 应纳税所得额的计算
  - 税收优惠
  - 应纳税额的计算
- 企业所得税的会计核算
  - 会计核算方法
  - 会计科目设置
  - 计税基础与暂时性差异
  - 递延所得税资产与递延所得税负债
  - 所得税费用的确认和计量
- 企业所得税的征收管理
  - 纳税地点
  - 纳税期限
  - 纳税申报

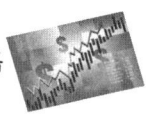

 **案例导读**

央广网北京 2021 年 11 月 9 日消息，据中央广播电视总台经济之声《天下财经》报道，企业研发费用加计扣除优惠政策是 2021 年减税降费的"重头戏"。国家税务总局 9 日披露最新数据，截至 2021 年 10 月底，全国各类企业提前享受加计扣除金额共计 1.3 万亿元，减免税额共计 3 333 亿元，享受加计扣除金额占去年全年汇算清缴的将近 8 成。政策红利享受时间更早、优惠力度更大，成为突出特点。

企业研发费用加计扣除优惠政策直接指向的是鼓励企业加大研发投入与技术创新力度。中国注册税务师协会业务准则和发展委员会委员李锐解释："所谓的研发费用加计扣除，就是国家为了鼓励企业在新技术、新产品、新工艺方面的研究开发，在实际发生支出的基础上，再额外增加一定比例进行所得税税前扣除。举例来说，一家企业发生的研发费用支出是 10 000 元，在计算企业所得税时，国家按照 17 500 元进行税前扣除；对于先进制造业企业，国家按照 20 000 元进行所得税税前扣除。这样一来，税前扣除的金额大了，企业要缴的所得税就减少了。"

企业研发费用加计扣除优惠政策被视为 2021 年减税降费的"重头戏"。尤其是制造业企业研发费用加计扣除比例由 75% 提高到 100%，是 2021 年减税降费中力度最大的一项。

（资料来源：

刘柏煊. 减税降费"重头戏"披露阶段性成绩单：各类企业提前享受研发费用加计扣除金额 1.3 万亿元减免税额 3 333 亿元[EB/OL]. (2021-11-16)[2023-06-01]. https://www.cctaa.cn/info/765.）

［要求］

请同学们登录国家税务总局网站或中国注册税务师协会网站搜索研发费用加计扣除政策并学习，分析案例中企业是如何享受这项税收红利的。

任务一　企业所得税概述

一、概念

企业所得税是对我国境内的企业和其他取得收入的组织的生产经营所得和其他所得征收的一种税。

二、纳税人

《中华人民共和国企业所得税法》（以下简称《企业所得税法》）指出：在中华人民共和国境内，企业和其他取得收入的组织为企业所得税的纳税人，依照该法的规定缴纳企业所得税。"个体工商户、个人独资企业、合伙企业"不属于企业所得税纳税人，不缴纳企业所得税。

缴纳企业所得税的企业分为居民企业和非居民企业。居民企业和非居民企业的判定标准如表 4-1 所示。

表 4-1 居民企业和非居民企业的判定标准

类型	判定标准(满足其中一条即可)
居民企业	在中国境内成立
	依照外国(地区)法律成立但实际管理机构在中国境内
非居民企业	依据外国(地区)法律成立且实际管理机构不在中国境内,但在中国境内设立了机构、场所
	在中国境内未设立机构、场所,但有来源于中国境内所得

三、纳税义务

居民企业和非居民企业纳税义务的判定标准如表 4-2 所示。

表 4-2 居民企业和非居民企业纳税义务的判定标准

企业类型		纳税义务
居民企业		来源于中国境内、境外的所得
非居民企业	设立机构、场所	(1) 所设机构、场所取得的来源于中国境内的所得 (2) 发生在中国境外但与其所设机构、场所有实际联系的所得
	设立机构、场所,但取得的所得与所设机构、场所没有实际联系	来源于中国境内的所得
	未设立机构、场所	

四、所得来源地

企业所得税所得来源地如表 4-3 所示。

表 4-3 企业所得税所得来源地

所得	来源	
销售货物	交易活动或服务发生地	
提供服务		
转让财产	不动产转让所得	不动产所在地
	动产转让所得	转让动产的企业或机构、场所所在地
	权益性投资资产转让所得	被投资企业所在地
股息、红利等权益性投资	分配所得的企业所在地	
利息、租金、特许权使用费	负担、支付所得的企业或者个人的机构、场所所在地、住所地	

五、税率

企业所得税税率如表 4-4 所示。

表 4-4 企业所得税税率表

税率	适用对象
25%	居民企业
	在中国境内设立机构场所且取得所得与所设机构场所有实际联系的非居民企业

（续表）

税率		适用对象
20%		在中国境内未设立机构、场所的非居民企业
		虽设立机构、场所,但取得的所得与其所设机构、场所没有实际联系的非居民企业
优惠税率	10%	执行20%税率的非居民企业
	15%	高新技术企业、技术先进型服务企业
		设在西部地区,以《西部地区鼓励类产业目录(2020年本)》项目为主营业务,主营业务收入占总收入达到规定比例的企业
	20%	小型微利企业

注:小型微利企业是指从事国家非限制和禁止行业,且同时符合年度应纳税所得额不超过300万元、从业人数不超过300人、资产总额不超过5 000万元三个条件的企业。

任务二　企业所得税的税款计算

一、应纳税所得额的计算

《企业所得税法》规定,企业每一纳税年度的收入总额,减除不征税收入、免税收入、各项扣除以及允许弥补的以前年度亏损后的余额,为应纳税所得额。

（一）计算方法

1. 直接法

直接法是用收入逐项减去允许扣除的部分得到应税所得的方法。

直接法的计算公式为:

应纳税所得额 = 收入总额 − 不征税收入 − 免税收入 − 各项扣除 − 准予弥补的以前年度亏损

2. 间接法

间接法是用会计利润加调增金额减调减金额得到应税所得的方法。

间接法的计算公式为:

应纳税所得额 = 利润总额 ± 纳税调整金额

会计利润,即企业根据《企业会计准则》的要求计算的利润,体现在利润表当中的利润总额项目。以下以南宁聚宝盆财务管理有限公司利润表(部分)为例,说明间接法下企业利润的计算。南宁聚宝盆财务管理有限公司利润表(部分)如表4-5所示。

表4-5　　　　　南宁聚宝盆财务管理有限公司利润表(部分)

编制单位:南宁聚宝盆财务管理有限公司　　　　20×2年12月　　　　单位:万元

项目	本月数	本年累计
一、营业收入	1 000.00	8 200.00
减：营业成本	430.00	5 136.00

（续表）

项目	本月数	本年累计
税金及附加	15.00	205.00
销售费用	90.00	1 010.00
管理费用	105.00	1 250.00
研发费用		
财务费用	9.00	102.00
资产减值损失	50.00	50.00
信用减值损失		
加：其他收益		
投资收益（损失以"－"号填列）	105.00	105.00
其中：对联营企业和合营企业的投资收益		
净敞口套期收益（损失以"－"号填列）		
公允价值变动收益（损失以"－"号填列）	20.00	20.00
资产处置收益（损失以"－"号填列）		
二、营业利润（亏损以"－"号填列）	426.00	572.00
加：营业外收入		54.60
减：营业外支出		39.00
三、利润总额（亏损总额以"－"号填列）	426.00	587.60
减：所得税费用	106.50	117.52
四、净利润（净亏损以"－"号填列）	319.50	470.08

间接法计算原理：企业按照《企业会计准则》的要求进行账务处理，企业所得按照《企业所得税法》的规定交税，当两者的规定不一致时，会产生税会差异。在计算应纳税所得额时，间接法以利润总额为起点，将税会差异按照税收法律的要求进行调整。实务中通常运用间接法计算企业所得税应纳税所得额。

（二）收入项目

1. 征税收入

征税收入是指企业以货币形式和非货币形式从各种来源取得的所得，包括销售货物收入，提供劳务收入，转让财产收入，股息、红利等权益性投资收入，利息收入，租金收入，特许权使用费收入，接受捐赠收入，其他收入等。企业发生的非货币性资产交换，以及将货物、财产、劳务用于捐赠、偿债、赞助、集资、广告、样品、职工福利或者利润分配等用途的，应当视同销售货物、转让财产或者提供劳务。

2. 不征税收入

不征税收入包括财政拨款、依法收取并纳入财政管理的行政事业性收费、政府性基金。

3. 免税收入

免税收入是指《企业所得税法》中规定的 4 类免税收入，如国债利息收入、符合条件的非营利组织的收入等。

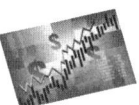

4. 收入类调整项目汇总

收入类调整项目汇总如表 4-6 所示。

表 4-6　　　　　　　　　　　收入类调整项目汇总表

项目	会计准则规定	税法规定	调整情况
捐赠自产产品	不确认收入	视同销售	调增
财政拨款	事业收入	不征税收入	调减
依法收取并纳入财政管理的行政事业性收费、政府性基金	营业外收入		调减
政府债券收入	营业外收入		调减
国债利息收入、符合条件的权益性投资收益	投资收益	免税收入	调减
非营利组织的非营利收入	主营业务收入		调减

【**例题 4-1**】　南宁教育科技有限公司 20×2 年取得国债利息收入 10 万元,请判断该笔利息收入是否需要纳税调整。

【**解析**】

国债利息收入属于免税收入,因此在计算应纳税所得额时需要调减 10 万元。

(三) 允许税前扣除项目

企业实际发生的与取得收入有关的、合理的支出,包括成本、税金、费用、公益性捐赠、损失等,准予在计算应纳税所得额时扣除。

1. 成本

成本是指企业实际发生的与取得收入有关的、合理的成本,包括企业销售商品、提供劳务、转让固定资产、无形资产等的成本,均可扣除。

2. 税金

税金是指企业发生的企业所得税和允许抵扣的增值税以外的企业缴纳的各项税金及附加。"准予抵扣"的增值税、"缴纳"的企业所得税不得扣除。

3. 费用

费用是指企业每一个纳税年度为生产、经营商品和提供劳务等所发生的销售费用、管理费用和财务费用。已经计入成本的有关费用除外。

1)三项经费

三项经费是指职工福利费、工会经费以及职工教育经费,每一项经费的扣除标准都有所不同,具体扣除标准如表 4-7 所示。

表 4-7　　　　　　　　　　　三项经费扣除标准

经费名称	计算基数	扣除比例	特殊规定
职工福利费	实发工资薪金总额	14%	—
工会经费		2%	—
职工教育经费		8%	(1) 超过部分,准予在以后纳税年度结转扣除 (2) 集成电路设计企业和符合条件软件企业的职工培训费用,应单独进行核算并按实际发生额在计算应纳税所得额时扣除

【例题 4-2】 甲公司 20×2 年计入成本、费用中的合理的实发工资是 400 万元,当年发生的工会经费为 10 万元、职工福利费为 70 万元、职工教育经费为 30 万元。计算 20×2 年甲公司应税所得时准予扣除的职工工会经费、职工福利费、职工教育经费合计金额以及纳税调整金额。

【解析】

计算步骤:①计算三项经费的限额,根据扣除标准计算。②将实际发生额与限额进行对比,按照孰低原则,低者为可扣除额。③计算纳税调整额,即"实际发生额—可扣除金额",正数调增,负数调减,0 则表示不存在税会差异,无需调整。

该项业务中工会经费超支 2 万元,职工福利费超支 14 万元,三项经费合计超支 16 万元,需要调增 16 万元。具体计算过程如表 4-8 所示。

表 4-8 三项经费调整金额计算 单位:万元

项目	限额	实际发生额	可扣除额	超支额
工会经费	8(400×2%)	10	8	2
职工福利费	56(400×14%)	70	56	14
职工教育经费	32(400×8%)	30	30	0
合计				16

2)保险费

企业的保险费主要包括企业按照国家社保政策给员工缴纳的"五险一金",企业给员工购买的补充养老保险、补充医疗保险,为特殊工种购买的人身安全保险,雇主责任险,员工出差意外保险,企业财产保险等。保险费扣除标准如表 4-9 所示。

表 4-9 保险费扣除标准

保险名称	扣除规定	保险名称	扣除规定
"五险一金"	准予扣除	特殊工种人身安全保险	准予扣除
补充养老保险补充医疗保险	分别不超过工资薪金总额5%的部分准予扣除	职工因公出差乘坐交通工具发生的人身意外保险	准予扣除
企业财产保险	准予扣除	其他商业保险	不得扣除
雇主责任险、公众责任险	准予扣除		

【例题 4-3】 甲公司 20×2 年计入成本、费用中的合理的实发工资为 500 万元,当年发生的职工补充养老保险为 25 万元,补充医疗保险为 25 万元。请计算允许扣除的保险费并判断保险费是否需要纳税调整。

【解析】

计算步骤:①计算保险费的限额,根据扣除标准 5% 计算。②将实际发生额与限额进行对比,按照孰低原则,低者为可扣除额。③计算纳税调整额,该笔业务中无超支额,无需调整。具体计算过程如表 4-10 所示。

表 4-10　　　　　　　　　　　　　保险费纳税调整金额计算　　　　　　　　　　　　　单位：万元

项目	限额	实际发生额	可扣除额	超支额
补充养老保险	25(500×5%)	25	25	0
补充医疗保险	25(500×5%)	25	25	0
合计				0

3）利息费用

企业在生产、经营活动中发生的利息费用，按下列规定扣除。

（1）非关联方借款。非关联方借款利息扣除标准如表 4-11 所示。

表 4-11　　　　　　　　　　　　　　非关联方借款利息扣除标准

借款方	出借方	扣除标准
非金融企业	金融企业	准予扣除
非金融企业	非金融企业	不超过金融企业"同期同类"贷款利率部分准予扣除

（2）关联方借款。在计算应纳税所得额时，企业实际支付给关联方的利息支出，不超过以下规定比例和企业所得税法及其实施条例有关规定计算的部分，准予扣除，超过的部分不得在发生当期和以后年度扣除。企业实际支付给关联方的利息支出，其接受关联方债权性投资与其权益性投资比例为：金融企业，5∶1；其他企业，2∶1。

此外，股东未尽出资义务，在规定期限内未缴足其应缴资本的，该企业对外借款利息，相当于投资者实缴资本额与在规定期限内应缴资本额的差额应计付的利息，不属于企业合理支出，应由投资者负担，不得在计算应纳税所得额时扣除。

【例题 4-4】　20×2 年 8 月，甲公司向金融企业借入流动资金借款 900 万元，期限为 3 个月，年利率为 6%；向非关联企业乙公司借入同类借款 1 800 万元，期限为 3 个月，年利率为 12%。计算该公司当年企业所得税应纳税所得额时准予扣除的利息费用及纳税调增金额。

【解析】

计算步骤：①计算利息费用的限额，向金融企业借款可以全额扣除，无限额；向非金融企业借款的限额为金融企业"同期同类"贷款利息，限额为 27 万元。②计算向乙公司借款的利息费用为 54 万元。将实际发生额与限额进行对比，按照孰低原则，向乙公司借款只能扣除 27 万元。③计算纳税调整额，该笔业务中超支 27 万元需要纳税调增。具体计算过程如表 4-12 所示。

表 4-12　　　　　　　　　　　　　　利息费用调整金额计算　　　　　　　　　　　　　单位：万元

项目	限额	实际发生额	可扣除额	超支额
向金融企业借款	无	13.5(900×6%÷12×3)	13.5	0
向乙公司借款	27(1 800×6%÷12×3)	54.0(1 800×12%÷12×3)	27.0	27
合计				27

4）业务招待费

企业发生的与经营活动有关的业务招待费支出，按照"实际发生额的 60%"扣除，但最高不得超过当年销售（营业）收入的 5‰。业务招待费扣除标准如表 4-13 所示。

表 4-13　　　　　　　　　　　　　　　业务招待费扣除标准

项目	扣除标准	备注
业务招待费	实际发生额的 60% 且≤销售（营业）收入的 5‰	(1) 销售（营业）收入＝主营业务收入＋其他业务收入＋视同销售收入 (2) 企业筹建期间发生的业务招待费,可直接按实际发生额的 60% 扣除

【例题 4-5】　甲公司 20×2 年度取得销售收入 5 000 万元,发生与生产经营活动有关的业务招待费支出 20 万元。计算甲公司 20×2 年度企业所得税应纳税所得额时准予扣除的业务招待费及纳税调整金额。

【解析】

计算步骤：①计算业务招待费的限额：首先计算发生额的 60%,即 $20×60\%=12$（万元）；再计算销售收入的 5‰,即 $5 000×5‰=25$（万元）,孰低原则限额为 12 万元。②将实际发生额与限额进行对比,按照孰低原则,可扣除额为 12 万元。③计算纳税调整额,即 $20-12=8$（万元）,正数调增,则需要纳税调增的金额为 8 万元。具体计算过程如表 4-14 所示。

表 4-14　　　　　　　　　　　　　　　业务招待费调整金额计算　　　　　　　　　　　　　　单位：万元

项目	限额	实际发生额	可扣除额	超支额
业务招待费	(1) 12(20×60%) (2) 25(5 000×5‰)	20	12	8
合计				8

5）广告费和业务宣传费

广告费和业务宣传费扣除标准如表 4-15 所示。

表 4-15　　　　　　　　　　　　　　　广告费和业务宣传费扣除标准

行业	扣除标准	备注
一般企业	不超过当年销售（营业）收入 15% 的部分准予扣除	(1) 广告费和业务宣传费,合并计算扣除限额 (2) 销售（营业）收入＝主营业务收入＋其他业务收入＋视同销售收入 (3) 超过部分,准予在以后纳税年度结转扣除
化妆品制造或销售	不超过当年销售（营业）收入 30% 的部分准予扣除	
医药制造		
饮料制造(不含酒类制造)		
烟草企业	不得扣除	

【例题 4-6】　甲公司 20×2 年度取得销售收入 5 000 万元,发生与生产经营活动有关的广告和业务宣传费支出 600 万元。计算该公司 20×2 年度企业所得税应纳税所得额时准予扣除的广告和业务宣传费及纳税调增金额。

【解析】

计算步骤：①计算广告和业务宣传费的限额,即 $5 000×15\%=750$（万元）。②将实际发生额与限额进行对比,两者相等,则可扣除额为 600 万元。③计算纳税调整额,即 $600-600=0$,不产生税会差异,不需要纳税调整。具体计算过程如表 4-16 所示。

表 4-16　　　　　　　　　　　广告和业务宣传费调整金额计算　　　　　　　　　单位：万元

项目	限额	实际发生额	可扣除额	超支额
广告和业务宣传费	750（5 000×15%）	600	600	0
合计				0

6）租赁费用

企业发生的各项租赁费用扣除标准如表 4-17 所示。

表 4-17　　　　　　　　　　　　　　租赁费用扣除标准

租赁费类型	扣除规定	租赁费类型	扣除规定
经营租赁	按照租赁期限均匀扣除	融资租赁	计提折旧扣除，分期扣除

7）手续费及佣金

企业发生的手续费及佣金扣除标准如表 4-18 所示。

表 4-18　　　　　　　　　　　　　　手续费及佣金扣除标准

企业类型	手续费及佣金扣除标准
保险企业	按当年全部保费收入扣除退保金等后余额的 18%计算限额扣除，超过部分准予结转以后年度扣除
从事代理服务，主营业务收入为手续费、佣金的企业（证券、期货、保险代理）	据实扣除
其他企业	按与具有合法经营资格中介服务机构和个人所签订合同确认收入金额的 5%计算限额

8）党组织工作经费

不超过职工年度工资薪金总额 1%的部分可以扣除。

4. 公益性捐赠

企业通过公益性社会组织或者县级以上人民政府及其部门，用于慈善活动、公益事业的捐赠。非公益性捐赠不得在税前扣除。公益性捐赠扣除标准如表 4-19 所示。

表 4-19　　　　　　　　　　　　　　公益性捐赠扣除标准

项目	扣除标准	备注
一般的公益性捐赠	利润总额的 12%	超过部分，准予在以后 3 个纳税年度结转扣除
目标脱贫地区的扶贫公益性捐赠	全额扣除	—

【例题 4-7】　甲公司 20×2 年度实现利润总额 6 000 万元，通过民政部门向目标脱贫地区捐赠 40 万元，另通过公益性社会组织向卫生事业捐赠 100 万元。计算甲公司 20×2 年度企业所得税应纳税所得额时准予扣除的公益性捐赠及纳税调增金额。

【解析】

计算步骤：①判断是否符合公益性捐赠的条件：案例中甲公司通过民政部门捐赠于公益事业，属于公益性捐赠。②甲公司向目标脱贫地区的公益性捐赠可以全额扣除，不需要计算调整金额。③甲公司向卫生事业的捐赠需要先计算限额，即 6 000×12%＝720（万元），再与实际发生额（100 万元）比较，得出结论实际捐赠额未超限额，可全额扣除。由于没有税会差异，不需要纳税调整。④计算纳税调整额，即 100－100＝0，不产生税会差异，不需要纳税调整。具体计算过程如表 4-20 所示。

表 4-20　　　　　公益性捐赠调整金额计算　　　　　单位：万元

项目	限额	实际发生额	可扣除额	超支额
目标脱贫地区	—	40	40	0
卫生事业	720(6 000×12%)	100	100	0
合计				0

5. 损失

1）准予扣除的损失

准予扣除的损失包括正常生产经营过程中的合理损失，管理不善、自然灾害等不可抗力造成的非正常损失。

2）不得扣除的损失

不得扣除的损失是指违法、犯罪行为造成的损失，包括各种行政性罚款、没收违法所得，刑事责任附加刑中的罚金、没收财产等。

6. 其他支出

1）环境保护专项资金

企业按规定提取的环境保护专项资金准予扣除，但提取后改变用途的不得扣除。

2）劳动保护费

企业发生的劳动保护费准予据实扣除。

3）汇兑损失

除了已经计入有关资产成本以及与向所有者进行利润分配相关的部分，准予扣除汇兑损失。

4）总机构分摊的费用

能够提供总机构出具的证明文件，并合理分摊的，总机构分摊的费用准予扣除。

（四）不得扣除的项目

计算应纳税所得额时不得税前扣除的项目如下。

（1）向投资者支付的股息、红利等权益性投资收益款项。

（2）企业所得税税款。

（3）税收滞纳金。

（4）罚金、罚款和被没收财物的损失，分为刑事责任、行政处罚和民事责任。刑事责任以及行政处罚中的"罚金、罚款、没收违法所得、没收财产"等不得在税前扣除，如纳税人因违反规定被工商部门罚款。民事责任中的"赔偿损失、支付违约金"以及法院判决由企业承担的"诉讼费用"等准予在税前扣除，如纳税人因逾期付款支付给供应商的违约金，纳税人逾期归还银行贷款，银行按规定加收的"罚息"等。

（5）非公益性捐赠支出。

（6）非广告性质的赞助支出。

（7）未经核定的准备金支出，如资产减值准备金、信用减值准备金等。

（8）企业之间支付的管理费、企业内营业机构之间支付的租金和特许权使用费，以及非银行企业内营业机构之间支付的利息。

（9）与取得收入无关的其他支出。如发票抬头为个人的业务招待费支出。

【例题 4-8】 甲公司 20×2 年的营业外支出中，有 10 万元是被行政部门处罚的罚款，有 5 万元是支付给供应商的违约金。判断以上两笔业务是否需要纳税调整。

【解析】

判断过程：①10 万元是被行政部门处罚的罚款，具有行政处罚性质，不允许在所得税前扣除，需要纳税调增。②5 万元是支付给供应商的违约金，是民事责任，不具有处罚性质，可以在税前扣除，不需要纳税调整。以上两笔业务共调增 10 万元。

（五）资产项目

1. 固定资产

固定资产是指企业为生产产品、提供劳务、出租或者经营管理而持有的、使用时间超过 12 个月的非货币性资产，包括房屋、建筑物、机器、机械、运输工具以及其他与生产经营活动有关的设备、器具、工具等。

1）计税基础

固定资产计税基础与账面原值及税会差异如表 4-21 所示。

表 4-21　　　　　　　固定资产计税基础与账面原值及税会差异

取得方式		计税基础	账面原值	税会差异
外购		购买价款＋支付的相关税费＋直接归属于使用该资产达到预定用途发生的其他支出	同计税基础	无
自行建造		竣工结算前发生的支出	同计税基础	无
融资租入	租赁合同约定付款总额	合同约定的付款总额＋签订合同中发生的相关费用	租赁资产的现值＋相关费用	有
	租赁合同未约定付款总额	该资产的公允价值＋签订合同中发生的相关费用	同计税基础	无
盘盈		同类固定资产的"重置完全价值"	同计税基础	无
捐赠、投资、非货币性资产交换、债务重组		公允价值＋支付的相关税费	同计税基础	无
改建		以改建支出增加计税基础	同计税基础	无

固定资产计税基础的初始确认中，以各种方式取得的固定资产，初始确认时按照会计准则规定确定的入账价值基本是被税收法律法规认可的（融资租赁除外），即取得时其账面价值一般等于计税基础，因此不产生税会差异，不涉及纳税调整问题。

但是在固定资产持有期间的后续计量中，减值准备的存在会产生税会差异，涉及纳税调整问题。固定资产持有期间税会差异如表 4-22 所示。

表 4-22　　　　　　　固定资产持有期间税会差异

会计准则	税法	税会差异
会计账面价值＝实际成本－累计折旧－资产减值准备	计税基础＝实际成本－累计折旧	账面价值≠计税基础资产减值准备引起的税会差异

【例题 4-9】　甲公司于 20×1 年 12 月购入了一台机器设备,入账价值为 100 万元,于 20×2 年 1 月投入使用。该设备可使用年限为 10 年,无残值,按直线法计提折旧。20×2 年 12 月,该设备发生减值,可收回金额仅为 60 万元。计算 20×3 年因该项折旧业务需要纳税调整的金额。

【解析】

计算步骤:

(1)计算计税基础和账面价值。由于 20×2 年年底产生了减值,账面价值在 20×2 年仅为 60 万元,而计税基础仍为 90 万元,产生了税会差异。具体计算过程如表 4-23 所示。

表 4-23　　　　　　　　　　计税基础和账面价值计算　　　　　　　　　　单位:万元

时间	会计账面价值	税法计税基础
20×1 年年末	100	100
20×2 年年末	60(100-10=90,60<90)	90
20×3 年年末	53.33(60-6.67)	80

(2)计算累计折旧。具体计算过程如表 4-24 所示。

表 4-24　　　　　　　　　　累计折旧调整金额计算　　　　　　　　　　单位:万元

年度	会计折旧	税法折旧	税会差异
20×1	0	0	
20×2	10(100÷10)	10(100÷10)	0
20×3	6.67(60÷9)	10(90÷9)	-3.33(调减)

账面价值与计税基础产生了差异,导致会计计提的折旧与税收法律法规规定计提的折旧产生了差异,而累计折旧是影响损益的,因此会影响应纳税所得额。我们可以用会计折旧-税法折旧,计算结果为正,则调增;计算结果为负,则调减。本例中计算的税会差异为-3.33 万元,则在计算应纳税所得额时需要减少-3.33 万元。

2)折旧方法

固定资产折旧方法如表 4-25 所示。

表 4-25　　　　　　　　　　固定资产折旧方法

规定类型		折旧方法
税收法律法规		一般只允许按照直线法计提。企业的固定资产由于技术进步等原因,确需加速折旧的,可以缩短折旧年限或者采取加速折旧的方法
企业会计准则	年限平均法(直线法)	年折旧额=(原值-净残值)÷年限
	工作量法	单位工作量折旧额=固定资产原价×(1-预计净残值率)÷预计总工作量 某项固定资产折旧额=该项固定资产工作量×单位工作量折旧额
	双倍余额递减法	年折旧率=2÷预计使用寿命(年)×100% 年折旧额=固定资产净值×年折旧率
	年数总和法	年折旧率=尚可使用寿命÷预计使用寿命的年数总和×100% 年折旧额=(固定资产原价-预计净残值)×年折旧率

【例题 4-10】 甲公司于 20×1 年 12 月购入了一台机器设备,入账价值为 100 万元,并于 20×2 年 1 月投入使用。该设备预计可使用年限为 10 年,无残值,采用双倍余额递减法计提折旧。税收法律法规规定该类生产机器设备的最低折旧年限为 10 年,使用直线法计提折旧。计算 20×2 年因该项业务需要纳税调整的金额。

【解析】

累计折旧调整计算如表 4-26 所示。

表 4-26　　　　　　　　　　　　　累计折旧调整计算　　　　　　　　　　　　单位:万元

年度	会计折旧	税法折旧	税会差异
20×1	0	0	0
20×2	年折旧率=2÷10=20% 年折旧额=100×20%=20	100÷10=10	20−10=10(调增)

3)折旧年限

固定资产折旧年限如表 4-27 所示。

表 4-27　　　　　　　　　　　　　固定资产折旧年限

固定资产类型	税法规定的折旧年限(年)	《企业会计准则》规定的折旧年限
房屋、建筑物	20	由企业根据固定资产的性质和使用寿命合理确定
飞机、火车、轮船、机器、机械和其他生产设备、林木类生产性生物资产	10	
器具、工具、家具	5	
飞机、火车、轮船以外的运输工具	4	
电子设备、畜类生产性生物资产	3	

2. 无形资产

1)计税基础

无形资产的计税基础、账面价值及税会差异如表 4-28 所示。

表 4-28　　　　　　　　　　无形资产的计税基础、账面价值及税会差异

取得方式	计税基础	账面价值	税会差异
外购	购买价款+支付的相关税费+直接归属于使该资产达到预定用途发生的其他支出	同计税基础	无
自行开发	符合资本化条件后至达到预定用途前发生的支出,未形成无形资产加计扣除 100%;形成无形资产按 200% 摊销	符合资本化条件后至达到预定用途前发生的支出	有
捐赠、投资、非货币性资产交换、债务重组	公允价值+支付的相关税费	同计税基础	无

【例题 4-11】 甲公司是一家制造业企业。20×2 年未考虑研发费用加计扣除的应纳税所得额为 5 000 万元。20×2 年投入了 500 万元研发费用支持技术研发,其中 200 万元未形成无形资产,计入到当期损益。另外 300 万元形成了无形资产,于 20×2 年 9 月投入使用,入账价值 300 万元,预计使用年限 10 年。计算甲公司需要纳税调整的金额。

【解析】

（1）未形成无形资产部分加计扣除100%。具体计算过程如表4-29所示。

表4-29　　　　　　　　　　　研发费用加计扣除计算　　　　　　　　　　单位：万元

费用项目	会计	税法（加计扣除100%）	税会差异
研发费用	200	400（200＋200×100%）	−200（调减200）

（2）形成无形资产部分按照无形资产成本的200%摊销。具体计算过程如表4-30所示。

表4-30　　　　　　　　　　　无形资产加计扣除计算　　　　　　　　　　单位：万元

项目	会计	税法按200%摊销	税会差异
无形资产摊销	10（300÷10÷12×4）	20（600÷10÷12×4）	−10（调减10）

2）摊销方法

无形资产的摊销采用直线法，当月增加当月摊销，当月减少当月不摊销。企业会计准则与税收法律法规规定一致。

3）摊销年限

无形资产摊销年限的规定如表4-31所示，一般不得低于10年。

表4-31　　　　　　　　　　　　无形资产摊销年限的规定

税收法律法规规定	企业会计准则规定
不得低于10年	依据《企业会计准则第6号——无形资产》规定，企业应于取得无形资产时分析判断其使用寿命。无形资产的使用寿命有限的，应当估计其使用寿命的年限或者构成使用寿命的产量等类似计量单位数量；无法预计无形资产为企业带来经济利益期限的，应视为使用寿命不确定的无形资产

3. 长期待摊费用

允许作为长期待摊费用，按照规定摊销扣除的支出，有关摊销的规定如下：

（1）已足额提取折旧的固定资产的改建支出，按照固定资产预计尚可使用年限分期摊销。

（2）（经营）租入固定资产的改建支出，按照合同约定的剩余租赁期限分期摊销。

（3）固定资产大修理支出，按照固定资产尚可使用年限分期摊销。

【注意】

修理支出达到取得固定资产时的计税基础50%以上；修理后固定资产的使用年限延长2年以上。摊销年限不得低于3年。

4. 投资资产

对于投资资产，在计算企业所得税时处理如下：

（1）企业对外投资期间，投资资产的成本在计算应纳税所得额时不得扣除。

（2）企业在转让或者处置投资资产时，投资资产的成本，准予扣除。

（六）弥补亏损期限

《中华人民共和国企业所得税法实施条例》第11条规定：弥补亏损期限，是指纳税人某一纳税年度发生亏损，准用以后年度的应纳税所得弥补，1年弥补不足的，可以逐年连续弥补。纳税人亏损弥补年限如表4-32所示。

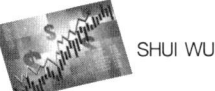

表 4-32   纳税人亏损弥补年限

企业类型	亏损弥补年限
一般企业	某一纳税年度发生的亏损,可以用下一年度的所得弥补,下一年度的所得不足弥补的,可以逐年延续弥补,但是最长不得超过 5 年
高新技术企业 科技型中小企业	自 2018 年 1 月 1 日起,当年具备资格的企业,其具备资格年度之前 5 个年度发生的尚未弥补完的亏损,准予结转以后年度弥补,最长结转年限由 5 年延长至 10 年

【例题 4-12】 甲居民企业于 20×1 年设立,20×1—20×5 年年末弥补亏损前的所得情况如表 4-33 所示。

表 4-33   甲居民企业未弥补亏损前的所得   单位:万元

年份	20×1 年	20×2 年	20×3 年	20×4 年	20×5 年
未弥补亏损前的所得	−40	200	−440	360	400

假设无其他纳税调整项目,甲居民企业 20×5 年度企业所得税应纳税所得额为多少万元?

【解析】

计算思路如下:①20×1 年亏损的 40 万元,可以用 20×2 年的利润进行弥补。②20×3 年亏损的 440 万元,以 20×4 年的利润 360 万元进行弥补,弥补后尚有 80 万元亏损。③20×3 年尚未弥补的 80 万元亏损,可以用 20×5 年的利润 400 万元进行弥补。④弥补以前年度亏损后,20×5 年应纳税所得额=400−80=320(万元)。

【例题 4-13】 某居民企业于 20×1 年 5 月注册成立进行生产经营,20×2 年度生产经营情况如下:

(1) 销售产品取得不含税收入 9 000 万元。

(2) 产品销售成本为 3 500 万元、税金及附加为 200 万元、销售费用为 1 000 万元;财务费用为 200 万元;管理费用为 1 200 万元(其中包括业务招待费 40 万元)。

(3) 与销售产品有关的营业外支出为 800 万元(其中公益性捐赠支出 60 万元)。

(4) 全年计入成本费用的工资是 1 000 万元,发生职工工会经费、职工教育经费、职工福利费分别为 50 万元、80 万元、100 万元,取得相应合法的票据。经过税务机关的核定,该企业当年合理的工资支出标准是 1 000 万元。

计算该居民企业 20×1 年度企业所得税应纳税所得额的金额。

【解析】

$$应纳税所得额 = 利润总额 + 纳税调整金额$$

第一步:计算利润总额:

利润总额 = 9 000 − 3 500 − 200 − 1 000 − 200 − 1 200 − 800 = 2 100(万元)

第二步:计算纳税调整金额:

(1) 业务招待费:业务招待费实际发生额为 40 万元,限额标准分别是 24 万元(40×60%)和 45 万元(9 000×5‰),按照孰低原则,限额为 24 万元。对比实际发生额与限额,按照孰低原则,确定 24 万元为可扣除金额,因此需要调增 16 万元(40−24)。

（2）捐赠支出：捐赠支出实际发生额为 60 万元，限额为 252 万元（2 100×12％）。对比实际发生额与限额，按照孰低原则，确定 60 万元为可扣除金额，未超限额，不需要调整。

（3）三项经费。三项经费调整金额具体计算过程如表 4-34 所示。

表 4-34　　　　　　　　　　　　　　三项经费调整金额计算　　　　　　　　　　　　　单位：万元

项目	实际发生额	限额	可扣除额	调整额
工会经费	50	1 000×2％=20	20	30
职工福利费	100	1 000×14％=140	80	0
职工教育经费	80	1 000×8％=80	80	0
合计				30

纳税调整金额合计＝16＋30＝46（万元）

第三步：计算应纳税所得额。

应纳税所得额＝2 100＋46＝2 146（万元）

（七）扣除类调整项目

扣除类调整项目扣除标准汇总如表 4-35 所示。

表 4-35　　　　　　　　　　　　　　扣除类调整项目扣除标准汇总

类别	项目	扣除标准	超过部分
限额扣除	职工福利费	≤工资薪金总额的 14％	调增
	工会经费	≤工资薪金总额的 2％	调增
	职工教育经费	≤工资薪金总额的 8％	调增，可结转以后纳税年度扣除
	补充养老保险费	≤工资薪金总额的 5％	调增
	补充医疗保险费	≤工资薪金总额的 5％	调增
	非金融企业向非金融企业借款的利息支出（非关联方）	≤按照金融企业同期同类贷款利率计算的金额	调增
	非金融企业向非金融企业借款的利息支出（关联方）	≤按照金融企业同期同类贷款利率计算的金额且符合债资比 2∶1 或 5∶1 的要求	调增
	业务招待费	按照发生额的 60％扣除，且≤当年销售（营业）收入的 5‰	调增
	广告费和业务宣传费	≤当年销售（营业）收入的 15％（或 30％）	调增，可结转以后纳税年度扣除
	公益性捐赠支出	≤年度利润总额的 12％	调增，可结转以后 3 个纳税年度扣除
	手续费及佣金支出	财产保险：≤15％；人身保险：≤10％；其他企业：≤5％	调增
不得扣除	税收滞纳金，罚金、罚款和被没收财物的损失	不得扣除	调增

（续表）

类别	项目	扣除标准	超过部分
不得扣除	非广告性质的赞助支出	不得扣除	调增
	未经核定的准备金支出	不得扣除	调增
	直接捐赠支出	不得扣除	调增
	企业之间支付的管理费，企业内营业机构之间支付的租金、特许权使用费、非银行企业内营业机构之间支付的利息	不得扣除	调增
	企业以现金等非转账方式向非个人代理支付的手续费及佣金	不得扣除	调增
	烟草企业的烟草广告费和业务宣传费支出	不得扣除	调增

二、税收优惠

（一）税收优惠的形式

税收优惠的形式有：免税收入、可以减免税的所得（免征、减半征收、二免三减半、三免三减半、五免）、优惠税率、加计扣除、抵扣应纳税所得额、抵免应纳税额、减计收入、加速折旧和其他专项优惠政策。

（二）税收优惠政策

1. 免税收入

《企业所得税法》中规定的免税收入包括以下 4 类：

（1）国债利息收入。

（2）符合条件的居民企业之间的股息、红利等权益性投资收益。投资方连续持有 12 个月以上认定为权益性投资收益。

（3）在中国境内设立机构、场所的非居民企业从居民企业取得与该机构、场所有实际联系的股息、红利等权益性投资收益。投资方连续持有 12 个月以上认定为权益性投资收益。

（4）符合条件的非营利组织的收入。

2. 可以减免税的所得

（1）免征：农、林、牧、渔业所得；居民企业 500 万元以内的技术转让所得；企业取得的地方政府债券利息收入；合格境外机构投资者境内转让股票等权益性投资资产所得；境外机构投资境内债券市场取得的债券利息收入。

（2）减半征收：花卉、茶以及其他饮料作物和香料作物的种植所得；海水养殖、内陆养殖所得；居民企业超过 500 万元的技术转让所得的超过部分；企业投资持有铁路债券取得的利息收入。

（3）二免三减半：依法成立且符合条件的集成电路设计企业和软件企业，在 2019 年 12 月 31 日前自获利年度起计算优惠期，第 1 年至第 2 年免征企业所得税，第 3 年至第 5 年按照 25% 的法定税率减半征收企业所得税。

（4）三免三减半：①企业从事国家重点扶持的公共基础设施项目的投资经营的所得，自项目取得第 1 笔生产经营收入所属纳税年度起,第 1 年至第 3 年免征,第 4 年至第 6 年减半征收。企业承包经营、承包建设和内部自建自用上述项目不免税。②企业从事符合条件的环境保护、节能节水项目的所得,自项目取得第 1 笔生产经营收入所属纳税年度起,第 1 年至第 3 年免征,第 4 年至第 6 年减半征收。

（5）五免：经营性文化事业单位（从事新闻出版、广播影视和文化艺术的事业单位）转制为企业,自转制注册之日起 5 年内免征企业所得税。

3. 优惠税率

企业所得税优惠税率请详见表 4-4 中"优惠税率"部分。

4. 加计扣除

1）研发费用

（1）企业开展研发活动中实际发生的研发费用,未形成无形资产计入当期损益的,在按规定据实扣除的基础上,从 2023 年 1 月 1 日起,再按照实际发生额的 100% 在税前加计扣除;形成无形资产的,从 2023 年 1 月 1 日起,按照无形资产成本的 200% 在税前摊销。

（2）不适用行业：烟草制造业、住宿和餐饮业、批发和零售业、房地产业、租赁和商务服务业、娱乐业等行业不适用研发费用加计扣除政策。

2）残疾人工资

企业安置残疾人员的,在按照支付给残疾职工工资据实扣除的基础上,可以在计算应纳税所得额时按照支付给残疾职工工资的 100% 加计扣除。

5. 抵扣应纳税所得额

创投企业投资未上市的中小高新技术企业 2 年以上的,按照其投资额的 70% 在股权持有满"2 年"的当年抵扣该创业投资企业的应纳税所得额;当年不足抵扣的,可以在以后纳税年度结转抵扣。

6. 抵免应纳税额

购置并实际使用规定的环境保护、节能节水、安全生产等专用设备,其投资额的 10% 可以在应纳税额中抵免;当年不足抵免的,可以在以后 5 个纳税年度结转抵免。

7. 减计收入

（1）综合利用资源,生产的产品取得的收入,减按 90% 计入收入总额。

（2）社区提供养老、托育、家政等服务的机构,提供社区养老、托育、家政服务取得的收入,减按 90% 计入收入总额。

8. 加速折旧

1）缩短折旧年限（≥60%）

适用缩短折旧年限加速折旧计算方法的情况如下：

（1）技术进步,产品更新换代较快。

（2）常年处于强震动、高腐蚀状态。

（3）制造业企业购入（包括自行建造）固定资产。

2）允许一次性扣除

所有企业购进的设备、器具,单价不超过 500 万元。设备、器具,是指房屋、建筑物以外的固定资产。

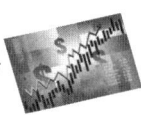

【例题 4-14】 甲公司为居民企业,20×2 年取得符合条件的技术转让所得为 700 万元。在计算甲公司 20×2 年度企业所得税应纳税所得额时,技术转让所得应纳税调减的金额是多少?

【解析】

符合条件的技术转让所得不超过 500 万元的部分,免征企业所得税;超过 500 万元的部分,减半征收企业所得税。

$$技术转让所得应纳税调减的金额 = 500 + (700 - 500) \times 50\% = 600(万元)$$

【例题 4-15】 甲企业(非制造业)20×2 年度利润总额为 500 万元,实际发生未形成无形资产计入当期损益的研究开发费用为 100 万元,无其他纳税调整项目。请计算甲企业 20×2 年度企业所得税应纳税所得额。

【解析】

未形成无形资产计入当期损益的符合规定的研究开发费用,在按照规定据实扣除的基础上,可以再按照实际发生额的 75% 在税前加计扣除,因此需要纳税调减 75 万元（100×75%）。

因此,甲企业 20×2 年度企业所得税应纳税所得额应为 425 万元（500−100×75%）。

三、应纳税额的计算

（一）应纳税额的计算公式

$$应纳税额 = 应纳税所得额 \times 适用税率 - 减免税额 - 抵免税额$$

其中,减免税额通常是税收优惠。抵免税额通常是境外所得抵免税额。

（二）案例分析

南宁聚宝盆财务管理有限公司利润表(部分)详见表 4-5。

其他背景资料如下:

（1）20×1 年计入成本、费用中的合理的实发工资为 500 万元,当年发生的工会经费为 15 万元、职工福利费为 50 万元、职工教育经费为 50 万元。

（2）财务费用当中,有一笔是向乙公司借款 180 万元,期限为 3 个月,年利率为 12%,同期同类银行利率为 6%。

（3）业务招待费发生额为 200 万元。

（4）广告和业务宣传费发生额为 600 万元。

（5）营业外支出中有通过民政部门向目标脱贫地区捐赠 10 万元。税收滞纳金为 5 万元,工商部门罚款为 5 万元。

（6）投资收益项目中 105 万元属于国债利息收入。

（7）其他减免税额为 20 万元。

无其他特殊事项,请计算南宁聚宝盆财务管理有限公司 20×2 年的应纳税额。

计算分析过程如下。

（1）已知利润表当中本年利润总额为 587.60 万元。

（2）计算纳税调整事项。

业务 1：三项经费调增 15 万元。具体计算过程如表 4-36 所示。

表 4-36　　　　　　　　　　三项经费调整金额计算　　　　　　　　　　单位：万元

项目	限额	实际发生额	可扣除额	超支额
工会经费	10(500×2%)	15	10	5
职工福利费	70(500×14%)	50	50	0
职工教育经费	40(500×8%)	50	40	10
合计				15

业务 2：财务费用调增 2.7 万元。具体计算过程如表 4-37 所示。

表 4-37　　　　　　　　　　财务费用调整金额计算　　　　　　　　　　单位：万元

项目	限额	实际发生额	可扣除额	超支额
向非金融企业借款(乙公司)	2.70(180×6%÷12×3)	5.40(1 800×12%÷12×3)	2.70	2.70

业务 3：业务招待费调增 159 万元。具体计算过程如表 4-38 所示。

表 4-38　　　　　　　　　　业务招待费调整金额计算　　　　　　　　　　单位：万元

项目	限额	实际发生额	可扣除额	超支额
业务招待费	①120(200×60%) ②41(8 200×5‰)	200	41 (依据执低原则)	159

业务 4：广告和业务宣传费无需调整。具体计算过程如表 4-39 所示。

表 4-39　　　　　　　　　　广告和业务宣传费调整金额计算　　　　　　　　　　单位：万元

项目	限额	实际发生额	可扣除额	超支额
广告和业务宣传费	1 230(8 200×15%)	600	600	0

业务 5：营业外支出调增 10 万元。具体计算过程如表 4-40 所示。

表 4-40　　　　　　　　　　营业外支出调整金额计算　　　　　　　　　　单位：万元

项目	限额	实际发生额	可扣除额	超支额
目标脱贫地区	无	10	10	0
税收滞纳金	—	5	0	5
工商罚款	—	5	0	5
合计				10

业务 6：投资收益为国债利息收入，属于免税项目，调减 105 万元。

综上，应纳税所得额＝587.60＋15＋2.70＋159＋10－105＝669.30（万元）

应纳税额＝669.30×25%－20＝147.33（万元）

任务三　企业所得税的会计核算

一、会计核算方法

企业所得税会计核算方法有应付税款法和纳税影响会计法两种。其中,纳税影响会计法分为递延法和债务法,债务法又分为利润表债务法和资产负债表债务法。我国2011年颁布的《小企业会计准则》要求小企业采用应付税款法核算所得税。规定小企业应当在利润总额的基础上,按照《企业所得税法》的规定进行纳税调整,计算出当期应纳税所得额;按照应纳税所得额与适用所得税税率为基础计算确定当期应纳税额;按照《企业所得税法》规定计算的当期应纳税额,确认所得税费用。我国2006年颁布的《企业会计准则第18号——所得税》要求企业采用资产负债表债务法核算所得税,在计算应缴所得税和递延所得税的基础上,确认所得税费用。以下将对应付税款法、资产负债表债务法进行详细介绍。

(一) 应付税款法

应付税款法是指企业不确认暂时性差异对所得税的影响金额,将当期计算的应交所得税确认为所得税费用的方法。在这种情况下,当期所得税费用等于当期应交的所得税,不涉及递延所得税会计核算,按税收法律法规规定就存在的差额对本期税前会计利润进行调整后,将其调整为应纳税所得额计算本期应交所得税,作为本期的所得税费用,大大简化了所得税的会计处理。在采用应付税款法进行所得税会计核算时,企业应按税收法律法规规定对本期税前会计利润进行纳税调整。核算时需要设置"所得税费用"和"应交税费——应交所得税"科目,企业计算应交所得税时,借记"所得税费用"科目,贷记"应交税费——应交所得税"科目;实际上缴所得税时,借记"应交税费——应交所得税"科目,贷记"银行存款"科目。期末应将"所得税费用"科目的借方余额转入"本年利润"科目,结转后"所得税费用"科目应无余额。

1. 企业分月或者分季预缴企业所得税的会计处理

(1) 每期计算应预缴的企业所得税时:

借:所得税费用
　　贷:应交税费——应交所得税

(2) 实际预缴企业所得税时:

借:应交税费——应交所得税
　　贷:银行存款

(3) 期末,将"所得税费用"科目的借方余额转入"本年利润"科目,结转后"所得税费用"科目无余额,会计处理为:

借:本年利润
　　贷:所得税费用

2. 年末汇算清缴所得税的会计处理

年末汇算清缴所得税的计算公式为:

全年应纳所得税额 = 应纳税所得额 × 适用税率

多退少补的所得税额 = 全年应纳所得税额 - 全年按月(季)累计已预缴的所得税额

年末补缴所得税的会计分录为：

借：所得税费用
　　贷：应交税费——应交所得税

(二) 资产负债表债务法

资产负债表债务法是指从资产负债表上列示的资产、负债按照《企业会计准则》规定确定的账面价值与按照税收法律法规规定确定的计税基础，对于两者之间的差额分别应纳税暂时性差异与可抵扣暂时性差异，确认相关的递延所得税负债与递延所得税资产，并在此基础上确定每一期间利润表中的所得税费用。资产负债表债务法较为全面地体现了资产负债观，在所得税的会计核算方面贯彻了资产、负债的界定。从资产负债表角度考虑，资产的账面价值代表持续持有及最终处置某项资产的一定期间内，该项资产为企业带来的未来经济利益，而其计税基础代表的是在这一期间内，就该项资产按照税收法律法规规定可以税前扣除的金额。一项资产的账面价值小于其计税基础的，表明该项资产于未来期间产生的经济利益流入低于按照税收法律法规规定允许税前扣除的金额，产生可抵减未来期间应纳税所得额的因素，减少未来期间以应交所得税的方式流出企业的经济利益，从其产生时点来看，应确认为资产。反之，一项资产的账面价值大于其计税基础的，两者之间的差额将会于未来期间产生应税金额，增加未来期间的应纳税所得额及应交所得税，对企业形成经济利益流出的义务，应确认为负债。从理论上来说，资产负债表债务法更科学更合理，所以本项目主要介绍资产负债表债务法。

资产负债表债务法下企业所得税核算基本程序如图 4-1 所示。

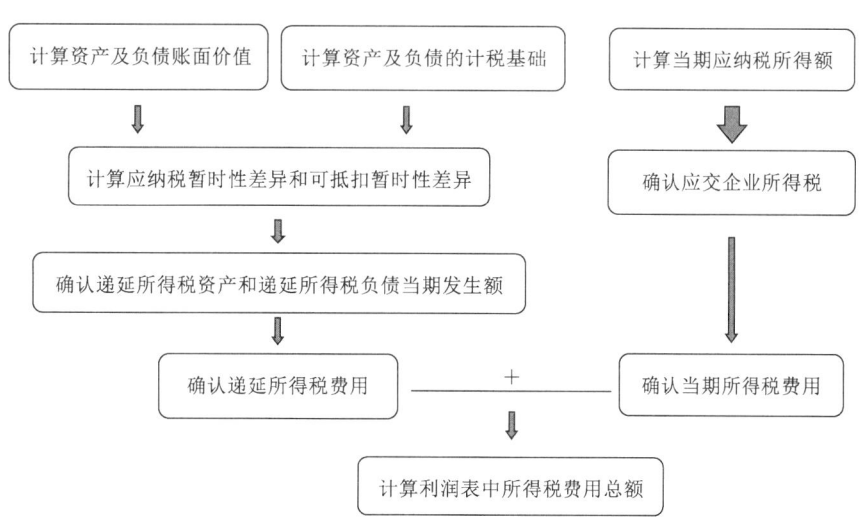

图 4-1　资产负债表债务法下企业所得税核算基本程序

二、会计科目设置

企业在运用资产负债表债务法时，应设置"应交税费——应交所得税""所得税费用""递延所得税资产""递延所得税负债"等科目。

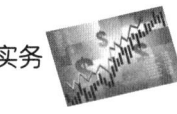

（一）"应交税费——应交所得税"科目

该科目核算企业按税收法律法规规定计算应缴纳的企业所得税税额，属于负债类科目。贷方登记企业按税收法律法规规定计算的当期应纳所得税金额；借方登记企业实际缴纳的所得税金额；期末贷方余额反映企业欠缴的所得税金额，借方余额反映企业多缴的所得税金额。

（二）"所得税费用"科目

该科目核算企业确认的应当从当期利润总额中扣除的所得税费用总额，属于损益类科目。该科目应设置"当期所得税费用"和"递延所得税费用"明细科目进行明细核算。期末，应将该科目的余额转入"本年利润"科目，结转后本科目应无余额。

（三）"递延所得税资产"科目

该科目核算企业确认的可抵扣暂时性差异产生的递延所得税资产，属于资产类科目。根据税收法律法规规定可以用以后年度税前利润弥补的亏损及税款抵减产生的所得税资产也在该科目核算。该科目期末借方余额，反映企业已确认的递延所得税资产的余额。

主要账务处理如下：

（1）企业在确认相关资产、负债时，应予确认的递延所得税资产：

借：递延所得税资产
    贷：所得税费用——递延所得税费用
        资本公积——其他资本公积

（2）资产负债表日，递延所得税资产大于本科目余额时：

借：递延所得税资产
    贷：所得税费用——递延所得税费用
        资本公积——其他资本公积

（3）资产负债表日，递延所得税资产小于本科目余额时：

借：所得税费用——递延所得税费用
    资本公积——其他资本公积
    贷：递延所得税资产

（四）"递延所得税负债"科目

该科目核算企业确认的应纳税暂时性差异产生的递延所得税负债，属于负债类科目。该科目期末贷方余额，反映企业已确认的递延所得税负债的余额。

主要账务处理如下：

（1）企业在确认相关资产、负债时，应予确认的递延所得税负债：

借：所得税费用——递延所得税费用
    资本公积——其他资本公积
    贷：递延所得税负债

（2）资产负债表日，应予确认的递延所得税负债大于本科目余额时：

借：所得税费用——递延所得税费用
    资本公积——其他资本公积
    贷：递延所得税负债

（3）资产负债表日，应予确认的递延所得税负债小于本科目余额时：

借：递延所得税负债

贷：所得税费用——递延所得税费用

资本公积——其他资本公积

三、计税基础和暂时性差异

（一）资产的计税基础

资产的计税基础是指该资产在未来期间计税时按税收法律法规规定可以税前扣除的金额，即：

$$资产的计税基础 = 未来可税前扣除的金额$$

资产初始确认时的计税基础通常与账面价值相等，均为取得成本。资产持有期间的计税基础为资产的取得成本减去以前期间按税收法律法规规定已在税前扣除金额后的余额。以下列举常见的资产的计税基础。

1. 固定资产

以各种方式取得的固定资产初始计量时，对于按《企业会计准则》确定的入账价值，税收法律法规基本上都认可，因此其初始确认时的账面价值一般等于其计税基础，而后续计量期间，折旧方法、折旧年限、减值准备等产生税会不一致的因素，均有可能导致其账面价值与计税基础产生差异，计算公式为：

$$账面价值（会计） = 取得成本 - 累计折旧（会计） - 固定资产减值准备$$
$$计税基础（税法） = 取得成本 - 累计折旧（税法）$$

【例题 4-16】　甲企业于 20×1 年 12 月购入一台设备，原值为 600 万元，预计可使用年限 10 年，净残值为 0，会计及税务处理都采用直线法计提折旧。假设 20×4 年 12 月 31 日，企业经测试该固定资产可回收金额为 400 万元。计算该固定资产在 20×4 年 12 月 31 日的账面价值与计税基础。

【解析】

会计处理：

会计折旧＝600÷10×3＝180（万元）

账面净值＝600－180＝420（万元）

计提减值准备＝420－400＝20（万元）

账面价值＝420－20＝400（万元）

税务处理：

税务折旧＝600÷10×3＝180（万元）

计税基础＝600－180＝420（万元）

2. 无形资产

1）初始计量

无形资产初始计量账面价值与计税基础的差异主要产生于内部研发。无形资产研发支出符合资本化条件后至达到预定用途前发生的支出，未形成无形资产的，研发费用加计扣除 100％；形成无形资产则按 200％摊销。

【例题 4-17】 甲公司为制造业企业,于 20×2 年 1 月 1 日起自行研发一项新产品专利技术,当年 12 月研发完成。研发支出总额为 1 000 万元,费用化支出为 400 万元,资本化支出为 600 万元。计算该无形资产在 20×2 年资产负债表日的账面价值与计税基础。

【解析】

账面价值＝600(万元)

计税基础＝600＋600×100％＝1 200(万元)

2) 后续计量

无形资产后续计量账面价值与计税基础的差异主要产生于无形资产摊销及其减值准备的计提。

【例题 4-18】 接[例题 4-17],该项无形资产预计可使用年限为 10 年,采用直线法摊销,净残值为 0。计算该无形资产 20×2 年资产负债表日的账面价值与计税基础。

【解析】

账面价值＝600－600÷10＝540(万元)

计税基础＝1 200－1 200÷10＝1 080(万元)

3. 其他资产

其他资产,如采用公允价值模式计量的投资性房地产、其他计提了资产减值准备的各项资产如存货,由于企业会计准则与税收法律法规规定的不同,企业持有资产期间,其账面价值与计税基础可能存在差异。

【例题 4-19】 20×2 年 12 月 31 日,甲商场有一批存货,账面成本为 1 000 万元,经测试可变现净值为 800 万元,计提货跌价准备 200 万元。计算 20×2 年资产负债表日该存货的账面价值和计税基础。

【解析】

账面价值＝1 000－200＝800(万元)

计税基础＝1 000(万元)

(二) 负债的计税基础

负债的计税基础是指负债的账面价值减去未来期间计算应纳税所得额时,按税收法律法规规定可予税前扣除的金额。即:

负债的计税基础 ＝ 负债的账面价值 － 未来可税前扣除的金额

一般情况下,负债的确认与偿还不会影响企业的损益,也不会影响其应纳税所得额,未来期间计算应纳税所得额时按税收法律法规规定可予税前扣除的金额为 0,则计税基础等于账面价值,如短期借款、应付账款等。但在某些情况下,负债的确认可能会影响企业的损益,进而影响不同期间的应纳税所得额,使得账面价值与计税基础产生差异,如企业因销售商品提供售后服务而确认的预计负债、预收账款等。常见的负债的计税基础确认计量如下。

1. 预计负债

【例题 4-20】 20×2 年 12 月 31 日,甲企业因产品质量保证确认预计负债 10 万元。计算 20×2 年年末甲企业该预计负债的账面价值和计税基础。

【解析】

账面价值＝10(万元)

计税基础＝10－10＝0

税收法律法规规定,因产品质量保证计提的费用在实际发生时可以在税前据实扣除,因此未来可以税前扣除的金额为10万元,因此计税基础为0。

2. 应付职工薪酬

【例题4-21】 甲企业20×2年符合规定的职工工资总额为1 000万元、职工教育经费为100万元。计算20×2年年末职工教育经费的账面价值和计税基础。

【解析】

账面价值＝100(万元)

计税基础＝100－20＝80(万元)

职工教育经费的限额为80万元(1 000×8％),超支的20万元可在未来期间扣除。

3. 其他负债

可能影响负债的计税基础的其他负债主要有企业应交的罚款和滞纳金等。

【例题4-22】 20×2年12月31日,甲企业其他应付款中有一项因违反有关环保法规而被环保部门罚款的50万元。计算该企业20×2年年末其他应付款的账面价值和计税基础。

【解析】

账面价值＝50(万元)

计税基础＝50－0＝50(万元)

企业因违反国家有关法律法规支付的罚款和滞纳金不允许税前扣除,即该负债在未来期间可税前扣除的金额为0。

(三) 暂时性差异

暂时性差异是指资产、负债的账面价值与其计税基础不同产生的差额,根据暂时性差异对未来期间应税金额的影响,分为应纳税暂时性差异和可抵扣暂时性差异,除了因资产、负债的账面价值与其计税基础不同产生的暂时性差异,按照税收法律法规规定可以结转以后年度的未弥补亏损和税款抵减,也视同可抵扣暂时性差异处理。

1. 应纳税暂时性差异

应纳税暂时性差异是指在确定未来收回资产或清偿负债期间的应纳税所得额时,将导致产生应税金额的暂时性差异,该差异在未来期间转回时,会增加转回期间的应纳税所得额,即在未来期间不考虑该事项影响的应纳税所得额的基础上,该暂时性差异的转回,应进一步增加转回期间的应纳税所得额和应交所得税金额。在应纳税暂时性差异产生当期,应当确认相关的递延所得税负债。

应纳税暂时性差异通常产生于以下两种情况：①资产的账面价值大于计税基础。②负债的账面价值小于计税基础。

2. 可抵扣暂时性差异

可抵扣暂时性差异是指在确定未来收回资产或清偿负债期间的应纳税所得额时,将导致

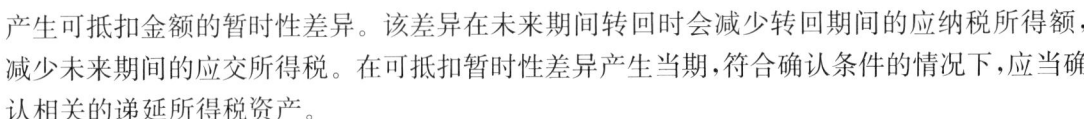

产生可抵扣金额的暂时性差异。该差异在未来期间转回时会减少转回期间的应纳税所得额，减少未来期间的应交所得税。在可抵扣暂时性差异产生当期，符合确认条件的情况下，应当确认相关的递延所得税资产。

可抵扣暂时性差异通常产生于以下两种情况：①资产的账面价值小于计税基础。②负债的账面价值大于计税基础。

四、递延所得税资产与递延所得税负债

（一）递延所得税资产的确认与计量

对于资产、负债的账面价值与计税基础不同产生的可抵扣暂时性差异，在估计未来期间能够取得足够的应纳税所得额用以抵扣该可抵扣暂时性差异时，应以很可能取得用来抵扣可抵扣暂时性差异的应纳税所得额为限，确认相关递延所得税资产。如果在可抵扣暂时性差异转回的未来期间，企业无法产生足够的应纳税所得额用以抵扣该可抵扣暂时性差异的影响，使得与递延所得税资产相关的经济利益无法实现，该部分递延所得税资产不应确认。递延所得税资产的计算公式为：

$$递延所得税资产 = 可抵扣暂时性差异 \times 适用所得税税率$$

在递延所得税资产确认和计量时应注意以下问题：

（1）初始确认递延所得税资产时，应以资产负债表日计算的递延所得税资产金额为"递延所得税资产"科目的入账金额；后续确认时，应以资产负债表日计算的递延所得税资产金额减去其期初余额后的差额为"递延所得税资产"科目的入账金额。

（2）企业在确认递延所得税资产时，交易或事项的发生会影响利润总额或应纳税所得额的，相关递延所得税影响应计入所得税费用；企业合并产生的，相关递延所得税影响应计入商誉；与直接计入所有者权益的交易或事项相关的，相关递延所得税影响应计入其他综合收益。

【例题 4-23】 A 企业于 20×0 年年末以 500 万元购入一项生产用固定资产。按照该项固定资产的预计使用情况，A 企业估计其使用寿命为 10 年，按照直线法计提折旧，预计净残值为 0，计提减值准备 20 万元。假定税收法律法规规定的折旧年限、折旧方法及净残值与会计规定相同。20×2 年 12 月 31 日，A 企业估计该项固定资产的可回收金额为 380 万元。假设 20×2 年利润总额为 200 万元。

要求：请进行相应的会计处理。

【解析】

（1）该项固定资产在 20×2 年 12 月 31 日的账面价值＝500－500÷10×2－20＝380（万元）。

（2）该项固定资产在 20×2 年 12 月 31 日的计税基础＝500－500÷10×2＝400（万元）。

（3）该项固定资产的账面价值 380 万元与其计税基础 400 万元之间产生的 20 万元差额，属于资产的账面价值小于计税基础，形成可抵扣暂时性差异，在未来期间会减少企业的应纳税所得额和应交所得税税额，应确认递延所得税资产。

确认递延所得税资产＝20×25%＝5（万元）

应纳税所得额＝200＋20＝220（万元）（由税会差异 20 万元引起的纳税调增）

应交所得税税额＝（200＋20）×25％＝55（万元）

所得税费用＝200×25％＝50（万元）

（4）会计分录：

借：递延所得税资产	50 000	
所得税费用	500 000	
贷：应交税费——应交所得税		550 000

（二）递延所得税负债的确认与计量

递延所得税负债是指根据应纳税暂时性差异计算的未来期间应付的所得税金额。应纳税暂时性差异在转回期间将增加未来期间的应纳税所得额和应交所得税，导致企业经济利益的流出，从其发生当期看，构成企业应支付税金的义务，应作为负债确认。

确认应纳税暂时性差异产生的递延所得税负债时，交易或事项发生时影响到会计利润或应纳税所得额的，相关所得税影响应作为利润表中所得税的组成部分；与直接计入所有者权益的交易或事项相关的，其所得税影响应增加或减少所有者权益。

除了企业会计准则明确规定可不确认递延所得税负债的情形，企业对于所有的应纳税暂时性差异均应确认相关的递延所得税负债。递延所得税负债的计算公式如下：

$$递延所得税负债 ＝ 应纳税暂时性差异 \times 适用所得税税率$$

在递延所得税负债的确认和计量时应注意以下问题：

（1）初始确认递延所得税负债时，应以资产负债表日计算的递延所得税负债金额为"递延所得税负债"科目的入账金额；后续确认时，应以资产负债表日计算的递延所得税负债金额减去期初余额后的差额为"递延所得税负债"科目的入账金额。

（2）企业在确认递延所得税负债时，交易或事项的发生会影响利润总额或应纳税所得额的，相关的递延所得税影响应计入所得税费用；与直接计入所有者权益的交易或事项相关的，相关递延所得税影响应计入其他综合收益。

【例题 4-24】　20×1 年 12 月 31 日，A 公司购入一台价值为 80 000 元的不需要安装的设备。该设备预计使用年限为 4 年，财务会计采用直线法计提折旧，无残值，税务会计采用年数总和法计提折旧。假定税法规定的使用年限及净残值与会计规定相同，A 公司 20×2 年的利润总额均为 100 000 元，无其他纳税调整项目，企业所得税税率为 25％。

要求：请进行 20×2 年相应的会计处理。

【解析】

（1）会计计提折旧为 20 000 元（80 000÷4），设备的账面价值为 60 000 元（80 000－20 000）。

（2）税法计提折旧为 32 000 元[80 000×4÷(1＋2＋3＋4)]，设备的计税基础为 48 000 元（80 000－32 000）。

（3）设备的账面价值与计税基础之间的差额为 12 000 元（60 000－48 000）。确认的账面价值比资产的计税基础高，应确认递延所得税负债 3 000 元（12 000×25％）。

（4）20×2 年纳税调整金额为－12 000 元（20 000－32 000），需要调减应纳税所得额 12 000 元。计算如下：①应纳税所得额＝100 000－12 000＝88 000（元）；②应交企业所得税＝88 000×25％＝22 000（元）；③所得税费用＝100 000×25％＝25 000（元）。

会计处理为：

借：所得税费用　　　　　　　　　　　　　　　　　　　　　　　25 000
　　贷：应交税费——应交所得税　　　　　　　　　　　　　　　　　　22 000
　　　　递延所得税负债　　　　　　　　　　　　　　　　　　　　　　3 000

五、所得税费用的确认和计量

所得税会计的主要目的是确定当期应交所得税，以及利润表中应确认的所得税费用。在采用资产负债表债务法核算所得税的情况下，利润表中的所得税费用包括当期所得税和递延所得税两部分。

在资产负债表日，企业应首先根据税收法律法规规定对税前会计利润进行调整，按照调整后的应纳税所得额计算当期应交所得税；其次根据资产或负债的账面价值与计税基础确定的暂时性差异，计算递延所得税资产或递延所得税负债；最后通过倒轧的方法来推算所得税费用。

（一）当期所得税

当期所得税是指企业按照税收法律法规规定计算确定的针对当期发生的交易和事项，应缴纳给税务机关的所得税金额，即应交所得税。一般情况下，应纳税所得额应在会计利润的基础上，按照税收法律法规的要求进行调整（即年末纳税调整），计算出当期应纳税所得额，按照应纳税所得额与适用税率计算确定当期应交所得税。其计算公式如下：

$$应纳税所得额 = 利润总额 \pm 纳税调整项目金额$$
$$当期应交所得税 = 应纳税所得额 \times 适用税率 - 减免税额 - 抵免税额$$
$$当期所得税 = 当期应交所得税$$

（二）递延所得税

递延所得税是指按照《企业会计准则》规定应予确认的递延所得税资产和递延所得税负债的当期发生额。其计算公式如下：

$$递延所得税 = \left(期末递延所得税负债 - 期初递延所得税负债\right) - \left(期末递延所得税资产 - 期初递延所得税资产\right)$$

（三）所得税费用

在计算确定了当期所得税及递延所得税后，利润表中应予确认的所得税费用为两者之和。其计算公式如下：

$$所得税费用 = 当期所得税 + 递延所得税$$

【例题 4-25】 甲公司 20×2 年度利润总额为 1 500 万元，递延所得税资产和递延所得税负债均无期初余额。甲公司当年与企业所得税核算有关的会计事项如下：

（1）1 月 2 日，以 400 万元购入某上市公司股票，作为交易性金融资产管理，年末该股票的公允价值为 600 万元，确认公允价值变动收益为 200 万元。

（2）年末存货账面余额为 4 400 万元，经测试存货的可变现净值为 4 200 万元，计提存货跌价准备 200 万元。

（3）因商品售后服务确认预计负债 200 万元。

（4）确认国债利息收入 60 万元。

（5）支付税收滞纳金、罚款 40 万元。

甲公司适用的企业所得税税率为25%。请采用资产负债表债务法对该公司企业所得税进行会计处理。

【解析】

(1)计算确定当期应交所得税:

应纳税所得额=1 500-200+200+200-60+40=1 680(万元)

应交所得税=1 680×25%=420(万元)

(2)计算资产负债表相关项目的账面价值与计税基础,并确定暂时性差异。具体计算过程如表4-41所示。

表4-41 甲公司20×2年暂时性差异计算过程 单位:万元

项目	账面价值	计税基础	应纳税暂时性差异	可抵扣暂时性差异
交易性金融资产	600	400	200	—
存货	4 200	4 400	—	200
预计负债	200	0	—	200
暂时性差异合计			200	400

(3)计算当期递延所得税资产、递延所得税负债和递延所得税费用。

递延所得税资产=400×25%=100(万元)

递延所得税负债=200×25%=50(万元)

递延所得税费用=50-100=-50(万元)

(4)确认所得税费用。

所得税费用=420-50=370(万元)

(5)会计分录:

借:所得税费用   3 700 000
    递延所得税资产   1 000 000
    贷:应交税费——应交所得税   4 200 000
      递延所得税负债   500 000

任务四 企业所得税的征收管理

一、纳税地点

居民企业和非居民企业的纳税地点如表4-42所示。

表4-42 居民企业和非居民企业的纳税地点

企业类型	纳税地点
居民企业	登记注册地
	登记注册地在境外的,以实际管理机构所在地为纳税地点
	居民企业在中国境内设立"不具有法人资格"的营业机构的,应当汇总计算并缴纳企业所得税

（续表）

企业类型	纳税地点
非居民企业	有场所且有联系——机构场所所在地
	有两个以上场所——经批准选择其主要场所汇总缴纳
	没场所或有场所但没联系——扣缴义务人所在地

二、纳税期限

企业所得税按年计征,分月或者分季预缴,年终汇算清缴,多退少补。

（一）一般情况

纳税年度为公历 1 月 1 日至 12 月 31 日。

（二）特殊情况

企业开业当年,实际经营期不足 12 个月的,以实际经营期为一个纳税年度;企业依法清算的,以清算期间作为一个纳税年度。

三、纳税申报

（一）分月或分季预缴

企业应当自月份或者季度终了之日起 15 日内,向税务机关报送预缴企业所得税纳税申报表,预缴税款。

（二）汇算清缴

企业应当自年度终了后 5 个月内向税务机关报送年度企业所得税纳税申报表,并汇算清缴,结清应缴或应退税款。企业在年度中间终止经营活动的,应当自实际经营终止之日起 60 日内,向税务机关办理当期企业所得税汇算清缴。

（三）报送资料

企业在报送企业所得税纳税申报表时,应当按照规定附送财务会计报告和其他有关资料。

课堂笔记

项 目 小 结

一、企业所得税扣除项目标准

企业所得税扣除项目标准如表 4-43 所示。

表 4-43 企业所得税扣除项目标准

类别	项目	扣除标准	超过部分
限额扣除	职工福利费	≤工资薪金总额的 14%	调增
	工会经费	≤工资薪金总额的 2%	调增
	职工教育经费	≤工资薪金总额的 8%	调增，可结转以后纳税年度扣除
	补充养老保险费	≤工资薪金总额的 5%	调增
	补充医疗保险费	≤工资薪金总额的 5%	调增
	非金融企业向非金融企业借款的利息支出（非关联方）	≤按照金融企业同期同类贷款利率计算的金额	调增
	非金融企业向非金融企业借款的利息支出（关联方）	≤按照金融企业同期同类贷款利率计算的金额且符合债资比 2∶1 或 5∶1 的要求	调增
	业务招待费	按照发生额的 60% 扣除，且≤当年销售（营业）收入的 5‰	调增
	广告费和业务宣传费	≤当年销售（营业）收入的 15%（或 30%）	调增，可结转以后纳税年度扣除
	公益性捐赠支出	≤年度利润总额的 12%	调增，可结转以后 3 个纳税年度扣除
	手续费及佣金支出	财产保险：≤15%；人身保险：≤10%；其他企业：≤5%	调增
不得扣除	向投资者支付的股息、红利等权益性投资收益款项	不得扣除	—
	可抵扣的增值税（不在收入和成本费用中，不影响损益）	不得扣除	—
	企业所得税税款	不得扣除	—
	税收滞纳金，罚金、罚款和被没收财物的损失	不得扣除	调增
	非广告性质的赞助支出	不得扣除	调增
	未经核定的准备金支出	不得扣除	调增
	直接捐赠支出	不得扣除	调增
	企业之间支付的管理费，企业内营业机构之间支付的租金、特许权使用费，非银行企业内营业机构之间支付的利息	不得扣除	调增
	企业以现金等非转账方式向非个人代理支付的手续费及佣金	不得扣除	调增
	烟草企业的烟草广告费和业务宣传费支出	不得扣除	调增

二、主要的计算公式

递延所得税资产＝可抵扣暂时性差异×适用所得税税率

递延所得税负债＝应纳税暂时性差异×适用所得税税率

应纳税所得额＝利润总额±纳税调整项目金额

当期应交所得税＝应纳税所得额×适用税率－减免税额－抵免税额

$$递延所得税＝\left(\begin{array}{cc}期末递延 & 期初递延\\所得税负债 & 所得税负债\end{array}\right)-\left(\begin{array}{cc}期末递延 & 期初递延\\所得税资产 & 所得税资产\end{array}\right)$$

所得税费用＝当期应交所得税＋递延所得税

三、主要的会计处理

（一）递延所得税资产

（1）企业在确认相关资产、负债时,应予确认的递延所得税资产:

借:递延所得税资产
　　贷:所得税费用——递延所得税费用
　　　　资本公积——其他资本公积

（2）资产负债表日,递延所得税资产大于科目余额时:

借:递延所得税资产
　　贷:所得税费用——递延所得税费用
　　　　资本公积——其他资本公积

（3）资产负债表日,递延所得税资产小于科目余额时:

借:所得税费用——递延所得税费用
　　资本公积——其他资本公积
　　贷:递延所得税资产

（二）递延所得税负债

（1）企业在确认相关资产、负债时,应予确认递延所得税负债:

借:所得税费用——递延所得税费用
　　资本公积——其他资本公积
　　贷:递延所得税负债

（2）资产负债表日,应予确认的递延所得税负债大于科目余额时:

借:所得税费用——递延所得税费用
　　资本公积——其他资本公积
　　贷:递延所得税负债

（3）资产负债表日,应予确认的递延所得税负债小于科目余额时:

借:递延所得税负债
　　贷:所得税费用——递延所得税费用
　　　　资本公积——其他资本公积

（三）确认所得税费用

借:所得税费用
　　递延所得税资产
　　贷:应交税费——应交所得税
　　　　递延所得税负债

课后练习

课后练习参考答案

一、单选题

1. 根据企业所得税法律制度的规定,下列各项中,不应计入应纳税所得额的是(　　)。

A. 股权转让收入　　　　　　　　B. 因债权人缘故确实无法支付的应付款项

C. 国债利息收入　　　　　　　　D. 接受捐赠收入

2. 根据企业所得税法律制度的规定,下列关于企业所得税税前扣除的表述中,不正确的是(　　)。

A. 企业发生的合理的工资薪金的支出,准予扣除

B. 企业发生的职工福利费支出超过工资薪金总额14%的部分,准予在以后纳税年度结转扣除

C. 企业发生的合理的劳动保护支出,准予扣除

D. 企业参加财产保险,按照规定缴纳的保险费,准予扣除

3. 某居民企业20×2年实际发生合理的工资支出为100万元,职工福利费支出为20万元,已知企业发生的职工福利费支出不超过工资薪金总额14%的部分准予扣除。20×2年该企业计算应纳税所得额时,应调增的金额是(　　)万元。

A. 4　　　　　　B. 18　　　　　　C. 6　　　　　　D. 0

4. 某企业20×2年度销售货物收入为2 000万元。当年实际发生业务招待费22万元,已知业务招待费支出按照发生额的60%扣除,但最高不得超过当年销售(营业)收入的5‰,该企业当年可在所得税前列支的业务招待费金额是(　　)万元。

A. 10　　　　　　B. 12　　　　　　C. 15　　　　　　D. 20

5. 某企业20×2年当年实现自产货物销售收入500万元,当年发生计入销售费用中的广告费为80万元。已知企业发生的符合条件的广告费和业务宣传费,除了国务院财政、税务主管部门另有规定,不超过当年销售(营业)收入15%的部分,准予扣除,企业当年可以税前扣除的广告费是(　　)万元。

A. 35　　　　　　B. 50　　　　　　C. 75　　　　　　D. 80

6. 根据企业所得税法律制度的规定,企业的下列各项支出,在计算应纳税所得额时,准予从收入总额中直接扣除的是(　　)。

A. 公益性捐赠支出

B. 购买办公用品发生的办公费

C. 未经核定的准备金支出

D. 向投资者支付的股息、红利等权益性投资收益款项

7. 某外商投资企业20×2年度利润总额为40万元,未调整捐赠前的应纳税所得额为45万元。当年"营业外支出"科目中列支了通过当地教育部门向农村义务教育的捐赠5万元。已知公益性捐赠支出不超过年度利润总额12%的部分,准予在计算企业所得税应纳税所得额时扣除;企业所得税税率为25%。该企业20×2年应缴纳的企业所得税是(　　)万元。

A. 11.25　　　　　　B. 11.3　　　　　　C. 12.45　　　　　　D. 12.25

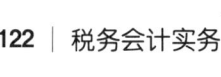

8. 根据企业所得税法律制度的规定,下列各项中,不得从应纳税所得额中扣除的是(　　)。

A. 生产性生物资产折旧费　　　　B. 转让财产损失

C. 未经核定的准备金支出　　　　D. 企业支付的违约金

9. 某外商投资企业20×2年度境内所得应纳税所得额为200万元,在全年已预缴税款35万元。已知企业所得税税率为25%,该企业当年汇算清缴应补(退)的税款是(　　)万元。

A. 50　　　　　B. 15　　　　　C. 65　　　　　D. 35

10. 根据《企业所得税法》的规定,企业所得税的征收办法是(　　)。

A. 按月征收　　　　　　　　　　B. 按季计征,分月预缴

C. 按季征收　　　　　　　　　　D. 按年计征,分月或分季预缴

二、多选题

1. 根据企业所得税法律制度的规定,下列各项中可以在计算应纳税所得额时扣除的有(　　)。

A. 企业实际发生的差旅费　　　　B. 企业支付的诉讼费用

C. 企业转让各类固定资产发生的费用　　D. 非金融企业向金融企业借款的利息支出

2. 企业缴纳的下列税金中,在计算企业所得税应纳税所得额时准予扣除的有(　　)。

A. 企业所得税　　　　　　　　　B. 可以抵扣的增值税

C. 房产税　　　　　　　　　　　D. 消费税

3. 根据企业所得税法律制度的规定,下列关于企业所得税扣除项目的表述中正确的有(　　)。

A. 企业为投资者或职工支付的商业保险费,全部可以税前扣除

B. 企业参加的财产保险,按规定缴纳的保险费,可以税前扣除

C. 企业依照国家有关规定为特殊职工支付的人身安全保险费,准予税前扣除

D. 自2008年1月1日起,企业为本企业任职或者受雇的全体职工支付的补充养老保险、补充医疗保险,分别在不超过职工工资总额5%标准内,准予税前扣除清缴

4. 根据企业所得税法律制度的规定,下列各项中,应视同销售货物的有(　　)。

A. 将货物用于捐赠　　　　　　　B. 将货物用于偿债

C. 将货物用于广告　　　　　　　D. 将货物用于赞助

5. 根据企业所得税法律制度的规定,下列支出中,可以在计算企业所得税应纳税所得额时加计扣除的有(　　)。

A. 未形成无形资产的研究开发费用　　B. 购置环保用设备所支付的价款

C. 广告费和业务宣传费　　　　　D. 安置残疾人员所支付的工资

三、判断题

1. 企业综合利用资源,生产符合国家产业政策规定的产品所取得的收入,免征企业所得税。　　　　　　　　　　　　　　　　　　　　　　　　　　　　　(　　)

2. 居民企业在汇总计算缴纳企业所得税时,其境外营业机构的亏损不得抵减境内营业机构的盈利。　　　　　　　　　　　　　　　　　　　　　　　　　　(　　)

3. 股息、红利等权益性投资收益,除了国务院财政、税务主管部门另有规定,按照投资方取得分配利润的日期确认收入的实现。　　　　　　　　　　　　　　　(　　)

4. 非居民企业在中国境内未设立机构、场所的，或者虽设立机构、场所，但取得的所得与其所设机构、场所没有实际联系的，应当就其来源于中国境内的所得缴纳企业所得税。（　　）

四、计算题

1. 甲公司为居民企业，主要从事化工产品的生产和销售业务。20×2 年度有关经营情况如下：

（1）销售商品收入为 10 000 万元，提供修理劳务收入为 600 万元，出租包装物收入为 80 万元，从其直接投资的未上市居民企业分回股息收益为 30 万元。

（2）发生符合条件的广告费支出为 1 400 万元、按规定为特殊工种职工支付的人身安全保险费为 20 万元、合理的会议费为 10 万元、直接向某敬老院捐赠 6 万元、上缴集团公司管理费 10 万元。

（3）由于管理不善被盗库存商品一批。经税务机关审核，该批存货的成本为 50 万元，增值税进项税额为 6.5 万元；取得保险公司赔偿 15 万元，责任人赔偿 5 万元。

（4）20×1 年度尚未扣除的符合条件的广告费支出 60 万元。

已知：20×2 年利润总额为 1 000 万元。适用的所得税税率为 25%。要求：计算甲公司 20×2 年企业所得税应纳税额。

2. 甲公司为居民企业，主要从事电器产品的生产与销售业务。20×2 年有关经营情况如下：

（1）销售商品收入为 4 000 万元，销售原材料收入为 100 万元，转让股权收入为 1 000 万元，转让使用过的设备收入为 20 万元。

（2）与生产经营活动有关的业务招待费支出为 200 万元。

（3）向乙小学直接捐赠支出 4 万元，非广告性赞助支出 10 万元，向股东支付股息 100 万元。

（4）预缴企业所得税税款 100 万元。

（5）全年利润总额为 300 万元。

要求：计算甲公司 20×2 年企业所得税应纳税额以及应补退税额。

五、业务题

1. 南宁洛洛服装有限公司 20×2 年发生了 250 万元的广告费支出，发生时已作为销售费用计入当期损益。20×2 年，该公司实现营业收入 1 000 万元，该广告费支出因按照会计准则规定在发生时已计入当期损益，不体现为期末资产负债表中的资产，在本题中将其视为资产，其账面价值为 0。该项广告费支出产生的暂时性差异符合确认条件，应确认为递延所得税资产。要求：请计算 20×2 年年末该递延所得税资产金额（适用的企业所得税税率为 25%，预计未来期间企业所得税率不会发生变化），并作出相应的会计分录。

2. 南宁华能电器有限公司 20×2 年因销售产品承诺提供 3 年的保修服务，在当年度利润表中确认了 300 万元的销售费用，同时确认为预计负债，当年度未发生任何保修支出。要求：请计算该项预计负债产生的递延所得税资产（适用的企业所得税税率为 25%，预计未来期间企业所得税率不会发生变化），并作出相应的会计分录。

3. 南宁得利电器有限公司于 20×2 年 01 月 01 日取得了一项专利权，取得成本为 1 000 万元，取得该项无形资产后，根据各方面情况判断，无法合理预计其使用年限，将其作为使用寿命不确定的无形资产。20×2 年 12 月 31 日，对该无形资产进行减值测试表明未发生

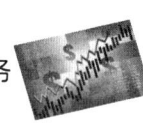

减值。企业在计税时,对该无形资产按照 10 年的期限采用直线法进行摊销,摊销金额允许税前扣除。要求:请计算 20×2 年年末该无形资产产生的递延所得税负债(适用的企业所得税税率为 25%,预计未来期间企业所得税率不会发生变化),并作出相应的会计分录。

六、讨论题

1. 在计算企业所得税应纳税所得额时,哪些项目是不允许税前扣除的?

2. 在计算企业所得税应纳税所得额时,哪些项目是限额扣除的?

3. 如何确认递延所得税资产?

4. 如何确认递延所得税负债?

5. 如何确认所得税费用?

项目五

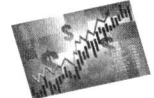

个人所得税会计

[知识目标]
1. 掌握个人所得税的征税范围、纳税人及税率等法律规定。
2. 掌握个人所得税各税目应纳税额的计算方法。
3. 熟悉个人所得税的税收优惠政策。
4. 熟悉个人所得税的会计核算涉及的会计科目。

[能力目标]
1. 能根据业务情况确定个人所得税的税目。
2. 能根据业务情况判断纳税人身份。
3. 能根据业务情况选择适用的税率。
4. 能正确计算各税目的应纳税所得额和应纳税额。
5. 能对涉税经济业务进行账务处理。

[素质目标]
1. 理解个人所得税税制设计的公平原则,认同税制改革的意义。
2. 理解个人所得税税制对收入分配的影响,培养依法纳税意识。

[知识点思维导图]

个人所得税会计
- 个人所得税概述
  - 个人所得税的征税范围
  - 个人所得税的纳税人
  - 个人所得税的税率
- 个人所得税的税款计算
  - 居民个人综合所得的税款计算
  - 非居民个人工资、薪金所得,劳务报酬所得,稿酬所得,特许权使用费所得的税款计算
  - 经营所得的税款计算
  - 财产租赁所得的税款计算
  - 财产转让所得的税款计算
  - 利息、股息、红利所得的税款计算
  - 偶然所得的税款计算
  - 关于捐赠的扣除规定
  - 个人所得税税收优惠政策
- 个人所得税的会计核算
  - 代扣代缴个人所得税的会计核算
  - 自行申报个人所得税的会计核算
- 个人所得税的征收管理
  - 个人所得税的纳税申报方式
  - 个人所得税的纳税期限

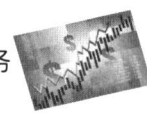

 案例导读

为进一步贯彻落实党的二十届三中全会提出的"完善综合和分类相结合的个人所得税制度",更好稳定社会预期,推进汇算清缴工作的常态化开展,国家税务总局在全面回顾和系统总结历次汇算清缴情况的基础上,充分吸纳纳税人以及社会各界提出的意见和建议,起草并出台《个人所得税综合所得汇算清缴管理办法》(以下简称《办法》),自 2025 年 2 月 26 日起施行。

《办法》更加注重稳定社会预期,结合近几年的服务和管理实践,将其中实施效果明显、纳税人感受较好的举措以制度形式予以固化,进一步健全汇算清缴服务管理体系。例如,将税务机关提供申报表项目预填服务、汇算清缴初期预约办理服务以及对符合汇算清缴退税条件且生活负担较重的纳税人优先退税服务等举措写入《办法》,方便纳税人快捷办理汇算清缴。

《办法》更加重视保护纳税人的合法权益,更为清晰界定汇算清缴各方权利义务关系,为汇算清缴服务管理提供了更好的法律保障。例如,《办法》要求税务机关和工作人员应当依法为个人相关涉税信息保密,并列示了纳税人合法权益受到侵犯时的法律救济渠道。

《办法》也更加注重方便纳税人详细了解汇算清缴各类事项,指引纳税人做好各项汇算清缴准备。例如,汇算清缴开始前,广大纳税人可及时在个人所得税 App 中确认填报的联系电话、银行账户等基础信息的有效性;通过个人所得税 App 或者扣缴义务人查阅确认综合所得、相关扣除、已缴税额等信息的准确性;同时梳理在汇算清缴时填报的有关证据资料。

(资料来源:

国家税务总局北京市税务局.关于《个人所得税综合所得汇算清缴管理办法》的解读[EB/OL].(2025-03-12)[2025 - 07 - 16]. http://beijing. chinatax. gov. cn/bjswj/c104560/202503/ffad9f7ef7184bb280554a21c13e9224. shtml.)

[思考]

个人所得税综合所得汇算清缴的目的和意义是什么? 国家税务部门在此项工作中如何提供给纳税人更好的服务?

任务一 个人所得税概述

一、个人所得税的征税范围

(一) 工资、薪金所得

工资、薪金所得是指个人因任职或者受雇取得的工资、薪金、奖金、年终加薪、劳动分红、津贴、补贴以及与任职或者受雇有关的其他所得。

工资、薪金所得是个人因任职或者受雇而取得的所得,属于非独立个人劳动所得。

【注意】

不属于工资、薪金性质的补贴、津贴,不征收个人所得税,包括:独生子女补贴,托儿补助费,差旅费津贴、误餐补助,执行公务员工资制度未纳入基本工资总额的补贴、津贴差额和家属成员的副食补贴。

(二) 劳务报酬所得

劳务报酬所得是指个人从事劳务取得的所得,包括从事设计、装潢、安装、制图、化验、测试、医疗、法律、会计、咨询、讲学、翻译、审稿、书画、雕刻、影视、录音、录像、演出、表演、广告、展览、技术服务、介绍服务、经纪服务、代办服务以及其他劳务取得的所得。

[思考]

"劳务报酬所得"和"工资、薪金所得"如何区分？

（三）稿酬所得

稿酬所得是指个人因其作品以图书、报刊等形式出版、发表而取得的所得。作者去世后，财产继承人取得的遗作稿酬，也应征收个人所得税。

（四）特许权使用费所得

特许权使用费所得，是指个人提供专利权、商标权、著作权、非专利技术以及其他特许权的使用权取得的所得。

【注意】

提供著作权的使用权取得的所得，不包括稿酬所得。

作者将自己的文字作品手稿原件或复印件公开拍卖取得的所得，按特许权使用费所得计税。编剧从影视制作单位取得的剧本使用费，按特许权使用费所得计税，无论剧本使用方是否为其任职的单位。

以上第（一）至第（四）项所得构成了居民个人的综合所得。

（五）经营所得

经营所得主要包括以下方面：

（1）个体工商户从事生产、经营活动取得的所得，个人独资企业投资人、合伙企业的个人合伙人来源于境内注册的个人独资企业、合伙企业生产、经营的所得。

（2）个人依法从事办学、医疗、咨询以及其他有偿服务活动取得的所得。

（3）个人对企业、事业单位承包经营、承租经营以及转包、转租取得的所得。

（4）个人从事其他生产、经营活动取得的所得。

（六）利息、股息、红利所得

利息、股息、红利所得是指个人拥有债权、股权等而取得的利息、股息、红利所得。

（七）财产租赁所得

财产租赁所得是指个人出租不动产、机器设备、车船以及其他财产取得的所得。

（八）财产转让所得

财产转让所得是指个人转让有价证券、股权、合伙企业中的财产份额、不动产、机器设备、车船以及其他财产取得的所得。

（九）偶然所得

偶然所得是指个人得奖、中奖、中彩以及其他偶然性质的所得。

以上第（六）至第（九）项所得也被称为分类所得。

二、个人所得税的纳税人

个人所得税的纳税人既包括中国公民、外籍个人，以及中国香港、中国澳门、中国台湾同胞等，又包括自然人性质的特殊主体，如个体工商户、个人独资企业的投资人、合伙企业的合伙人。

个人所得税的纳税人根据住所和居住时间两个标准,可分为居民纳税人和非居民纳税人。

(一) 居民纳税人

居民纳税人是指在中国境内有住所,或者无住所而一个纳税年度内在中国境内居住累计满 183 天的个人。居民纳税人具有无限纳税的义务,其所取得的应纳税所得,不论来源于中国境内还是来源于中国境外,都要在中国缴纳个人所得税。

所谓"在中国境内有住所的个人",是指因户籍、家庭、经济利益关系而在中国境内习惯性居住的个人。这里的"习惯性居住",是判断纳税人是居民还是非居民的一个重要依据,是指个人因学习、工作、探亲等原因消失后,没有理由在其他地方继续居留时所要回到的地方,不是指实际居住或在某一特定时期内的居住地。

在中国境内居住满 183 天是指在一个纳税年度(自公历 1 月 1 日起至 12 月 31 日止)内在中国境内累计居住满 183 天。

(二) 非居民纳税人

非居民纳税人是指在中国境内无住所又不居住,或者无住所而一个纳税年度内在中国境内居住累计不满 183 天的个人。非居民纳税人承担有限纳税义务,仅就其来源于中国境内的所得,向中国缴纳个人所得税。

纳税人的分类标准和纳税义务如表 5-1 所示。

表 5-1　　　　　　　　　　　　纳税人的分类标准和纳税义务

纳税人	判定标准	纳税义务
居民	有住所	无限纳税义务
	无住所而一个纳税年度内在中国境内居住满 183 天	
非居民	无住所又不居住	有限纳税义务
	无住所而一个纳税年度内在中国境内居住不满 183 天	

【注意】

所得来源地与所得支付地,两者可能是一致的,也可能是不同的,我国个人所得税依据所得来源地判断经济活动的实质,征收个人所得税。

例如,英国人汤姆被英国母公司派往中国子公司进行为期 9 个月的业务指导,业务指导期间其工资由英国母公司发放。其中所得来源地为中国,所得支付地为英国。

下列所得,不论支付地点是否在中国境内,均为来源于中国境内的所得:

(1)因任职、受雇、履约等而在中国境内提供劳务取得的所得。

(2)将财产出租给承租人在中国境内使用而取得的所得。

(3)许可各种特许权在中国境内使用而取得的所得。

(4)转让中国境内的不动产等财产或者在中国境内转让其他财产取得的所得。

(5)从中国境内企、事业单位和其他经济组织以及居民个人取得的利息、股息、红利所得。

三、个人所得税的税率

个人所得税按不同的情况,适用超额累进税率和比例税率两种形式,具体有以下几种适用税率的情形。

（1）居民个人综合所得的适用税率——七级超额累进税率，具体税率如表 5-2 所示。

表 5-2 个人所得税税率表一

（居民个人全年综合所得汇算清缴适用）

级数	全年应纳税所得额	税率	速算扣除数
1	不超过 36 000 元的	3%	0
2	超过 36 000 元至 144 000 元的部分	10%	2 520
3	超过 144 000 元至 300 000 元的部分	20%	16 920
4	超过 300 000 元至 420 000 元的部分	25%	31 920
5	超过 420 000 元至 660 000 元的部分	30%	52 920
6	超过 660 000 元至 960 000 元的部分	35%	85 920
7	超过 960 000 元的部分	45%	181 920

注：表 5-2 所称全年应纳税所得额是指依照《中华人民共和国个人所得税法》（以下简称《个人所得税法》）规定，居民个人取得综合所得以每一纳税年度收入额减除费用 6 万元、专项扣除、专项附加扣除和依法确定的其他扣除后的余额。

（2）居民个人分月或分次取得工资、薪金所得适用预扣率——七级超额累进预扣率，具体税率如表 5-3 所示。

表 5-3 个人所得税税率表二

（居民个人工资、薪金所得预扣预缴适用）

级数	累计预扣预缴应纳税所得额	预扣率	速算扣除数
1	不超过 36 000 元的	3%	0
2	超过 36 000 元至 144 000 元的部分	10%	2 520
3	超过 144 000 元至 300 000 元的部分	20%	16 920
4	超过 300 000 元至 420 000 元的部分	25%	31 920
5	超过 420 000 元至 660 000 元的部分	30%	52 920
6	超过 660 000 元至 960 000 元的部分	35%	85 920
7	超过 960 000 元的部分	45%	181 920

（3）居民个人按月或按次取得劳务报酬所得预缴适用预扣率——三级超额累进预扣率，具体税率如表 5-4 所示。

表 5-4 个人所得税税率表三

（居民个人劳务报酬所得预扣预缴个人所得税适用）

级数	全月（或次）应纳税所得额	预扣率	速算扣除数
1	不超过 20 000 元的	20%	0
2	超过 20 000 元至 50 000 元的部分	30%	2 000
3	超过 50 000 元的部分	40%	7 000

（4）非居民个人分项目按月或按次取得工资、薪金所得，劳务报酬所得，稿酬所得，特许权使用费所得适用税率——七级超额累进税率，具体税率如表 5-5 所示。

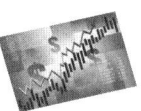

表 5-5 个人所得税税率表四

（非居民个人取得工资、薪金所得，劳务报酬所得，稿酬所得，特许权使用费所得适用）

级数	全月（或次）应纳税所得额	税率	速算扣除数
1	不超过 3 000 元的	3%	0
2	超过 3 000 元至 12 000 元的部分	10%	210
3	超过 12 000 元至 25 000 元的部分	20%	1 410
4	超过 25 000 元至 35 000 元的部分	25%	2 660
5	超过 35 000 元至 55 000 元的部分	30%	4 410
6	超过 55 000 元至 80 000 元的部分	35%	7 160
7	超过 80 000 元的部分	45%	15 160

注：表 5-5 同样适用于居民个人年终一次性奖金的计算。

（5）个体工商户的生产经营所得，对企事业的承包、承租经营所得，个人独资企业和合伙企业的经营所得适用税率——五级超额累进税率，具体税率如表 5-6 所示。

表 5-6 个人所得税税率表五

（经营所得适用）

级数	全年应纳税所得额	税率	速算扣除数
1	不超过 30 000 元的	5%	0
2	超过 30 000 元至 90 000 元的部分	10%	1 500
3	超过 90 000 元至 300 000 元的部分	20%	10 500
4	超过 300 000 元至 500 000 元的部分	30%	40 500
5	超过 500 000 元的部分	35%	65 500

（6）其他所得适用税率——20% 比例税率。利息、股息、红利所得，财产租赁所得，财产转让所得，偶然所得等税目适用 20% 的比例税率。对个人按市场价格出租住房取得的所得，减按 10% 的税率征收个人所得税。

【注意】

稿酬所得、特许权使用费所得在平时预扣预缴税款时，也采用 20% 的比例税率。

任务二 个人所得税的税款计算

一、居民个人综合所得的税款计算

居民个人的综合所得包括工资、薪金所得，劳务报酬所得，稿酬所得，特许权使用费所得共四项所得。居民个人的综合所得按年计征，分月或分次预缴，年终汇算清缴。非居民个人取得以上四个项目所得，应当按月或者按次分项计算缴纳个人所得税，不必进行汇算清缴。

（一）居民个人综合所得年终汇算清缴应纳税额计算

1. 适用税率

居民个人综合所得年终汇算清缴执行3%~45%七级超额累进税率，参见表5-2。

2. 应纳税所得额

居民个人综合所得年终汇算清缴采用定额扣除与附加扣除相结合的方式。其计算公式为：

$$\begin{matrix}应纳税\\所得额\end{matrix}=\begin{matrix}综合所得\\收入额\end{matrix}-60\,000元-\begin{matrix}"三险一金"\\等专项扣除\end{matrix}-\begin{matrix}子女教育等\\专项附加扣除\end{matrix}-\begin{matrix}依法确定\\的其他扣除\end{matrix}-\begin{matrix}符合条件的公益\\慈善事业捐赠\end{matrix}$$

1）综合所得收入额的确定

（1）工资、薪金所得以全额为收入额。

（2）劳务报酬所得、特许权使用费所得以收入减除20%的费用后的余额为收入额。计算公式为：

$$劳务报酬所得、特许权使用费所得收入额 = 收入 \times (1 - 20\%)$$

（3）稿酬所得以收入减除20%的费用后的余额为收入额，并减按70%计算。其计算公式为：

$$稿酬所得收入额 = 收入 \times (1 - 20\%) \times 70\%$$

2）生计费扣除

每年定额扣除生计费，限额为60 000元。

3）专项扣除

个人按照国家或省级政府规定的缴费比例或办法实际缴付的基本养老保险、基本医疗保险、失业保险等社会保险费和住房公积金组成的"三险一金"，允许在个人应纳税所得额中扣除，超过规定比例和标准缴付的，超过部分并入个人当期的工资、薪金收入，计征个人所得税。

4）专项附加扣除

专项附加扣除，包括子女教育、继续教育、大病医疗、住房贷款利息、住房租金、赡养老人、3岁以下婴幼儿照护等支出。

（1）子女教育。纳税人的子女接受全日制学历教育的相关支出，按照每个子女每月2 000元的标准定额扣除。子女教育扣除项目要点及内容如表5-7所示。

表5-7　　　　　　　　　　　子女教育扣除项目要点及内容

要点	具体内容		
准予扣除的子女教育类型	学前教育		年满3岁至小学入学前教育
	全日制学历教育	义务教育	小学和初中教育
		高中阶段教育	普通高中、中等职业教育、技工教育
		高等教育	大学专科、本科；硕士、博士研究生
扣除标准	每个子女每月2 000元		
扣除方式	① 父母分别按扣除标准的50%扣除 ② 经父母约定，也可以由其中一方按扣除标准的100%扣除 注意：具体扣除方式在一个纳税年度内不得变更		

（2）继续教育。纳税人在中国境内接受学历（学位）继续教育的支出，在学历（学位）教育期间按照每月 400 元定额扣除。同一学历（学位）继续教育的扣除期限不能超过 48 个月。纳税人接受技能人员职业资格继续教育、专业技术人员职业资格继续教育的支出，在取得相关证书的当年，按照 3 600 元定额扣除。继续教育扣除项目要点及内容如表 5-8 所示。

表 5-8　　　　　　　　　　　继续教育扣除项目要点及内容

要点	具体内容	
扣除标准	学历教育	在学历（学位）教育期间，按照每月 400 元定额扣除
	职业教育	取得相关证书的年度，按照 3 600 元定额扣除
扣除方式	① 本科及以下学历（学位）教育，可以由其父母按照子女教育支出扣除 ② 可以由本人按照继续教育支出扣除 注意：不得同时扣除	

（3）大病医疗。在一个纳税年度内，纳税人发生的与基本医保相关的医药费用支出，扣除医保报销后个人负担（指医保目录范围内的自付部分）累计超过 15 000 元的部分，由纳税人在办理年度汇算清缴时，在 80 000 元限额内据实扣除。大病医疗扣除项目要点及内容如表 5-9 所示。

表 5-9　　　　　　　　　　　大病医疗扣除项目要点及内容

要点	具体内容		
准予扣除的大病医疗支出	纳税人发生的与基本医保相关的医药费用支出，扣除医保报销后个人负担（指医保目录范围内的自付部分）累计超过 15 000 元的部分		
扣除标准	按照每年 80 000 元标准限额据实扣除		
扣除方式	① 纳税人发生的医药费用支出可以选择由本人或者其配偶扣除 ② 未成年子女发生的医药费用支出可以选择由其父母一方扣除		
扣除金额的具体规定	医保目录范围内的自付费部分不超过 15 000 元		不得扣除
	医保目录范围内的自付费部分超过 15 000 元	超过部分在 80 000 元以内	据实扣除
		超过部分超过 80 000 元	扣除 80 000 元

（4）住房贷款利息。纳税人本人或者配偶单独或者共同使用商业银行或者住房公积金个人住房贷款为本人或者其配偶购买中国境内住房，发生的首套住房贷款利息支出，在实际发生贷款利息的年度，按照每月 1 000 元的标准定额扣除，扣除期限最长不超过 240 个月。住房贷款利息扣除项目要点及内容如表 5-10 所示。

表 5-10　　　　　　　　　　　住房贷款利息扣除项目要点及内容

要点	具体内容
准予扣除的住房贷款利息	纳税人本人或配偶单独或共同使用商业银行或住房公积金个人住房贷款为本人或其配偶购买中国境内住房，发生的首套住房贷款利息支出 注意：纳税人只能享受一次首套住房贷款的利息扣除
扣除标准	偿还贷款期间，每月定额扣 1 000 元 ①定额扣除，即使每年贷款利息低于 12 000 元，也按照上述标准扣除 ②扣除期限最长不超过 240 个月
扣除方式	经夫妻双方约定，可以选择由其中一方扣除
特殊规定	夫妻双方婚前分别购买住房发生的首套住房贷款，其贷款利息支出，婚后可以选择其中一套购买的住房，由购买方按扣除标准的 100% 扣除，也可以由夫妻双方对各自购买的住房分别按扣除标准的 50% 扣除

（5）住房租金。纳税人在主要工作城市没有自有住房而发生的住房租金支出，可以按照标准定额扣除。住房租金扣除项目要点及内容如表 5-11 所示。

表 5-11　　　　　　　　　　　　　住房租金扣除项目要点及内容

要点	具体内容	
准予扣除的住房租金	主要工作城市没有住房，而在主要工作城市租赁住房发生的租金支出 ① 纳税人的配偶在纳税人的主要工作城市有自有住房的，视同纳税人在主要工作城市有自有住房 ② 夫妻双方主要工作城市相同的，只能由一方（签订租赁住房合同的承租人）扣除住房租金支出 ③ 纳税人及其配偶不得同时分别享受住房贷款利息和住房租金专项附加扣除（异地购房，工作城市租房的，可选择享受相应扣除）	
扣除人	由签订租赁住房合同的承租人扣除	
扣除标准	直辖市、省会城市、计划单列市以及国务院确定的其他城市	每月 1 500 元
	市辖区户籍人口超过 100 万的其他城市	每月 1 100 元
	市辖区户籍人口不超过 100 万（含）的其他城市	每月 800 元

（6）赡养老人。纳税人赡养一位及以上被赡养人的赡养支出，按照每月 3 000 元标准定额扣除。赡养老人扣除项目要点及内容如表 5-12 所示。

表 5-12　　　　　　　　　　　　　赡养老人扣除项目要点及内容

要点	具体内容		
赡养老人	赡养 60 岁以上父母，以及子女均已去世的年满 60 岁的祖父母、外祖父母 注意：不包括赡养配偶的父母、祖父母、外祖父母		
扣除标准	独生子女	每月定额扣除 3 000 元 ① 赡养 2 个及以上老人的，不按老人人数加倍扣除 ② 夫妻双方可以分别扣除双方赡养老人的支出	
	非独生子女	分摊方式	平均分摊、赡养人约定分摊、被赡养人指定分摊
		分摊金额	每一纳税人分摊的扣除额最高不得超过每月 1 500 元
		优先级	指定分摊优先于约定分摊，两者不一致，以指定分摊为准

（7）3 岁以下婴幼儿照护。纳税人照护 3 岁以下婴幼儿子女的相关支出，按照每个婴幼儿每月 2 000 元的标准定额扣除。3 岁以下婴幼儿照护扣除项目要点及内容如表 5-13 所示。

表 5-13　　　　　　　　　　　　3 岁以下婴幼儿照护扣除项目要点及内容

要点	具体内容
3 岁以下婴幼儿照护	照护 3 岁以下婴幼儿子女 注意：时间范围为婴幼儿出生的当月至年满 3 周岁的前一个月
扣除标准	每个婴幼儿子女每月定额扣除 2 000 元
扣除方式	① 父母分别按扣除标准的 50% 扣除 ② 经父母约定，也可以由其中一方按扣除标准的 100% 扣除

5）其他扣除

其他扣除包括个人缴付符合国家规定的企业年金、职业年金，个人购买符合国家规定的商业健康保险、税收递延型商业养老保险的支出，以及国务院规定可以扣除的其他项目。

购买符合规定的商业健康保险产品的支出在当年(月)计算应纳税所得额时予以税前扣除,扣除限额为2 400元/年(200元/月)。

3. 综合所得汇算清缴应纳税额计算

综合所得汇算清缴应纳税额的计算公式为:

$$应纳税额 = 应纳税所得额 × 适用税率 - 速算扣除数$$

居民个人需要汇总纳税年度内取得的工资薪金、劳务报酬、稿酬、特许权使用费四项所得(以下简称综合所得)的收入额,减除费用60 000元以及专项扣除、专项附加扣除、依法确定的其他扣除和符合条件的公益慈善事业捐赠后,适用综合所得个人所得税税率并减去速算扣除数,计算年度汇算最终应纳税额,再减去纳税年度已预缴税额,得出应退或应补税额,向税务机关申报并办理退税或补税。其计算公式为:

$$应退或应补税额 = [(综合所得收入额 - 60 000元 - "三险一金"等专项扣除 - 子女教育等专项附加扣除 - 依法确定的其他扣除 - 符合条件的公益慈善事业捐赠) × 适用税率 - 速算扣除数] - 已预缴税额$$

【例题5-1】 上海某公司职员黄某是居民纳税人,20×2年每月取得工资收入30 000元,在某大学授课取得劳务报酬收入40 000元,出版著作一本并取得稿酬60 000元,转让专利权并取得特许权使用费收入20 000元。已知:黄某个人全年缴纳"三险一金"54 000元,全年专项附加扣除共66 000元,假设无其他扣除项目,计算黄某20×2年应缴纳的个人所得税税额。

【解析】

应纳税所得额 = 30 000×12 + 40 000×(1-20%) + 60 000×(1-20%)×70% +
  20 000×(1-20%) - 60 000 - 54 000 - 66 000 = 261 600(元)

应纳税额 = 261 600×20% - 16 920 = 35 400(元)

(二) 居民个人综合所得分月或分次预扣预缴个人所得税计税规定

1. 工资、薪金所得预扣预缴

1) 按月取得工资、薪金所得

(1) 适用税率:执行累计预扣预缴制,适用七级超额累进预扣率,参见表5-3。

(2) 累计预扣预缴应纳税所得额的计算公式为:

$$\begin{array}{c}累计预扣预缴 \\ 应纳税所得额\end{array} = \begin{array}{c}累计 \\ 收入\end{array} - \begin{array}{c}累计免 \\ 税收入\end{array} - \begin{array}{c}累计减 \\ 除费用\end{array} - \begin{array}{c}累计专 \\ 项扣除\end{array} - \begin{array}{c}累计专项 \\ 附加扣除\end{array} - \begin{array}{c}累计依法 \\ 确定的其他扣除\end{array}$$

(3) 本期应预扣预缴税额的计算公式为:

$$\begin{array}{c}本期应预扣 \\ 预缴税额\end{array} = \left(\begin{array}{c}累计预扣预缴 \\ 应纳税所得额\end{array} × 预扣率 - \begin{array}{c}速算 \\ 扣除数\end{array}\right) - \begin{array}{c}累计减 \\ 免税额\end{array} - \begin{array}{c}累计已预 \\ 扣预缴税额\end{array}$$

【例题5-2】 上海某公司职员黄某是居民纳税人,20×2年每月取得工资、薪金收入30 000元,每月个人缴纳的"三险一金"合计为4 500元。黄某为独生子,父母现年61岁。黄某育有一子一女,儿子正在读小学,女儿刚出生,不到1岁。黄某名下无房,现租房居住,计算黄某20×2年每月应预扣预缴的个人所得税税额。

【解析】

1月累计预扣预缴应纳税所得额 = 30 000 - 5 000 - 4 500 - 3 000 - 2 000 - 2 000 - 1 500 = 12 000(元)

1月应预扣预缴税额＝12 000×3％＝360(元)

2月累计预扣预缴应纳税所得额＝30 000×2－5 000×2－4 500×2－3 000×2－2 000×2－2 000×2－1 500×2＝24 000(元)

2月应预扣预缴税额＝24 000×3％－360＝360(元)

3月累计预扣预缴应纳税所得额＝30 000×3－5 000×3－4 500×3－3 000×3－2 000×3－2 000×3－1 500×3＝36 000(元)

3月应预扣预缴税额＝36 000×3％－360－360＝360(元)

4月累计预扣预缴应纳税所得额＝30 000×4－5 000×4－4 500×4－3 000×4－2 000×4－2 000×4－1 500×4＝48 000(元)

4月应预扣预缴税额＝48 000×10％－2 520－360－360－360＝1 200(元)

5月累计预扣预缴应纳税所得额＝30 000×5－5 000×5－4 500×5－3 000×5－2 000×5－2 000×5－1 500×5＝60 000(元)

5月应预扣预缴税额＝60 000×10％－2 520－360－360－360－1 200＝1 200(元)

6月累计预扣预缴应纳税所得额＝30 000×6－5 000×6－4 500×6－3 000×6－2 000×6－2 000×6－1 500×6＝72 000(元)

6月应预扣预缴税额＝72 000×10％－2 520－360－360－360－1 200－1 200＝1 200(元)

7月累计预扣预缴应纳税所得额＝30 000×7－5 000×7－4 500×7－3 000×7－2 000×7－2 000×7－1 500×7＝84 000(元)

7月应预扣预缴税额＝84 000×10％－2 520－360－360－360－1 200－1 200－1 200＝1 200(元)

8月累计预扣预缴应纳税所得额＝30 000×8－5 000×8－4 500×8－3 000×8－2 000×8－2 000×8－1 500×8＝96 000(元)

8月应预扣预缴税额＝96 000×10％－2 520－360－360－360－1 200－1 200－1 200－1 200＝1 200(元)

9月累计预扣预缴应纳税所得额＝30 000×9－5 000×9－4 500×9－3 000×9－2 000×9－2 000×9－1 500×9＝108 000(元)

9月应预扣预缴税额＝108 000×10％－2 520－360－360－360－1 200－1 200－1 200－1 200－1 200＝1 200(元)

10月累计预扣预缴应纳税所得额＝30 000×10－5 000×10－4 500×10－3 000×10－2 000×10－2 000×10－1 500×10＝120 000(元)

10月应预扣预缴税额＝120 000×10％－2 520－360－360－360－1 200－1 200－1 200－1 200－1 200－1 200＝1 200(元)

11月累计预扣预缴应纳税所得额＝30 000×11－5 000×11－4 500×11－3 000×11－2 000×11－2 000×11－1 500×11＝132 000(元)

11月应预扣预缴税额＝132 000×10％－2 520－360－360－360－1 200－1 200－1 200－1 200－1 200－1 200－1 200＝1 200(元)

12月累计预扣预缴应纳税所得额＝30 000×12－5 000×12－4 500×12－3 000×12－2 000×12－2 000×12－1 500×12＝144 000(元)

12 月应预扣预缴税额＝144 000×10％－2 520－360－360－360－1 200－1 200－1 200－1 200－1 200－1 200－1 200－1 200＝1 200(元)

黄某全年应预扣预缴税额合计＝360＋360＋360＋1 200＋1 200＋1 200＋1 200＋1 200＋1 200＋1 200＋1 200＋1 200＝11 880(元)

2）全年一次性奖金

居民个人取得全年一次性奖金,符合相关规定的,可以选择不并入当年综合所得,单独计算纳税,或者选择并入当年综合所得计算纳税;全年一次性奖金单独计税优惠政策,执行期限延长至 2027 年 12 月 31 日。

单独计税计算步骤:

(1)找税率:全年一次性奖金÷12,再查表得知适用税率,参见表5-5。

(2)算税额:全年一次性奖金×税率－速算扣除数。

全年一次性奖金以外的其他奖金,如月奖、季度奖、半年奖等,一律并入取得当月的工资,执行"累计预扣预缴制"。

个人达到国家规定的退休年龄,领取的企业年金、职业年金,不并入综合所得,全额单独计算应纳税款。

3）解除劳动关系一次性补偿收入

解除劳动关系一次性补偿收入按工资、薪金所得缴纳个人所得税。在当地上年职工平均工资 3 倍数额以内的部分,免征个人所得税;超过 3 倍数额的部分,不并入当年综合所得,单独适用综合所得税率表,计算纳税。当地上年职工平均工资 3 倍数额属于免征额。

4）正式退休

离退休人员按规定领取离退休工资或养老金外,另从原任职单位取得的各类补贴、奖金、实物,不属于免税项目,应按工资、薪金所得缴纳个税。离退休人员再任职取得的收入,按工资、薪金所得缴纳个税。

5）内部退养

内部退养的个人在其办理内部退养手续后至法定离退休年龄之间从原任职单位取得的工资、薪金,不属于离退休工资,应按工资、薪金所得项目计征个人所得税。内部退养人员重新就业取得的工资、薪金所得与从原任职单位取得的同一月份的工资、薪金所得合并,按工资、薪金所得缴纳个税。

6）提前退休

提前退休取得一次性补贴收入,按工资、薪金所得缴纳个税。

7）公务交通、通信补贴

个人取得公务交通、通信补贴收入扣除一定标准的公务费用后,按照工资、薪金所得项目计征个人所得税。

8）因任职、受雇上市公司取得的期权等

个人因任职、受雇上市公司取得的股票期权、股票增值权、限制性股票、股权奖励所得,按工资、薪金所得缴纳个税。

9）保险金

"三险一金":缴费超过规定比例部分,按工资、薪金所得项目计征个人所得税。

"三险一金"以外的非免税保险：按工资、薪金所得项目计征个人所得税。

2. 劳务报酬所得、稿酬所得、特许权使用费所得预扣预缴

（1）适用税率：劳务报酬所得预扣预缴适用税率详见表 5-4，稿酬所得、特许权使用费所得预扣预缴适用 20% 的比例税率。

（2）应纳税所得额的计算：劳务报酬所得、稿酬所得、特许权使用费所得预扣预缴采用定额和定率相结合的扣除方式。具体计算方法如下：①每次收入额≤4 000 元的：应纳税所得额＝每次收入额－800。②每次收入额＞4 000 元的：应纳税所得额＝每次收入额×（1－20%），其中稿酬所得减按 70% 计算。

（3）应纳税额的计算公式为：

$$劳务报酬应纳税额 = 应纳税所得额 × 适用税率 - 速算扣除数$$
$$稿酬所得、特许权使用费应纳税额 = 应纳税所得额 × 适用税率$$

【例题 5-3】 20×2 年 9 月，我国居民赵某为 A 公司做翻译，取得劳务报酬 40 000 元；10 月出版一篇文章，取得 B 报社发放的稿酬 3 500 元，11 月转让一项专利权给 C 公司，取得转让收入 160 000 元。计算 A 公司、B 报社、C 公司分别应代扣代缴的个人所得税税额。

【解析】

A 公司应代扣代缴的个人所得税税额＝40 000(1－20%)×30%－2 000＝7 600(元)

B 报社应代扣代缴的个人所得税税额＝(3 500－800)×70%×20%＝378(元)

C 公司应代扣代缴的个人所得税税额＝160 000×(1－20%)×20%＝25 600(元)

二、非居民个人工资、薪金所得，劳务报酬所得，稿酬所得，特许权使用费所得的税款计算

（一）计税方法

非居民个人取得工资、薪金所得，应当按月计征。非居民个人取得劳务报酬所得、稿酬所得、特许权使用费所得，应当按次计征。关于计次的规定如表 5-14 所示。

表 5-14   关于计次的规定

收入类型	计次规定	收入类型	计次规定
属于一次性收入	以取得该项收入为一次	属于同一项目连续性收入	以 1 个月内取得的收入为一次 注意：分次支付的，应当合并计税。

（二）适用税率

执行 3%～45% 七级超额累进税率，参见表 5-5。

（三）应纳税所得额的计算

（1）工资、薪金所得应纳税所得额的计算公式为：

$$应纳税所得额 = 每月收入额 - 5 000$$

（2）劳务报酬所得、稿酬所得、特许权使用费所得应纳税所得额的计算公式为：

$$劳务报酬所得、特许权使用费所得应纳税所得额 = 每次收入 × (1 - 20\%)$$
$$稿酬所得应纳税所得额 = 每次收入 × (1 - 20\%) × 70\%$$

(四) 应纳税额的计算

应纳税额的计算公式为:

$$应纳税额 = 应纳税所得额 \times 适用税率 - 速算扣除数$$

【例题 5-4】 20×2 年 3 月,非居民个人汤姆为李某提供 1 个月的外语培训,分四次取得劳务报酬,每次 1 200 元,共计 4 800 元。请计算非居民个人汤姆当月获得劳务报酬应缴纳个人所得税税额。

【解析】

非居民个人取得的劳务报酬所得,按次计算缴纳个人所得税;属于同一事项连续取得收入的,以一个月内取得的收入为一次,分次支付应当合并计税;劳务报酬所得以收入减除 20% 的费用后的余额为应纳税所得额。因此:

$$汤姆应缴纳个人所得税税额 = 4 800 \times (1 - 20\%) \times 10\% - 210 = 174(元)$$

三、经营所得的税款计算

经营所得以每一纳税年度的收入总额减除成本、费用以及损失后的余额为应纳税所得额。纳税人取得经营所得,按年计算个人所得税,由纳税人在月度或者季度终了后 15 日内向税务机关报送纳税申报表,并预缴税款。在取得所得的次年 3 月 31 日前办理汇算清缴。

取得经营所得的个人,没有综合所得的,计算其每一纳税年度的应纳税所得额时,应当减除费用 6 万元、专项扣除、专项附加扣除以及依法确定的其他扣除。专项附加扣除在办理汇算清缴时减除。

从事生产、经营活动,未提供完整、准确的纳税资料,不能正确计算应纳税所得额的,由主管税务机关核定应纳税所得额或者应纳税额。

(一) 个体工商户生产经营所得

个体工商户生产经营所得,以每一纳税年度的收入总额减除成本、费用、税金、损失、其他支出,以及允许弥补的以前年度亏损后的余额,为应纳税所得额。其计算公式为:

$$应纳税所得额 = 收入总额 - 成本 - 费用 - 税金 - 损失 - 其他支出 - 允许弥补的以前年度亏损$$
$$应纳税额 = 应纳税所得额 \times 适用税率 - 速算扣除数$$

(二) 对企事业单位的承包经营、承租经营所得

对企事业单位的承包经营、承租经营所得,以每一纳税年度的收入总额,减除必要费用后的余额为应纳税所得额。其计算公式为:

$$应纳税所得额 = 个人承包、承租经营收入总额 - 每月费用扣除标准 \times 实际承包或承租月数$$
$$应纳税额 = 应纳税所得额 \times 适用税率 - 速算扣除数$$

每一纳税年度的收入总额,是指纳税义务人按照承包经营、承租经营合同规定分得的经营利润和工资、薪金性质的所得;按月减除 5 000 元的必要费用,相当于个人生计及其他费用。

四、财产租赁所得的税款计算

财产租赁所得是指个人出租不动产、土地使用权、机器设备、车船以及其他财产而取得的

所得。其应纳税额按次计征,以 1 个月内取得的收入为一次,税率按 20% 比例税率。个人出租住房取得的所得暂减按 10% 的税率征收个人所得税。

应纳税所得额的计算方法:采用"定额和定率相结合"的扣除方式,每次收入额≤4 000 元的,应纳税所得额＝每次收入额－800;每次收入额＞4 000 元的,应纳税所得额＝每次收入额×(1－20%)。

计算时还须扣除准予扣除的项目(包括出租房屋时缴纳的城市维护建设税、教育费附加以及房产税、印花税等相关税费;不包括增值税),若房屋租赁期间发生修缮费用同样准予在税前扣除但以每月 800 元为限,多出部分在以后月份扣除。

应纳税额的计算公式如下:

(1) 每次(月)收入不超过 4 000 元的:

$$\text{应纳税额} = \left[\text{每次(月)收入额} - \text{财产租赁过程中缴纳的税费} - \text{修缮费用(800 元为限)} - 800\right] \times \text{适用税率}$$

(2) 每次(月)收入在 4 000 元以上的:

$$\text{应纳税额} = \left[\text{每次(月)收入额} - \text{财产租赁过程中缴纳的税费} - \text{修缮费用(800 元为限)}\right] \times (1-20\%) \times \text{适用税率}$$

【注意】

判定是否达到 4 000 元的基数为"收入额－财产租赁过程中缴纳的税费－修缮费"。

【例题 5-5】　20×2 年 9 月,王某出租自有住房取得租金收入 5 500 元,房屋租赁过程中缴纳的税费为 230 元,支付该房屋的修缮费 950 元。已知个人出租住房个人所得税税率暂减按 10%,请计算王某当月出租住房应缴纳个人所得税税额。

【解析】

房屋租赁期间发生修缮费用准予在税前扣除但以每月 800 元为限,多出部分在以后月份扣除;租金收入 5 500 元,扣除财产租赁过程中缴纳的税费 230 元,扣除修缮费用 800 元,收入额为 4 470 元,大于 4 000 元,费用扣除标准为 20%。因此,

王某当月应缴纳个人所得税税额＝(5 500－230－800)×(1－20%)×10%＝357.6(元)

五、财产转让所得的税款计算

财产转让所得是指个人转让有价证券、股权、合伙企业中的财产份额、不动产、机器设备、车船以及其他财产取得的所得。

属于财产转让所得税目的包括转让有形资产、土地使用权、股权、债权。财产转让所得,应按照一次转让财产的收入额减除财产原值和合理费用后的余额计算纳税。

财产转让所得税款按次计征,税率按 20% 比例税率,计算公式为:

$$\text{应纳税所得额} = \text{转让财产的收入额} - \text{财产原值} - \text{合理费用}$$
$$\text{应纳税额} = \text{应纳税所得额} \times \text{适用税率}$$

其中,财产原值按照下列方法确定:

(1) 有价证券,为买入价以及买入时按照规定支付的有关费用。

（2）建筑物，为建造费或者购进价格以及其他有关费用。

（3）土地使用权，为取得土地使用权所支付的金额、开发土地的费用以及其他有关费用。

（4）机器设备、车船，为购进价格、运输费、安装费以及其他有关费用。

纳税人未提供完整、准确的财产原值凭证，不能确定财产原值的，由主管税务机关核定财产原值。

合理费用，是指卖出财产时按照规定支付的有关税费。

六、利息、股息、红利所得的税款计算

利息、股息、红利所得是指个人拥有债权、股权等而取得的利息、股息、红利所得。

利息、股息、红利所得按次计征，税率按 20% 比例税率，以每次收入额为应纳税所得额，不扣减任何费用。应纳税额的计算公式为：

$$应纳税额 = 应纳税所得额 \times 20\%$$

七、偶然所得的税款计算

偶然所得是指个人得奖、中奖、中彩以及其他偶然性质的所得。

偶然所得应纳税额计算按次计征，税率按 20% 比例税率，以每次收入额为应纳税所得额，不扣减任何费用。应纳税额的计算公式为：

$$应纳税额 = 应纳税所得额 \times 20\%$$

1. 企业促销所得

（1）企业对累积消费达到一定额度的顾客，给予额外抽奖机会，个人的获奖所得，按照偶然所得项目，缴纳个人所得税。

（2）企业通过价格折扣、折让方式向个人销售商品和提供服务，不征收个人所得税。

（3）企业向个人销售商品和提供服务的同时给予赠品，不征收个人所得税。

（4）企业对累积消费达到一定额度的个人按消费积分反馈的礼品，不征收个人所得税。

2. 受赠所得

（1）受赠人因无偿受赠房屋取得的受赠收入，按照偶然所得项目，缴纳个人所得税。

（2）企业在业务宣传、广告等活动中，随机向本单位以外的个人赠送礼品（包括网络红包，下同），以及企业在年会、座谈会、庆典以及其他活动中向本单位以外的个人赠送礼品，个人取得的礼品收入，按照偶然所得项目，缴纳个人所得税。

3. 发票和彩票中奖所得

（1）彩票中奖所得中，一次中奖收入在 1 万元以下的暂免征收个人所得税；超过 1 万元的，全额征收个人所得税。

（2）个人取得单张有奖发票奖金所得不超过 800 元的，暂免征收个人所得税；超过 800 元的，全额征收个人所得税。

【例题 5-6】 李某花费 600 元购买体育彩票，一次中奖 35 000 元，将其中 2 000 元直接捐赠给甲小学。请计算李某彩票中奖收入应缴纳的个人所得税税额。

【解析】

偶然所得按收入全额计征个人所得税,不扣除任何费用;非公益性的直接捐赠税前不得扣除。

$$李某应缴纳的个人所得税税额 = 35\,000 \times 20\% = 7\,000(元)$$

八、关于捐赠的扣除规定

个人通过中华人民共和国境内公益性社会组织、县级以上人民政府及其部门等国家机关,向教育、扶贫、济困等公益慈善事业的捐赠(以下简称公益捐赠),发生的公益捐赠支出,可以按照《个人所得税法》有关规定在计算应纳税所得额时扣除。

(一) 限额扣除

个人将其所得对教育、扶贫、济困等公益慈善事业进行捐赠,捐赠额未超过纳税人申报的应纳税所得额 30% 的部分,可以从其应纳税所得额中扣除。

计算应纳税所得额时注意以下几种情况:

(1) 居民个人发生的公益捐赠支出可以在财产租赁所得、财产转让所得、利息股息红利所得、偶然所得(以下统称分类所得)、综合所得或者经营所得中扣除。在当期一个所得项目扣除不完的公益捐赠支出,可以按规定在其他所得项目中继续扣除。

(2) 居民个人发生的公益捐赠支出,在综合所得、经营所得中扣除的,扣除限额分别为当年综合所得、当年经营所得应纳税所得额的 30%;在分类所得中扣除的,扣除限额为当月分类所得应纳税所得额的 30%。

(3) 居民个人可根据各项所得的收入、公益捐赠支出、适用税率等情况,自行决定在综合所得、分类所得、经营所得中扣除的公益捐赠支出的顺序。

(二) 全额扣除

按照国务院规定允许全额扣除的情况,包括:个人通过非营利性的社会团体和国家机关向农村义务教育或教育事业的捐赠、对公益性青少年活动场所的捐赠、对红十字事业的捐赠、对福利性非营利性的老年服务机构的捐赠,以及个人通过中国教育发展基金会、宋庆龄基金会、中国福利会、中国残疾人福利基金会、中国扶贫基金会等用于公益救济性的捐赠,以及其他文件规定允许全额扣除的情形。

(三) 不得扣除

非公益性捐赠不得在计算应纳税额时扣除。

九、个人所得税税收优惠政策

(一) 免征个人所得税的情形

下列各项个人所得,免征个人所得税:

(1) 省级人民政府、国务院部委和中国人民解放军军以上单位,以及外国组织、国际组织颁发的科学、教育、技术、文化、卫生、体育、环境保护等方面的奖金。

(2) 国债和国家发行的金融债券利息。

(3) 按照国家统一规定发给的补贴、津贴。

(4) 福利费、抚恤金、救济金。

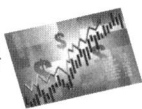

（5）保险赔款。

（6）军人的转业费、复员费、退役金。

（7）按照国家统一规定发给干部、职工的安家费、退职费、基本养老金或者退休费、离休费、离休生活补助费。

（8）依照有关法律规定应予免税的各国驻华使馆、领事馆的外交代表、领事官员和其他人员的所得。

（9）中国政府参加的国际公约、签订的协议中规定免税的所得。

（10）国务院规定的其他免税所得。

（二）减征个人所得税的情形

有下列情形之一的，可以减征个人所得税，具体幅度和期限，由省、自治区、直辖市人民政府规定，并报同级人民代表大会常务委员会备案：

（1）残疾、孤老人员和烈属的所得。

（2）因自然灾害遭受重大损失的。

（三）暂免征税的项目

目前，暂免征收个人所得税的项目主要有以下事项：

（1）个人举报、协查各种违法、犯罪行为而取得的奖金。

（2）个人办理代扣代缴税款手续，按规定收取的扣缴手续费。

（3）个人转让自用达 5 年以上并且是唯一的家庭居住用房取得的所得。

（4）对个人购买福利彩票、赈灾彩票、体育彩票，一次中奖收入在 1 万元（含）以下的，及个人取得单张有奖发票奖金所得不超过 800 元（含）的，暂免征收个人所得税。

（5）保险业务员佣金中的展业成本，免征个人所得税。但佣金中的劳务报酬，扣除实际缴纳的税金及附加后的余额，应征收个人所得税。

（6）达到离休、退休年龄但确因工作需要，适当延长离休、退休年龄的高级专家，其在延长离休、退休期间的工资、薪金所得，视同离休、退休工资免征个人所得税。

（7）符合条件的社会保险和住房公积金及其存储利息免税。

（8）个人领取原提存的住房公积金、医疗保险金、基本养老保险金及失业人员领取的失业保险金免税。

任务三　个人所得税的会计核算

一、代扣代缴个人所得税的会计核算

企事业单位为了核算代扣代缴的个人所得税，一般应设置"应交税费——代扣代缴个人所得税"科目。该科目贷方登记按规定应代扣的个人所得税税额，借方登记已缴纳代扣的个人所得税税额，期末余额反映尚未上缴代扣的个人所得税税额。

年度预扣预缴税款与年度应纳税额不一致的，由居民个人于次年 3 月 1 日至 6 月 30 日向主管税务机关办理综合所得年度汇算清缴，税款多退少补。

（一）支付工资、薪金所得代扣代缴个人所得税的会计核算

企业在向职工支付工资、薪金时，计算出应代扣代缴的个人所得税，按照代扣的税额，借记"应付职工薪酬——工资"科目，贷记"应交税费——代扣代缴个人所得税"科目；上缴代扣个人所得税时，借记"应交税费——代扣代缴个人所得税"科目，贷记"银行存款"科目。

【例题 5-7】　20×2 年 11 月，A 公司发放职工工资 90 万元，其中生产工人工资为 50 万元，管理人员工资为 25 万元，销售人员工资为 15 万元。按税收法律法规规定应代扣代缴的职工个人所得税税额共计 6 万元。请作相关的会计处理。

【解析】

（1）计提应付工资时：

借：生产成本	500 000
管理费用	250 000
销售费用	150 000
贷：应付职工薪酬——工资	900 000

（2）计提代扣代缴的个人所得税时：

借：应付职工薪酬——工资	60 000
贷：应交税费——代扣代缴个人所得税	60 000

（3）实际支付工资时：

借：应付职工薪酬——工资	840 000
贷：银行存款	840 000

（4）实际缴纳税款时：

借：应交税费——代扣代缴个人所得税	60 000
贷：银行存款	60 000

（二）支付其他所得代扣代缴个人所得税的会计核算

单位在向个人支付劳务报酬、稿酬、特许权使用费、财产租赁费等，应按规定代扣代缴个人所得税，计算出应代扣代缴的个人所得税，按代扣税额，借记"销售费用""管理费用""固定资产"等相关科目，贷记"应交税费——代扣代缴个人所得税"科目；税款实际上缴入库时，借记"应交税费——代扣代缴个人所得税"科目，贷记"银行存款"科目。

【例题 5-8】　20×2 年 12 月，B 公司邀请张某为其产品进行广告设计，支付其设计劳务报酬 30 000 元。请计算该公司应代扣代缴的个人所得税税额，请作相关的会计处理。

【解析】

（1）计算代扣代缴个人所得税税额：

B 公司应代扣代缴的个人所得税税额＝30 000(1－20％)×30％－2 000＝5 200(元)

（2）会计处理为：

支付该项劳务报酬时：

借：销售费用	30 000
贷：应交税费——代扣代缴个人所得税	5 200
银行存款	24 800

实际缴纳税款时：

借：应交税费——代扣代缴个人所得税　　　　　　　　　　　　　　5 200

　　贷：银行存款　　　　　　　　　　　　　　　　　　　　　　　　　5 200

【例题 5-9】　20×2 年 11 月，C 公司向某专家购买了一项专利技术使用权，使用期为 3 年，支付特许权使用费 150 000 元。请计算该公司应代扣代缴的个人所得税税额，并作相关的会计处理。

【解析】

（1）计算代扣代缴个人所得税税额：

应代扣代缴的个人所得税税额＝150 000×（1－20%）×20%＝24 000（元）

（2）会计处理为：

支付该项专利技术使用费时：

借：预付账款　　　　　　　　　　　　　　　　　　　　　　　　　150 000

　　贷：应交税费——代扣代缴个人所得税　　　　　　　　　　　　　24 000

　　　　银行存款　　　　　　　　　　　　　　　　　　　　　　　　126 000

实际缴纳税款时：

借：应交税费——代扣代缴个人所得税　　　　　　　　　　　　　24 000

　　贷：银行存款　　　　　　　　　　　　　　　　　　　　　　　　24 000

【例题 5-10】　20×2 年 12 月，张某将自有的住房出租给 D 公司，每月取得租金收入 3 600 元。假定张某当月因出租房屋而缴纳的相关税费为 100 元，按承租方要求当月支出修缮费 900 元，取得正式发票。请计算 D 公司应代扣代缴的个人所得税税额，并作相关的会计处理。

【解析】

（1）计算 D 公司应代扣代缴的个人所得税税额：

应代扣代缴个人所得税税额＝（3 600－100－800－800）×10%＝190（元）

（2）会计处理为：

支付租金时：

借：管理费用　　　　　　　　　　　　　　　　　　　　　　　　　3 600

　　贷：应交税费——代扣代缴个人所得税　　　　　　　　　　　　　190

　　　　银行存款　　　　　　　　　　　　　　　　　　　　　　　　3 410

实际缴纳税款时：

借：应交税费——代扣代缴个人所得税　　　　　　　　　　　　　190

　　贷：银行存款　　　　　　　　　　　　　　　　　　　　　　　　190

【例题 5-11】　20×2 年 12 月，王某将自有临街铺面转让给 E 公司，转让收入为 200 万元，财产原值为 80 万元，在卖房过程中王某承担相关税费 10 万元。请计算 E 公司应代扣代缴的个人所得税税额，并作相关的会计处理。

【解析】

（1）计算应代扣代缴的个人所得税税额：

E 公司应代扣代缴的个人所得税税额＝（200－80－10）×20％＝22（万元）

（2）会计处理为：

支付转让费时：

借：固定资产 2 000 000
　　贷：应交税费——代扣代缴个人所得税 220 000
　　　银行存款 1 780 000

实际缴纳税款时：

借：应交税费——代扣代缴个人所得税 220 000
　　贷：银行存款 220 000

二、自行申报个人所得税的会计核算

个体工商户缴纳个人所得税有查账征收和核定征收两种形式。查账征收适用于账册健全、核算完整的纳税人；核定征收适用于账册不健全、会计核算不完整的纳税人。对采用自行申报缴纳个人所得税的纳税人，除了实行查账征收的个体工商户（个人独资企业、合伙企业参照个体工商户执行），一般不需要进行会计核算。实行查账征收的个体工商户，应设置"应交税费——应交个人所得税"科目，核算其应缴纳的个人所得税。在计算应纳个人所得税时，借记"所得税费用"科目，贷记"应交税费——应交个人所得税"科目；税款实际上缴入库时，借记"应交税费——应交个人所得税"科目，贷记"银行存款"科目。

【例题 5-12】　某个体工商户某年全年经营收入为 50 万元，发生生产经营成本、费用总额为 40 万元。请计算该个体工商户应缴纳的个人所得税税额，并作相关的会计处理。

【解析】

（1）计算应纳税额时：

应缴纳的个人所得税税额＝（500 000－400 000）×20％－10 500＝9 500（元）

（2）会计处理为：

借：所得税费用 9 500
　　贷：应交税费——应交个人所得税 9 500

同时：

借：本年利润 9 500
　　贷：所得税费用 9 500

实际缴纳税款时：

借：应交税费——应交个人所得税 9 500
　　贷：银行存款 9 500

任务四　个人所得税的征收管理

一、个人所得税的纳税申报方式

（一）代扣代缴

个人所得税以所得人为纳税人，以支付所得的单位或者个人为扣缴义务人。扣缴义务人应当按照国家规定办理全员全额扣缴申报，并向纳税人提供其个人所得和已扣缴税款等信息。扣缴义务人在代扣税款的次月 15 日内，向主管税务机关报送其支付所得的所有个人的相关涉税信息资料。对扣缴义务人按照所扣缴的税款，税务机关付给 2% 的手续费。

（二）自行申报

有下列情形之一的，纳税人应当依法办理纳税申报：

（1）取得综合所得需要办理汇算清缴。

（2）取得应税所得没有扣缴义务人。

（3）取得应税所得，扣缴义务人未扣缴税款。

（4）取得境外所得。

（5）因移居境外注销中国户籍。

（6）非居民个人在中国境内从两处以上取得工资、薪金所得。

（7）国务院规定的其他情形。

其中，取得综合所得需要办理汇算清缴的情形主要有以下几种：①在两处或者两处以上取得综合所得，且综合所得年收入额减去专项扣除的余额超过 6 万元；②取得劳务报酬所得、稿酬所得、特许权使用费所得中一项或者多项所得，且综合所得年收入额减去专项扣除的余额超过 6 万元（扣减项目只包括专项扣除，即"三险一金"，而不包括生计费、专项附加扣除和其他扣除项目）；③纳税年度内预缴税额低于应纳税额的；④纳税人申请退税。

二、个人所得税的纳税期限

（一）综合所得

居民个人取得综合所得，按年计算个人所得税；有扣缴义务人的，由扣缴义务人按月或者按次预扣预缴税款；需要办理汇算清缴的，应当在取得所得的次年 3 月 1 日至 6 月 30 日内办理汇算清缴。

非居民个人取得工资、薪金所得，劳务报酬所得，稿酬所得和特许权使用费所得，有扣缴义务人的，由扣缴义务人按月或者按次代扣代缴税款，不办理汇算清缴。

（二）经营所得

纳税人取得经营所得，按年计算个人所得税，由纳税人在月度或者季度终了后 15 日内向税务机关报送纳税申报表，并预缴税款；在取得所得的次年 3 月 31 日前办理汇算清缴。

（三）利息、股息、红利所得，财产租赁所得，财产转让所得和偶然所得

纳税人取得利息、股息、红利所得，财产租赁所得，财产转让所得和偶然所得，按月或者按次计算个人所得税，有扣缴义务人的，由扣缴义务人按月或者按次代扣代缴税款。

(四) 纳税人取得应税所得没有扣缴义务人

这种情况下,纳税人应当在取得所得的次月 15 日内向税务机关报送纳税申报表,并缴纳税款。

(五) 扣缴义务人未扣缴税款

扣缴义务人未扣缴税款的,纳税人应当在取得所得的次年 6 月 30 日前,缴纳税款。若税务机关通知限期缴纳,纳税人应当按照期限缴纳税款。

(六) 居民个人从中国境外取得所得

居民个人从中国境外取得所得,应当在取得所得的次年 3 月 1 日至 6 月 30 日内申报纳税。

(七) 非居民个人在中国境内从两处以上取得工资、薪金所得

非居民个人在中国境内从两处以上取得工资、薪金所得,应当在取得所得的次月 15 日内申报纳税。

(八) 纳税人因移居境外注销中国户籍

纳税人因移居境外注销中国户籍,应当在注销中国户籍前办理税款清算。

(九) 扣缴义务人每月或者每次预扣、代扣税款的缴库

扣缴义务人每月或者每次预扣、代扣税款应当在次月 15 日内缴入国库,并向税务机关报送扣缴个人所得税申报表。

纳税期限的最后一日是法定休假日的,以休假日的次日为期限的最后一日。

课堂笔记

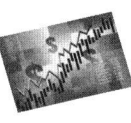

 课堂笔记

项 目 小 结

一、个人所得税的征税范围

个人所得税的征税范围包括 9 个项目：工资、薪金所得，劳务报酬所得，稿酬所得，特许权使用费所得，经营所得，利息、股息、红利所得，财产租赁所得，财产转让所得，偶然所得。

二、主要的计算公式

(一) 居民个人综合所得的应纳税额

居民个人综合所得包括工资、薪金所得，劳务报酬所得，稿酬所得，特许权使用费所得四个所得项目。综合所得按年计征，分月或分次预缴，年终汇算清缴。

$$
\begin{aligned}
\text{综合所得汇算} \atop \text{清缴的应纳税额} = &\left(\text{综合所得} \atop \text{收入额} - 60\,000\,\text{元} - \text{"三险一金"} \atop \text{等专项扣除} - \text{子女教育等} \atop \text{专项附加扣除} - \text{依法确定的} \atop \text{其他扣除} - \text{符合条件的公益} \atop \text{慈善事业捐赠}\right) \\
&\times \text{适用} \atop \text{税率} - \text{速算} \atop \text{扣除数}
\end{aligned}
$$

$$
\text{工资、薪金每月} \atop \text{预扣预缴税额} = \left(\text{累计预扣预缴} \atop \text{应纳税所得额} \times \text{预扣率} - \text{速算} \atop \text{扣除数}\right) - \text{累计减} \atop \text{免税额} - \text{累计已预扣} \atop \text{预缴税额}
$$

$$
\text{劳务报酬每次预扣预缴税额} = \text{应纳税所得额} \times \text{适用税率} - \text{速算扣除数}
$$

$$
\text{稿酬所得、特许权使用费每次预扣预缴税额} = \text{应纳税所得额} \times \text{适用税率}
$$

(二) 非居民个人综合所得的应纳税额

工资、薪金所得，劳务报酬所得，稿酬所得，特许权使用费所得的应纳税额，均适用"应纳税额 = 应纳税所得额 × 适用税率 − 速算扣除数"。

(三) 经营所得的应纳税额

$$
\text{个体工商户生产经营} \atop \text{所得的应纳税额} = \left(\text{收入} \atop \text{总额} - \text{成本} - \text{费用} - \text{税金} - \text{损失} - \text{其他} \atop \text{支出} - \text{允许弥补的} \atop \text{以前年度亏损}\right) \times \text{适用} \atop \text{税率} - \text{速算} \atop \text{扣除数}
$$

$$
\text{对企事业单位的承包经营、} \atop \text{承租经营所得的应纳税额} = \left(\text{个人承包、承租} \atop \text{经营收入总额} - \text{每月费用} \atop \text{扣除标准} \times \text{实际承包} \atop \text{或承租月数}\right) \times \text{适用} \atop \text{税率} - \text{速算} \atop \text{扣除数}
$$

(四) 财产租赁所得的应纳税额

(1) 每次(月)收入不超过 4 000 元的：

$$
\text{应纳} \atop \text{税额} = \left[\text{每次(月)} \atop \text{收入额} - \text{财产租赁过程} \atop \text{中缴纳的税费} - \text{修缮费用} \atop (800\,\text{元为限}) - 800\right] \times \text{适用} \atop \text{税率}
$$

(2) 每次(月)收入 4 000 元以上的：

$$
\text{应纳税额} = \left[\text{每次(月)} \atop \text{收入额} - \text{财产租赁过程} \atop \text{中缴纳的税费} - \text{修缮费用} \atop (800\,\text{元为限})\right] \times (1 - 20\%) \times \text{适用} \atop \text{税率}
$$

(五) 财产转让所得的应纳税额

$$
\text{财产转让所得的应纳税额} = (\text{转让财产的收入额} - \text{财产原值} - \text{合理费用}) \times \text{适用税率}
$$

（六）利息、股息、红利所得的应纳税额

$$利息、股息、红利所得的应纳税额 = 应纳税所得额 \times 适用税率$$

（七）偶然所得的应纳税额

$$偶然所得的应纳税额 = 应纳税所得额 \times 适用税率$$

三、主要的会计处理

（一）代扣代缴个人所得税的会计核算

1. 计提代扣代缴的个人所得税

借：应付职工薪酬——工资
　　贷：应交税费——代扣代缴个人所得税

2. 实际缴纳税款

借：应交税费——代扣代缴个人所得税
　　贷：银行存款

（二）自行申报个人所得税的会计核算

1. 计算税款

借：所得税费用
　　贷：应交税费——应交个人所得税

2. 实际缴纳税款

借：应交税费——应交个人所得税
　　贷：银行存款

📝 **课堂笔记**

课后练习

课后练习参考答案

一、单选题

1. 20×3年1月,中国公民张某取得工资70 000元,缴纳基本养老保险费、基本医疗保险费、失业保险费、住房公积金12 000元,支付首套住房贷款利息2 500元。其父亲年满65岁,由张某一个人赡养。计算张某当月工资应预扣预缴个人所得税税额的下列算式中,正确的是(　　)。

  A. (70 000−12 000−2 500−3 000)×10%−2 520

  B. (70 000−5 000−12 000−1 000−3 000)×10%−2 520

  C. (70 000−5 000−12 000−2 500−3 000)×10%−2 520

  D. (70 000−5 000−12 000−1 000−3 000)×3%

2. 根据个人所得税法律制度的规定,下列各项中,不属于工资、薪金所得项目的是(　　)。

  A. 年终加薪　　　　B. 奖金　　　　C. 劳动分红　　　　D. 误餐补助

3. 下列各项中,不能按"财产转让所得"税目计征个人所得税的是(　　)。

  A. 转让某项专利权取得的所得

  B. 转让机器设备取得的所得

  C. 个人因被投资单位原因终止投资而获得的赔偿金所得

  D. 个人通过网络收购玩家的虚拟货币,加价后向他人出售取得的收入

4. 中国公民张某任职于H公司,20×2年10月,在M大学授课一次,取得劳务报酬所得3 500元,自行负担交通费150元。以下计算张某当月该笔劳务报酬所得应预扣预缴个人所得税税额的算式中,正确的是(　　)。

  A. (3 500−150−800)×20%　　　　B. 3 500×20%

  C. (3 500−800)×20%　　　　D. (3 500−150)×20%

5. 20×2年9月,李某出版一部小说,取得稿酬15 000元。计算李某当月稿酬所得应预缴个人所得税税额的下列算式中,正确的是(　　)。

  A. 15 000×(1−20%)×20%

  B. (15 000−800)×(1−30%)×20%

  C. (15 000−5 000)×(1−30%)×20%

  D. 15 000×(1−20%)×(1−30%)×20%

6. 20×2年11月,张某转让一项专利权,取得转让收入350 000元,专利开发支出100 000元。张某当月该笔收入应预缴个人所得税税额的下列算式中,正确的是(　　)。

  A. (350 000−100 000)×(1−20%)×20%

  B. 350 000×(1−20%)×20%

  C. (350 000−5 000)×(1−20%)×20%

  D. (350 000−100 000)×20%

7. 根据个人所得税法律制度的有关规定,个人将其所得通过中国境内非营利的社会团体

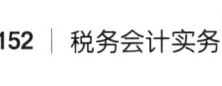

向农村义务教育捐赠的,可以从其应纳税所得额中扣除一定数额后计算其应纳税额,该扣除的数额是(　　)。

A. 捐赠额不超过应纳税所得额的 30% 的部分

B. 捐赠额不超过应纳税所得额的 12% 的部分

C. 捐赠额不超过应纳税所得额的 60% 的部分

D. 可以全额扣除

8. 根据个人所得税法律制度的规定,下列关于财产租赁所得的表述中,正确的是(　　)。

A. 财产租赁所得的个人所得税的纳税义务人为承租方

B. 财产租赁所得,以每次取得该项收入为一次

C. 财产租赁所得,每次收入不超过 4 000 元的,减除费用为 800 元;超过 4 000 元的,减除 20% 的费用,其余额为应纳税所得额

D. 个人取得的财产转租收入,由于转租人不是产权所有者,转租人取得的该项转租收入,不缴纳个人所得税

9. 赵某有一套住房用于出租,3 月收取租金 4 900 元,发生修缮费用 1 000 元,则出租住房应缴纳个人所得税(　　)(不考虑个人出租住房应缴纳的其他税费)。

A. $(4\ 900-800-800)\times 10\%=330$(元)

B. $(4\ 900-1\ 000)\times(1-20\%)\times 20\%=624$(元)

C. $(4\ 900-1\ 000)\times(1-20\%)\times 10\%=312$(元)

D. $(4\ 900-800)\times(1-20\%)\times 10\%=320$(元)

10. 下列关于个人所得税纳税期限的表述中不正确的是(　　)。

A. 纳税人取得应纳税所得,扣缴义务人未扣缴税款的,纳税人无需自行缴纳税款

B. 纳税人取得利息、股息、红利所得,有扣缴义务人的,由扣缴义务人按月或者按次代扣代缴税款

C. 居民个人从中国境外取得所得的,应当在取得所得的次年 3 月 1 日至 6 月 30 日内申报纳税

D. 非居民个人取得工资、薪金所得,劳务报酬所得,稿酬所得和特许权使用费所得不办理汇算清缴

二、多选题

1. 根据个人所得税法律制度的规定,个人所得税的纳税义务人包括(　　)。

A. 个体工商户　　　　　　　　　　B. 合伙企业个人合伙人

C. 有限责任公司　　　　　　　　　　D. 在中国境内有所得的外籍个人

2. 根据个人所得税法律制度的规定,下列关于个人取得所得的表述中,正确的有(　　)。

A. 个人通过注册登记的个体工商户取得的所得,按经营所得征税

B. 个体工商户经营所得按月计征

C. 个人依法取得执照从事办学活动取得的所得,按经营所得计征个人所得税

D. 境内合伙企业的个人合伙人从事生产经营活动取得的所得,征收企业所得税

3. 下列个人所得中,应按"劳务报酬所得"项目征收个人所得税的有(　　)。

A. 某编剧从电视剧制作单位取得的剧本使用费

B. 某公司高管从大学取得的讲课费

C. 某作家拍卖自己的小说手稿原件取得的收入

D. 某大学教授从企业取得咨询费

4. 个人通过非营利性的社会团体和国家机关进行的下列公益性捐赠支出中,准予在缴纳个人所得税前的所得额中全额扣除的有(　　)。

A. 向贫困地区的捐赠　　　　　B. 向农村义务教育的捐赠

C. 向公益性青少年活动场所的捐赠　　D. 向红十字事业的捐赠

5. 居民纳税人发生的下列情形中,应当按照规定向主管税务机关办理个人所得税自行纳税申报的有(　　)。

A. 王某从英国取得所得

B. 林某月工资为 2 万元,发表文章取得的稿酬为 1 万元,专项扣除为 2 万元

C. 李某从境内两家公司取得工资,年收入额减去专项扣除的余额为 8 万元

D. 张某取得财产租赁所得 2 万元,扣缴义务人未扣缴税款

三、判断题

1. 个人的财产租赁所得,以 1 个月内取得的收入为一次计征个人所得税。　　(　　)

2. 作者去世后其财产继承人的遗作稿酬免征个人所得税。　　(　　)

3. 两个或者两个以上的个人共同取得同一项目收入的,应视同一人取得收入,减除一定费用计算应纳税额。　　(　　)

4. 个人取得应纳税所得,没有扣缴义务人的或者扣缴义务人未按规定扣缴税款的,由税务机关核定征收。　　(　　)

5. 个人取得实物所得的,应当按照取得的凭证上的价格计算应纳税所得额。　　(　　)

6. 纳税人的配偶在纳税人的主要工作城市有自有住房的,纳税人不得扣除住房租金支出。　　(　　)

四、计算题

1. 北京某公司职员赵某,20×3 年 1 月和 2 月各取得工资、薪金收入 32 000 元,每月个人缴纳的"三险一金"为 5 000 元,每月赡养老人、子女教育、住房租金等专项附加扣除合计为 3 500 元。要求:请计算赵某 20×3 年 2 月的工资、薪金所得应预缴个人所得税税额。

2. 方某是我国公民,在甲公司工作。20×3 年方某取得工资收入 80 000 元,在某大学开设讲座取得劳务报酬 40 000 元,出版著作取得稿酬 60 000 元,转让商标使用权取得特许权使用费收入 20 000 元。已知:方某全年个人缴纳"三险一金" 20 000 元,赡养老人支出等专项附加扣除为 24 000 元。假设无其他扣除项目,方某全年已预缴个人所得税 23 000 元。要求:请计算方某 20×3 年汇算清缴应补或应退个人所得税税额。

3. 李某花费 500 元购买体育彩票,一次中奖 30 000 元,将其中 10 000 元通过公益性社会团体捐赠给贫困地区,已知偶然所得个人所得税税率为 20%。要求:请计算李某彩票中奖收入应缴纳个人所得税税额。

4. 20×2 年 9 月,非居民个人汤姆出版一部小说,取得稿酬 12 000 元。要求:请计算非居民汤姆当月稿酬所得应缴纳个人所得税税额。

5. 中国公民黄某任职受雇于甲公司,20×2 年每月取得工资 10 000 元,12 月取得全年一次性奖金 28 000 元,已知甲公司全年一次性奖金采用不并入当年综合所得,单独计算纳税的方法。要求:请计算黄某获得全年一次性奖金的应纳税额。

五、业务题

1. 20×2 年 10 月,H 公司发放职工工资 80 万元,其中生产工人工资为 47 万元,管理人员工资为 20 万元,销售人员工资为 13 万元。按税收法律法规规定应代扣代缴的职工个人所得税共计 5.5 万元。要求:编制相应的会计分录。

2. 何某于 20×3 年 10 月将自有的住房出租给 K 公司,取得租金收入 6 500 元,假定何某当月因出租房屋而缴纳的相关税费为 320 元,按承租方要求当月支出修缮费 1 100 元,取得正式发票。要求:计算 K 公司应代扣代缴的个人所得税税额,并编制相应会计分录。

六、讨论题

1. 个人所得税相关法律法规中规定了哪几项专项附加扣除?这些项目的意义是什么?

2. 2022 年个人所得税综合所得计算应纳税所得额新增一项专项附加扣除,是哪一个项目?该项目体现了国家什么方面的导向?

3. 超额累进税率和比例税率的区别是什么?为什么中国税制中只有个人所得税采用了超额累进税率?

项目六

其他税会计

[知识目标]
1. 掌握本项目各税种征税范围、纳税人及税率等法律规定的主要内容。
2. 掌握本项目各税种应纳税额的计算方法。
3. 熟悉本项目各税种的税收优惠政策。
4. 掌握本项目各税种的会计核算中涉及的会计科目。

[能力目标]
1. 能根据业务情况确定是否属于各税种的征税范围。
2. 能根据业务情况判断各税种的纳税人。
3. 能根据业务情况选择各税种的税率。
4. 能正确计算各税种的应纳税额。
5. 能对涉税经济业务进行正确的账务处理。

[素质目标]
1. 养成长期学习国家法律法规、不断更新专业知识的良好习惯。
2. 深刻领会国家对纳税人的特定财产和特定行为征税从而调节财富分配的意图,加深对财产行为税类立法的理解和支持。
3. 在法律法规的引导下形成保护自然资源和自然环境,绿色消费的观念。

[知识点思维导图]

其他税会计
├ 城市维护建设税与附加费会计
│ ├ 城市维护建设税的概念和特征
│ ├ 城市维护建设税的纳税人
│ ├ 城市维护建设税的征税对象和税率
│ ├ 城市维护建设税的税收优惠政策
│ ├ 城市维护建设税的计算
│ ├ 城市维护建设税的会计核算
│ ├ 城市维护建设税的征收管理
│ └ 教育费附加
└ 关税会计
   ├ 关税的概念和特征
   ├ 关税的征税对象、纳税人和扣缴义务人
   ├ 关税的税率
   ├ 进口货物关税的计算
   ├ 出口货物关税的计算
   ├ 关税的税收优惠政策
   ├ 关税的会计核算
   └ 关税的征收管理

其他税会计

土地增值税会计
- 土地增值税的概念和特征
- 土地增值税的纳税人
- 土地增值税的征税范围和税率
- 土地增值税的计算
- 土地增值税的税收优惠政策
- 土地增值税的会计核算
- 土地增值税的征收管理

资源税会计
- 资源税的概念
- 资源税的纳税人和扣缴义务人
- 资源税的征税范围和税率
- 资源税的税收优惠政策
- 资源税的计算
- 资源税的会计核算
- 资源税的征收管理

城镇土地使用税会计
- 城镇土地使用税的概念
- 城镇土地使用税的纳税人
- 城镇土地使用税的征税范围和税率
- 城镇土地使用税的税收优惠政策
- 城镇土地使用税的计算
- 城镇土地使用税的会计核算
- 城镇土地使用税的征收管理

房产税会计
- 房产税的概念和特征
- 房产税的纳税人
- 房产税的征税范围和税率
- 房产税的税收优惠政策
- 房产税的计算
- 房产税的会计核算
- 房产税的征收管理

车船税会计
- 车船税的概念和特征
- 车船税的纳税人和扣缴义务人
- 车船税的征税范围和税率
- 车船税的税收优惠政策
- 车船税的计算
- 车船税的会计核算
- 车船税的征收管理

车辆购置税会计
- 车辆购置税的概念和特征
- 车辆购置税的纳税人
- 车辆购置税的征税范围和税率
- 车辆购置税的税收优惠政策
- 车辆购置税的计算
- 车辆购置税的会计核算
- 车辆购置税的征收管理

印花税会计
- 印花税的概念和特征
- 印花税的纳税人和扣缴义务人
- 印花税的征税范围和税率
- 印花税的税收优惠政策
- 印花税的计算
- 印花税的会计核算
- 印花税的征收管理

其他税会计

契税会计
- 契税的概念和特征
- 契税的纳税人
- 契税的征税范围和税率
- 契税的税收优惠政策
- 契税的计算
- 契税的会计核算
- 契税的征收管理

案例导读

国家税务总局成都市税务局自 2021 年 6 月 1 日起,在全市全面实施财产和行为税合并申报,对城镇土地使用税、房产税、车船税、印花税、耕地占用税、资源税、土地增值税、契税、环境保护税、烟叶税推行"十税一表"合并申报。

大邑青禾置业有限责任公司是成都市大邑县房地产开发企业,在日常办税业务中涉及多个财产和行为税税种,过去申报时存在入口多、表单多、数据重复采集的问题。2021 年 6 月 2 日,该公司办税人员来到办税服务厅办理财产行为税合并申报业务。在税务人员的精心辅导下,该公司办税人员顺利采集了土地增值税税源信息和按次的印花税税源信息,一次性申报了纳税期限不同的 2 个税种,切实感受到了舒心、便捷、高效的办税体验。该公司办税人员表示:"现在申报财产和行为税,一张报表、一次申报、一次缴款、一张凭证、一次登录、一填到底,不用再多头找表,非常便利。财产和行为税合并申报是真正为企业减负的便民举措,值得点赞。"

(资料来源:

国家税务总局成都市税务局. 推行"财行十税"合并申报 成都税务便民服务获点赞[EB/OL]. (2021-10-08)[2023-06-05]. https://sichuan. chinatax. gov. cn/art/2021/10/8/art_16735_584376. html.)

[要求]

请思考国家采取了哪些措施简化办税流程、减轻了纳税人的办税负担?

任务一　城市维护建设税与附加费会计

案例分析

一、城市维护建设税的概念和特征

(一) 城市维护建设税的概念

城市维护建设税是对从事工商经营并缴纳"两税"(增值税、消费税)的单位和个人以其实际缴纳的"两税"税额为计税依据而征收的一种税。

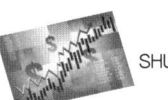

(二)城市维护建设税的特征

(1)税款专款专用。城市维护建设税用来保证城市的公共事业和公共设施的维护和建设,具有专款专用的特点。

(2)属于附加税。城市维护建设税与其他税种不同,没有独立的征税对象,而是以增值税、消费税"两税"实际缴纳的税额之和为计税依据,随"两税"的征收而征收。

(3)根据城建规模设计税率。一般来说,城镇规模越大,所需要的建设与维护资金越多。与此相适应,城市维护建设税的税率越高,反之越低。这种根据城镇规模不同,差别设置税率的办法,较好地适应了城市建设的不同需要。

(4)征收范围较广。鉴于增值税、消费税在我国现行税制中属于主体税种,而城市维护建设税又是其附加税,一般缴纳增值税、消费税的单位和个人都要缴纳城市维护建设税。因此,城市维护建设税的征税范围也相应较广。

二、城市维护建设税的纳税人

城市维护建设税的纳税人是指负有缴纳增值税、消费税"两税"义务的单位和个人。自2010年12月1日起,对外商投资企业、外国企业和外籍人员开征城市维护建设税。

三、城市维护建设税的征税对象和税率

(一)征税对象

城市维护建设税以纳税人实际缴纳的"两税"为依据,本身没有独立的征税对象,从本质上看它是一个附加税。从地域范围来看包括市区、县城、镇、市区、县城和镇以外的其他税收法律法规规定缴纳"两税"的地区。

(二)税率

城市维护建设税根据纳税人所在地区不同适用差别比例税率。纳税人所在地区是指纳税人住所地或者与纳税人生产经营活动相关的其他地点,具体地点由省、自治区、直辖市确定。城市维护建设税税率表如表6-1所示。

表6-1 城市维护建设税税率表

地区	税率	地区	税率
市区	7%	其他地区	1%
县城、镇	5%		

由受托方代征、代扣增值税、消费税的单位和个人,其代征、代扣的城市维护建设税适用受托方所在地的税率。流动经营等无固定纳税地点的单位和个人,在经营地缴纳"两税"的,其城市维护建设税的缴纳按经营地适用税率执行。

四、城市维护建设税的税收优惠政策

(1)进口不征,即海关对进口货物代征的增值税、消费税,不征收城市维护建设税。

(2)出口不退,即出口货物退还增值税、消费税,但不退还已缴纳的城市维护建设税。

(3)对"两税"实行先征后返、先征后退、即征即退办法的,除非另有规定,对随"两税"附征的城市维护建设税,一律不予退(返)还。

五、城市维护建设税的计算

(一)计税依据
城市维护建设税的计税依据是纳税人实缴的增值税、消费税"两税"税额。

(二)应纳税额的计算
城市维护建设税应纳税额的计算公式如下：

$$应纳税额 =（实际缴纳增值税 + 消费税）× 适用税率$$

【例题6-1】 森南木地板有限公司为某市增值税一般纳税人。20×2年12月，该公司进口原材料一批，向海关缴纳进口环节增值税10万元；当月在国内销售甲产品缴纳增值税30万元、消费税50万元，消费税滞纳金1万元；出口乙产品一批，按规定退回增值税5万元。请计算该企业当月应缴纳的城市维护建设税税额。

【解析】
按城市维护建设税有关规定，城市维护建设税是以纳税人实际缴纳的增值税、消费税"两税"为依据的，进口不征，出口不退。缴纳的滞纳金不作为计征城市维护建设税的依据。因此：
该公司本期应缴纳城市维护建设税税额 =（30 + 50）× 7% = 5.6（万元）

六、城市维护建设税的会计核算

企业应在"应交税费"科目下设置"应交城市维护建设税"明细科目，用来核算企业应交城市维护建设税的发生和缴纳情况。企业计算应缴纳的城市维护建设税时，借记"税金及附加""固定资产清理"等科目，贷记"应交税费——应交城市维护建设税"科目；实际缴纳时，借记"应交税费——应交城市维护建设税"科目，贷记"银行存款"科目。

【例题6-2】 A公司位于县城，20×2年7月，销售货物实际缴纳增值税97 428元、消费税14 620元。计算本月应缴纳的城市维护建设税税额，并作相关的会计处理。

【解析】
应交城市维护建设税税额 =（97 428 + 14 620）× 5% = 5 602.40（元）
（1）计提城市维护建设税时：

借：税金及附加   5 602.40
    贷：应交税费——应交城市维护建设税   5 602.40

（2）实际缴纳时：

借：应交税费——应交城市维护建设税   5 602.40
    贷：银行存款   5 602.40

七、城市维护建设税的征收管理

城市维护建设税的纳税义务发生时间和纳税地点、纳税期限比照增值税、消费税的相应规定，城市维护建设税分别与相对应的增值税、消费税同时缴纳。

八、教育费附加

附随"两税"计征的还有一种费用，即教育费附加。其纳税人、计税依据、缴纳期限、缴纳方

式与方法均与城市维护建设税相同,以下仅简要介绍。

（一）征收比率

教育费附加的征收比率为3%。

（二）应纳税额的计算

教育费附加应纳税额的计算公式如下：

$$应纳教育费附加 ＝（实际缴纳增值税 ＋ 实际缴纳消费税）× 3\%$$

（三）会计核算

企业应在"应交税费"科目下设置"应交教育费附加"明细科目,用来核算企业应交教育费附加的发生和缴纳情况。企业计算应缴纳的教育费附加时,借记"税金及附加"等科目,贷记"应交税费——应交教育费附加"科目;实际缴纳时,借记"应交税费——应交教育费附加"科目,贷记"银行存款"科目。

【例题6-3】 B公司位于市区,20×2年9月,销售货物实际缴纳增值税90 536元、消费税61 750元。计算B公司本月应缴纳的教育费附加税额,并作相关的会计处理。

【解析】

应交教育费附加税额 ＝（90 536 ＋ 61 750）× 3% ＝ 4 568.6(元)

（1）计提教育费附加时：

借：税金及附加   4 568.6

    贷：应交税费——应交教育费附加   4 568.6

（2）实际缴纳时：

借：应交税费——应交教育费附加   4 568.6

    贷：银行存款   4 568.6

任务二 关税会计

一、关税的概念和特征

（一）关税的概念

关税是由海关根据国家制定的有关法律,以进出关境的货物和物品为征税对象而征收的一种税。

（二）关税的特征

（1）关税属于流转税。不同于所得税和财产税,它以进出口商品的流转额为课税对象,在税率一定的情况下,税额的大小取决于进出口商品的价格高低和交易数量的多少,而与生产、销售商品的成本和费用无关。

（2）关税以进出关境的货物、物品为征税对象。增值税、消费税等流转税的征税范围是在国内流通的商品和劳务,而关税的征税范围是输入和输出关境的货物和物品。

（3）关税是单一环节的价外税。在征税环节方面,关税是在商品的进出口环节征收,其他

案例分析

关境与国境
的区别

流转税是在商品的生产或者销售环节征收。

（4）关税的征税机关与其他税种不同，关税由海关征收，其他流转税由国家税务机关征收。

二、关税的征税对象、纳税人和扣缴义务人

（一）关税的征税对象

关税的征税对象是进出境的货物和物品。"货物"是指贸易性商品；"物品"是指入境旅客随身携带的行李物品、个人邮递物品、各种运输工具上的服务人员携带进口的自用物品、馈赠物品以及其他方式进境的个人物品。对从境外采购进口的原产于中国境内的货物，也应按规定征收进口关税。

（二）关税的纳税人

根据《中华人民共和国海关法》规定，进口货物的收货人、出口货物的发货人、进出境物品的所有人，是关税的纳税义务人。关税纳税人适用的具体情形如表 6-2 所示。

表 6-2 关税纳税人适用的具体情形

适用情形		纳税人
进口货物		收货人
出口货物		发货人
进境物品	入境旅客随身携带的行李、物品	持有人
	各种运输工具上服务人员入境时携带自用物品	所有人
	馈赠物品以及其他方式入境个人物品	收件人
	个人邮递物品	

注："所有人"是指物品的所有者，这里是对所有者的几种情形进行了详细解释。

【注意】

接受纳税人委托办理货物报关等有关手续的代理人，可以代办纳税手续，但不是纳税人。

（三）关税的扣缴义务人

从事跨境电子商务零售进口的电子商务平台经营者、物流企业和报关企业，以及法律、行政法规规定负有代扣代缴、代收代缴关税税款义务的单位和个人，是关税的扣缴义务人。

三、关税的税率

关税的税率分为进口税率和出口税率两种，即以进口和出口两个货物的流向为标准对关税进行分类。

（一）进口税率

进口货物适用何种关税税率是以"进口货物的原产地"为标准的。进口税率的种类与特点如表 6-3 所示。

表 6-3 进口税率的种类与特点

种类	特点
普通税率	（1）原产于未与我国共同适用或订立最惠国税率、特惠税率或协定税率的国家或地区 （2）原产地不明

(续表)

种类	特点
最惠国税率	(1) 原产于共同适用最惠国条款的世贸组织成员 (2) 原产于与我国签订最惠国待遇双边协定的国家 (3) 原产于我国
协定税率	原产于与我国签订含有"关税优惠条款"的国家
特惠税率	原产于与我国签订含有"特殊关税优惠条款"的国家
关税配额税率	配额与税率结合,配额内税率较低,配额外税率较高
暂定税率	在最惠国税率的基础上,对特殊货物可执行暂定税率

进出口货物,应当按照收发货人或者他们的代理人申报进口或出口之日实施的税率征税;进口货物到达前,经海关核准先行申报的,应当按照装载此货物的运输工具申报进境之日实施的税率征税。

进出口货物的补税和退税,适用该进出口货物原申报进口或者出口之日实施的税率,但另有规定除外。

(二) 出口税率

我国对出口货物一般不征收关税,只是对少数资源性产品(具有财政意义、需要限制大量出口或规范出口秩序)、半制成品才征收关税。出口税率没有普通税率和优惠税率之分,仅针对不同商品实行差别比例税率。

四、进口货物关税的计算

(一) 进口关税的计税价格

1. 一般进口货物关税计税价格的确定

进出口货物的计税价格,由海关以该货物的实际成交价格为基础审查确定。成交价格不能确定时,计税价格由海关依法估定。进口关税货物的计税价格计算公式为:

$$\text{关税计税价格} = \text{成交价格(货价)} + \text{运抵我国关境内输入地点起卸前的包装费、运输费、保险费等劳务费用} + \text{支付给卖方的佣金} + \text{其他费用}$$

进口关税计税价格的项目汇总表如表 6-4 所示。

表 6-4　　　　　　　　　　进口关税计税价格的项目汇总表

应计入计税价格的项目	不应计入计税价格的项目(如已计入应予扣除)
(1) 进口货物的买方为购买该项货物向卖方实际支付或应当支付的价格	(1) 向境外采购代理人支付的买方佣金
(2) 进口货物的买方在成交价格外另支付给卖方的佣金	(2) 报关费、商检费等报关费用
(3) 货物运抵我国关境内输入地点起卸前的包装费、运费、保险费和其他劳务费	(3) 进口货物运抵境内输入地点起卸之后的运输及其相关费用、保险费
(4) 为了在境内生产、制造、使用或出版、发行的目的而向境外支付的与该进口货物有关的专利、商标、著作权,以及专有技术、计算机软件和资料等费用	(4) 厂房、机械、设备等货物进口后进行基建、安装、装配、维修和技术服务的费用

【注意】

卖方付给进口方的正常回扣,应从成交价格中扣除。卖方违反合同规定延期交货的罚款

（补偿），卖方在货价中冲减时，罚款（补偿）则不能从成交价格中扣除。

【例题 6-4】　甲外贸公司于 20×2 年 5 月将一台设备运往境外修理，出境前向海关报关出口并在海关规定期限内复运进境。该设备经修理后的市场价格为 500 万元，经海关审定的修理费和料件费分别为 15 万元和 20 万元。请计算甲外贸公司将该设备复运进境时的进口关税计税价格。

【解析】

出境时已向海关报明并在海关规定期限内复运进境的，以经海关审定的修理费和料件费作为计税价格。因此：

进口关税计税价格＝15＋20＝35（万元）

2. 进口货物的运费

进口货物的运费按照实付或应付的费用计算。如果进口货物的运输及其相关费用无法确定的，海关应当按照该货物进口同期的正常运输成本审查确定。运输工具作为进口货物，利用自身动力进境的，海关在审查确定计税价格时，不再另行计入运费。

3. 进口货物的保险费

进口货物的保险费按实际支付的费用计算。如果进口货物的保险费无法确定或者未实际发生，海关应当按照货价加运费两者总额的 3‰ 计算保险费，其计算公式为：

$$保险费 ＝（货价＋运费）×3‰$$

（二）进口关税应纳税额的计算方法

进口商品多数适用从价计征办法，对部分商品适用从量计征、复合计征。进口关税应纳税额的计算方法如表 6-5 所示。

表 6-5　　　　　　　　　　　　进口关税应纳税额的计算方法

计税依据	适用范围	应纳税额
从价计征	一般货物	进口货物数量×单位计税价格×税率
从量计征	原油、部分鸡产品、啤酒、胶卷	进口货物数量×关税单位税额
复合计征	录像机、放像机、摄像机、数字照相机和摄录一体机	进口货物数量×单位计税价格×税率＋进口货物数量×关税单位税额

【例题 6-5】　20×2 年 5 月，乙外贸公司进口生产设备一台，海关审定的货价为 45 万元，运抵我国关境内输入地起卸前的运费为 4 万元、保险费为 2 万元。已知关税税率为 10%。请计算该公司当月该笔业务应纳关税税额。

【解析】

进口环节，关税计税价格包括货价以及货物运抵我国关境内输入地点起卸前的包装费、运费、保险费和其他劳务费等费用。因此：

应纳关税税额＝（45＋4＋2）×10%＝5.1（万元）

五、出口货物关税的计算

（一）出口货物关税的计税依据

出口货物关税的计税依据是其关税计税价格。出口货物的关税计税价格由海关以该货物

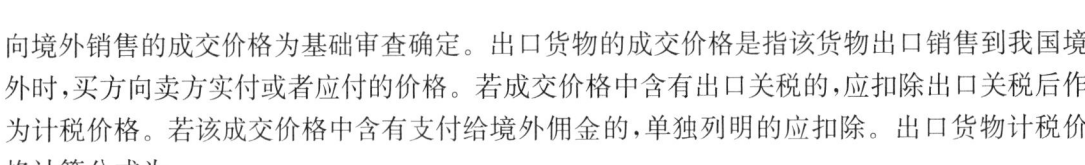

向境外销售的成交价格为基础审查确定。出口货物的成交价格是指该货物出口销售到我国境外时,买方向卖方实付或者应付的价格。若成交价格中含有出口关税的,应扣除出口关税后作为计税价格。若该成交价格中含有支付给境外佣金的,单独列明的应扣除。出口货物计税价格计算公式为:

$$出口货物计税价格 = 离岸价格 \div (1 + 出口税率)$$

(二) 出口货物关税的应纳税额的计算

出口货物关税的应纳税额计算公式为:

$$应纳税额 = 出口货物计税价格 \times 出口税率$$

六、关税的税收优惠政策

(一) 法定免征关税

下列进出口货物、进境物品法定免征关税:

(1) 国务院规定的免征额度内的一票货物。

(2) 无商业价值的广告品和货样。

(3) 进出境运输工具装载的途中必需的燃料、物料和饮食用品。

(4) 在海关放行前损毁或者灭失的货物、进境物品。

(5) 外国政府、国际组织无偿赠送的物资。

(6) 中华人民共和国缔结或者共同参加的国际条约、协定规定免征关税的货物、进境物品。

(7) 依照有关法律规定免征关税的其他货物、进境物品。

(二) 酌情减征关税

以下进出口货物、进境物品酌情减征关税:

(1) 在海关放行前遭受损坏的货物、进境物品。

(2) 中华人民共和国缔结或者共同参加的国际条约、协定规定减征关税的货物、进境物品。

(3) 依照有关法律规定减征关税的其他货物、进境物品。

(三) 暂不缴纳关税

以下进出口货物、进境物品暂不缴纳关税:

(1) 在展览会、交易会、会议以及类似活动中展示或者使用的货物、物品。

(2) 文化、体育交流活动中使用的表演、比赛用品。

(3) 进行新闻报道或者摄制电影、电视节目使用的仪器、设备及用品。

(4) 开展科研、教学、医疗卫生活动使用的仪器、设备及用品。

(5) 在以上项目(1)~(4)所列活动中使用的交通工具及特种车辆。

(6) 货样。

(7) 供安装、调试、检测设备时使用的仪器、工具。

(8) 盛装货物的包装材料。

（9）其他用于非商业目的的货物、物品。

（四）不征收关税的特殊情况

因品质、规格原因或者不可抗力，出口货物自出口之日起1年内原状复运进境的，不征收进口关税。因品质、规格原因或者不可抗力，进口货物自进口之日起1年内原状复运出境的，不征收出口关税。

七、关税的会计核算

（一）自营进口货物关税的会计核算

自营进口是指由有进口自营权的企业办理对外洽谈和签订进口合同，执行合同并办理运输、开证、付汇全过程，并自负进口盈亏的商业行为。

1. 生产性企业自营进口货物关税的会计核算

生产性企业自营进口业务所计缴的关税，以到岸价格（CIF：成本、保险费和运输费的合计）作为计税价格，在此基础上计算应纳税额。在会计核算上是通过设置"应交税费——应交进口关税"科目来反映的。

单独核算进口关税的生产企业在计提关税时，应借记"材料采购""原材料""固定资产"等科目，贷记"应交税费——应交进口关税"科目；实际缴纳关税时，借记"应交税费——应交进口关税"科目，贷记"银行存款"科目。

不单独核算进口关税的企业一般也可不通过"应交税费——应交进口关税"科目进行核算，可将应交进口关税与进口材料的价款、境外运费和保险费、境内费用一并计入进口材料成本。缴纳关税时，直接借记"材料采购"或"原材料"科目，贷记"银行存款"或"应付账款"等科目。

【例题6-6】　W公司为增值税一般纳税人，20×2年3月相关经营业务如下：从加拿大进口一批化工材料A材料，货物抵达广州港。该货物采用实际成本计价。该货物的成交价为220万元；运抵我国海关地前的运输费和装卸费为20万元、保险费为7 000元；从海关地再运往W公司的运输费为8万元、装卸费用和保险费用为3万元。

要求：分别计算该公司进口环节应缴纳的关税和增值税税额，并编制相应的会计分录（关税税率为10%）。

【解析】

（1）接到银行转来单证，支付货款时：

借：在途物资——进口商品采购（A材料）　　　　　　　　　　　　　　　　2 200 000
　　贷：银行存款　　　　　　　　　　　　　　　　　　　　　　　　　　　　　　2 200 000

（2）支付境外运费和保险费时：

货物运抵广州港前发生的运输费和装卸费折合人民币为200 000元，保险费为7 000元。

运输费、装卸费和保险费总额＝200 000＋7 000＝207 000（元）

借：在途物资——进口商品采购（A材料）　　　　　　　　　　　　　　　　207 000
　　贷：银行存款　　　　　　　　　　　　　　　　　　　　　　　　　　　　　　207 000

（3）货物到达口岸，计提进口关税时：

关税完税价格＝2 200 000＋200 000＋7 000＝2 407 000（元）

进口环节应缴纳关税税额＝2 407 000×10％＝240 700(元)

进口环节应缴纳增值税税额＝(2 407 000＋240 700)×13％＝344 201(元)

借：在途物资——进口商品采购(A 材料)　　　　　　　　　　　　　　　240 700

　　贷：应交税费——应交进口关税　　　　　　　　　　　　　　　　　　240 700

(4)缴纳进口关税、增值税时：

借：应交税费——应交增值税(进项税额)　　　　　　　　　　　　　　　344 201

　　　　　　　——应交进口关税　　　　　　　　　　　　　　　　　　240 700

　　贷：银行存款　　　　　　　　　　　　　　　　　　　　　　　　　　584 901

2. 外贸企业自营进口货物关税的会计核算

外贸企业进口的商品应纳的关税通过"应交税费——应交进口关税"科目核算。外贸企业自营进口货物的,按应缴纳的进口关税,借记"在途物资"或者"库存商品"科目,贷记"应交税费——应交进口关税"科目;缴纳关税时,借记"应交税费——应交进口关税"科目,贷记"银行存款"科目。

不单独核算关税的外贸企业也可以直接借记"材料采购"科目,贷记"银行存款"或"应付账款"科目。

【例题 6-7】　H 公司从意大利进口一批红酒用于销售,于 7 月 8 日运抵东莞港。本次红酒进口的数量为 10 800 瓶,商业发票列明的总价款为"EUR 300 000 FOB LA SPEZIA, ITALY",有关运保费结算清单列明运保费为 12 000 欧元,收到进口佣金 9 000 欧元,支付进口港务费 10 000 元和外运劳务费 9 000 元。汇率为 1 欧元＝6.95 元人民币。该货物采用实际成本计价。从意大利进口红酒的关税税率为 14％,消费税为 10％。假定所有款项均已支付。请作相关的会计处理。

【解析】

(1)接到银行传来国外单据,经审核无误支付国外货款：

€ 300 000×6.95＝2 085 000(元)

借：在途物资——进口商品采购(红酒)　　　　　　　　　　　　　　　2 085 000

　　贷：银行存款——外币存款　　　　　　　　　　　　　　　　　　　2 085 000

(2)收到运保费结算清单,支付运保费：

€ 12 000×6.95＝83 400(元)

借：在途物资——进口商品采购(红酒)　　　　　　　　　　　　　　　83 400

　　贷：银行存款——外币存款　　　　　　　　　　　　　　　　　　　83 400

(3)收到进口佣金：

€ 9 000×6.95＝62 550(元)

借：银行存款——外币存款　　　　　　　　　　　　　　　　　　　　62 550

　　贷：在途物资——进口商品采购(红酒)　　　　　　　　　　　　　　62 550

(4)货物到港,计提关税和消费税时：

关税完税价格＝2 085 000＋83 400－62 550＝2 105 850(元)

应交进口关税税额＝2 105 850×14％＝294 819(元)

应交进口环节消费税税额＝(2 105 850＋294 819)÷(1－10％)×10％＝266 741(元)

借：在途物资——进口商品采购(红酒)　　　　　　　　　　　　561 560

　　贷：应交税费——应交进口关税　　　　　　　　　　　　　294 819

　　　　　　　　——应交进口消费税　　　　　　　　　　　266 741

(5) 缴纳关税、消费税和增值税：

应交进口环节增值税税额＝(2 105 850＋294 819)÷(1－10％)×13％＝346 763.3(元)

借：应交税费——应交进口关税　　　　　　　　　　　　　　294 819.0

　　　　　　　　——应交进口消费税　　　　　　　　　　　266 741.0

　　　　　　　　——应交增值税(进项税额)　　　　　　　　346 763.3

　　贷：银行存款　　　　　　　　　　　　　　　　　　　　908 323.3

(6) 支付进口港务费和外运劳务费时：

借：在途物资——进口商品采购(红酒)　　　　　　　　　　　　19 000

　　贷：银行存款——人民币户　　　　　　　　　　　　　　　19 000

(7) 进口货物清关入库：

借：库存商品——库存进口商品(红酒)　　　　　　　　　　　2 686 410

　　贷：在途物资——进口商品采购(红酒)　　　　　　　　　2 686 410

(二) 代理进口货物关税的会计核算

代理进口业务,对受托方来说,一般不垫付货款,大多以收取手续费的形式为委托方提供代理服务。因此,由于进口而计缴的关税均由委托方负担,受托单位即使向海关缴纳了关税,也只是代垫或是代付,日后仍要从委托方处如数收回。

代理进口业务所计缴的关税,在会计核算上通过设置"应交税费——应交进口关税"科目来反映的,其对应科目是"应付账款""银行存款"等;收到委托方交来的税款时,借记"银行存款"科目,贷记"预收账款"科目。

【例题 6-8】 A 公司接受国内一家企业委托代理从德国进口甲商品一批,对方预付进口外汇人民币 2 550 000 元已汇入进出口存款户。该进口商品在我国口岸的 CIF 为 USD 240 000,进口关税税率为 20％,当日的外汇牌价为 USD 1＝CNY 8.64,代理手续费按商品价格的 2％收取,现该批商品已运达,需要向委托单位办理结算。请作相关的会计处理。

(1) 收到委托单位预付的进口货款时：

借：银行存款　　　　　　　　　　　　　　　　　　　　　　2 550 000

　　贷：预收账款——委托单位　　　　　　　　　　　　　　2 550 000

(2) 收到进口单位向境外支付货款时：

该批商品的人民币价格＝240 000×8.64＝2 073 600(元)

借：预收账款——委托单位　　　　　　　　　　　　　　　　2 073 600

　　贷：银行存款　　　　　　　　　　　　　　　　　　　　2 073 600

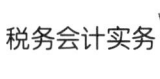

（3）计算缴纳代理进口商品的相关税费时：

应交进口关税税额＝2 073 600×20%＝414 720.00（元）

应交进口增值税税额＝（2 073 600＋414 720）×13%＝323 481.60（元）

借：应交税费——应交进口关税　　　　　　　　　　　　　　　414 720.00
　　　　　　——应交增值税（进项税额）　　　　　　　　　　323 481.60
　　贷：银行存款　　　　　　　　　　　　　　　　　　　　　　738 201.60

借：预收账款——委托单位　　　　　　　　　　　　　　　　　738 201.60
　　贷：应交税费——应交进口关税　　　　　　　　　　　　　　414 720.00
　　　　　　　　——应交增值税（进项税额）　　　　　　　　　323 481.60

（4）向委托单位结算代理手续费时：

代理手续费＝2 073 600×2%＝41 472.00（元）

销项税额＝41 472÷（1＋6%）×6%≈2 347.47（元）

借：预收账款——委托单位　　　　　　　　　　　　　　　　　41 472.00
　　贷：其他业务收入——代销代购收入　　　　　　　　　　　　39 124.53
　　　　应交税费——应交增值税（销项税额）　　　　　　　　　　2 347.47

（5）收到委托单位的结欠款时：

借：银行存款　　　　　　　　　　　　　　　　　　　　　　　303 273.60
　　贷：预收账款——委托单位　　　　　　　　　　　　　　　　303 273.60

八、关税的征收管理

（一）纳税期限

进出口货物的纳税人、扣缴义务人应当自完成申报之日起 15 日内缴纳税款；符合海关规定条件并提供担保的，可以于次月第 5 个工作日结束前汇总缴纳税款。因不可抗力或者国家税收政策调整，不能按期缴纳的，经向海关申请并提供担保，可以延期缴纳，但最长不得超过 6 个月。

纳税人、扣缴义务人未在规定的纳税期限内缴纳税款的，自规定的期限届满之日起，按日加收滞纳税款 0.5‰的滞纳金。

（二）补征与追征

进出口货物完税后，如发现少征或漏征税款，海关有权在 1 年内予以补征。如因纳税人、扣缴义务人违反规定造成少征或者漏征税款的，海关可以自缴纳税款或者货物放行之日起 3 年内追征税款，并自缴纳税款或者货物放行之日起，按日加收少征或者漏征税款 0.5‰的滞纳金，计算公式为：

$$滞纳金金额＝滞纳关税税额×滞纳金征收比率（0.5‰）×滞纳天数$$

【注意】

关税滞纳金起征点为 50 元。

案例分析

任务三 土地增值税会计

一、土地增值税的概念和特征

（一）土地增值税的概念

土地增值税是以纳税人转让国有土地使用权、地上的建筑物及其附着物(以下简称转让房地产)所取得的增值额为征税对象,依照规定税率征收的一种税。

（二）土地增值税的特征

（1）以转让房地产的增值额为计税依据。土地增值税的增值额是以征税对象的全部销售收入额扣除与其相关的成本、费用、税金及其他项目金额后的余额。与增值税的增值额有所不同,土地增值税属于收益性质的土地税,只有在发生权属转移且有增值的情况下才予征收。

（2）交税面比较广。凡在我国境内转让房地产并获得收入的单位和个人,除了税收法律法规规定免税的,均应缴纳土地增值税。换言之,凡出现应税行为的单位和个人,不管其经济性质,也不分中、外资企业或中、外籍人员,不管专营或兼营房地产事务,均有缴纳土地增值税的责任。

（3）实施超率累进税率。土地增值税的税率是以转让房地产增值率为依据,依照累进准则,实施分级计税,增值率高的,税率高,多交税;增值率低的,税率低,少交税。

（4）属于财产转移税的,以转让方为纳税人。

二、土地增值税的纳税人

在中华人民共和国境内转让国有土地使用权、地上的建筑物及其附着物并取得收入的单位和个人,为土地增值税的纳税义务人,应按规定缴纳土地增值税。单位,是指各类企业单位、事业单位、国家机关和社会团体及其他组织。个人,包括个体经营者。收入,包括转让房地产的全部价款及有关的经济收益。

土地增值税同样适用于涉外企业、单位和个人。外商投资企业、外国企业、外国驻华机构、外国公民、华侨以及港澳同胞等,只要在中华人民共和国境内转让房地产并取得收入,都应当缴纳土地增值税。

三、土地增值税的征税范围和税率

（一）征税范围

土地增值税的征税范围是转让国有土地使用权、地上的建筑物及其附着物,包括转让国有土地使用权以及地上建筑物及其附着物连同国有土地使用权一并转让。这里的转让是指有偿转让。转让非国有土地、出让国有土地不征土地增值税。

土地增值税征税范围的具体情形如表6-6所示。

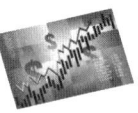

表 6-6   土地增值税征税范围的具体情形

具体事项	是否征收土地增值税
1. 合作建房	(1) 建成后自用,暂免 (2) 建成后转让,征税
2. 房地产交换	征税(个人之间互换自有居住用房免税)
3. 房地产抵押	(1) 抵押期:不征 (2) 期满房地产抵债:征税
4. 房地产出租	不征
5. 房地产评估增值	不征
6. 国家收回国有土地使用权、征用地上建筑物及附着物	免征
7. 代建房行为	不征
8. 房地产的继承	不征
9. 房地产的赠与	不征: (1) 赠与直系亲属或承担直接赡养义务人 (2) 赠与福利、公益事业
	征税:上述情形以外的房地产赠与

【注意】

房地产开发企业将开发产品用于职工福利、奖励、对外投资、分配给股东或投资人、抵偿债务、换取其他单位和个人的非货币性资产等,发生所有权转移时应视同销售房地产。

(二) 税率

土地增值税适用四级超率累进税率,增值额与扣除项目金额的比率计算公式为:

$$增值额与扣除项目金额的比率 = \frac{收入 - 扣除项目金额}{扣除项目金额} \times 100\%$$

土地增值税税率如表 6-7 所示。

表 6-7   土地增值税税率表

级数	增值额与扣除项目金额的比率	税率	速算扣除系数
1	不超过 50% 的部分	30%	0
2	超过 50% 至 100% 的部分	40%	5%
3	超过 100% 至 200% 的部分	50%	15%
4	超过 200% 的部分	60%	35%

【例题 6-9】 某房地产公司转让写字楼收入 1 600 万元,计算土地增值税税额时准许扣除项目金额为 950 万元,则其适用的税率是多少?

【解析】

增值额与扣除项目金额的比率 = (1 600 - 950) ÷ 950 × 100% = 68.4%,适用第 2 级税率,即为 40%。

四、土地增值税的计算

(一) 计税公式

土地增值税的有关计算公式如下:

$$土地增值税 = 增值额 \times 适用税率 - 扣除项目金额 \times 速算扣除系数$$
$$增值额 = 转让房地产取得的收入 - 扣除项目金额$$

【注意】

转让房地产取得的收入为不含增值税收入。

(二) 不同项目的扣除内容

1. 新建项目

1) 新建项目具体扣除标准

新建项目具体扣除标准如表 6-8 所示。

表 6-8　　　　　　　　　　　　　　新建项目具体扣除标准

转让新建项目		具体扣除项目	扣除标准	
房地产开发企业	拿地	① 取得土地使用权所支付的金额	据实扣除(成本+契税)	
	建房	② 房地产开发成本	据实扣除	
		③ 房地产开发费用	利息明确	利息+(①+②)×省级政府确定的比例
			利息不明确	(①+②)×省级政府确定的比例
	销售	④ 与转让房地产有关的税金	城市维护建设税、教育费附加(不包括印花税)、不得抵扣的增值税	
	优惠	⑤ 加计扣除额	(①+②)×20%	
非房地产开发企业	拿地	同房地产开发企业	同房地产开发企业	
	建房	同房地产开发企业	同房地产开发企业	
	销售	不同房地产开发企业	包括城市维护建设税、教育费附加、印花税	

(1) 房地产开发成本包括:①土地征用及拆迁补偿费,包括土地征用费、耕地占用税,以及有关地上、地下附着物拆迁补偿的净支出,安置动迁用房支出等。②前期工程费。③建筑安装工程费,是指以出包方式支付给承包单位的建筑安装工程费,以自营方式发生的建筑安装工程费。④基础设施费。⑤公共配套设施费。⑥开发间接费用,包括工资、职工福利费、折旧费、修理费、办公费、水电费、劳动保护费、周转房摊销等。

(2) 房地产开发费用属于土地增值税扣除项目金额项下的开发土地和新建房及配套设施的费用。开发土地和新建房及配套设施的费用是指与房地产开发项目有关的销售费用、管理费用和财务费用。

房地产开发费用按以下原则处理:①财务费用中的利息支出,凡能够按转让房地产项目计算分摊并提供金融机构证明的,允许据实扣除,但最高不得超过按商业银行同类同期贷款利率计算的金额。其他房地产开发费用,按照"取得土地使用权所支付的金额"与"房地产开发成本"金额之和的 5% 计算扣除。②凡不能按转让房地产项目计算分摊利息支出

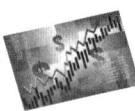

或不能提供金融机构证明的,房地产开发费用按照"取得土地使用权所支付的金额"与"房地产开发成本"金额之和的10%计算扣除。全部使用自有资金,没有利息支出的,按照以上方法扣除。

【注意】

有两项即使明确也不得扣除的利息:①利息的上浮幅度按国家的有关规定执行,超过上浮幅度的部分不允许扣除;②超过贷款期限的利息部分和加罚的利息不允许扣除。

2)计税步骤

新建项目计算土地增值税的计税步骤主要有以下方面:

(1)确定收入。

(2)计算扣除项目金额,包括以下项目:①取得土地使用权所支付的金额、房地产开发成本、与转让房地产有关的税金;②房地产开发费用(注意利息是否明确);③加计扣除项目金额等。

(3)计算增值额(收入-扣除项目金额)。

(4)计算增值额与扣除项目的比率(增值额÷扣除项目金额)。

(5)找税率。

(6)计算税额。其计算公式为:

$$应纳税额 = 增值额 \times 税率 - 扣除项目金额 \times 速算扣除系数$$

【例题6-10】 甲房地产企业于20×2年5月开发一普通标准住宅,已知支付的土地出让金为284万元,缴纳相关税费16万元;住宅开发成本为280万元,其中含装修费用50万元;房地产开发费用中的利息支出为30万元(不能提供金融机构证明);当年住宅全部销售,取得不含税销售收入1 000万元;缴纳城市维护建设税和教育费附加49万元、印花税4.5万元。已知:该企业所在省人民政府规定的房地产开发费用的计算扣除比例为10%,房地产开发加计扣除比率为20%。请计算该企业应缴纳的土地增值税税额。

【解析】

(1)住宅销售收入为1 000万元。

(2)确定转让房地产的扣除项目金额包括:①取得土地使用权所支付的金额=284+16=300(万元)。②住宅开发成本为280万元。③房地产开发费用=(300+280)×10%=58(万元)。④与转让房地产有关的税金=49(万元)(注意:缴纳的印花税已在税金及附加中扣除)。⑤加计扣除=(300+280)×20%=116(万元)。

转让房地产的扣除项目金额=300+280+58+49+116=803(万元)。

(3)转让房地产的增值额=1 000-803=197(万元)。

(4)增值额与扣除项目金额的比率=197÷803≈24.53%。

根据土地增值税四级"超率累进税率"(表6-7),确定土地增值税税率为30%,速算扣除系数为0。

(5)应纳土地增值税税额=197×30%=59.1(万元)。

2. 销售旧房

1)销售旧房具体扣除标准

销售旧房具体扣除标准如表6-9所示。

表 6-9　　　　　　　　　　　　　　销售旧房具体扣除标准

转让存量项目		具体扣除项目	扣除标准
房屋	房	房屋及建筑物的评估价格	重置成本价×成新率
	地	取得土地使用权所支付的地价款和缴纳的有关费用	据实扣除
	销售	与转让房地产有关的税金	据实扣除
土地	地	取得土地使用权所支付的地价款和缴纳的有关费用	据实扣除
	销售	与转让土地使用权有关的税金	据实扣除

2）计税依据的特殊规定

（1）纳税人隐瞒、虚报房地产成交价格的，应由评估机构参照同类房地产的市场交易价格进行评估，税务机关根据评估价格确定转让房地产的收入。

（2）纳税人申报扣除项目金额不实的，应由评估机构按照房屋重置成本价乘以成新度折扣率，计算的房屋成本价和取得土地使用权时的基准地价进行评估，税务机关根据评估价格确定扣除项目金额。

（3）转让房地产的成交价格低于房地产评估价格又无正当理由的，应按评估的市场交易价确定其实际成交价，并以此作为转让房地产的收入。

（4）非直接销售和自用房地产收入的确定：按本企业在同一地区、同一年度销售的同类房地产的平均价格确定；由主管税务机关参照当地当年、同类房地产的市场价格或评估价值确定。

【例题 6-11】　20×3 年 8 月，某公司转让其于 20×1 年 1 月在市区购置的一栋办公楼，取得不含增值税收入 9 500 万元，签订产权转移书据，相关税费为 109 万元，20×1 年购买时支付的价款为 7 500 万元，办公楼经税务机关认定的重置成本价为 11 500 万元，成新率为 80％。请计算该公司在缴纳土地增值税时的增值额。

【解析】

转让旧房应按房屋及建筑物的评估价格、取得土地使用权所支付的地价款和按国家统一规定缴纳的有关费用，以及在转让环节缴纳的税金作为扣除项目金额计征土地增值税。计算如下：

评估价格＝重置成本价×成新率＝11 500×80％＝9 200（万元）

增值额＝9 500－9 200－109＝191（万元）

五、土地增值税的税收优惠政策

（1）纳税人建造普通标准住宅出售，增值额未超过扣除项目金额 20％的，予以免税；超过 20％的，应按全部增值额缴纳土地增值税。

房地产开发项目中同时包含普通住宅和非普通住宅的，应分别计算土地增值税的税额。

（2）因国家建设需要依法征用、收回的房地产，免征土地增值税。

（3）因城市实施规划、国家建设的需要而搬迁，由纳税人自行转让原房地产的，免征土地增值税。

（4）企事业单位、社会团体以及其他组织转让旧房作为廉租住房、经济适用住房房源且增值额未超过扣除项目金额 20％的，免征土地增值税。

（5）个人转让住房暂免征收土地增值税。

六、土地增值税的会计核算

（一）房地产开发企业土地增值税的会计核算

由于房地产开发行业的特殊性，在房屋开发过程中企业先获得对客户的预售款，待建筑物竣工验收合格后再结算收入。《中华人民共和国土地增值税暂行条例实施细则》第 16 条规定：纳税人在项目全部竣工结算前转让房地产取得的收入，可以预征土地增值税，待该项目全部竣工、办理结算后再进行清算，多退少补。会计处理主要涉及以下几个方面的内容：预缴土地增值税的核算、计提和预提土地增值税的核算、汇算清缴土地增值税的核算。

（1）纳税人采取预收方式销售房地产的，对在项目全部竣工结算前转让房地产取得的收入，税务机关可以预征土地增值税。对于预收款，需要预缴土地增值税，预缴税款时，借记"应交税费——应交土地增值税"科目，贷记"银行存款"科目；

（2）房地产开发企业计提土地增值税时，借记"税金及附加"科目，贷记"应交税费——应交土地增值税"科目；实际缴纳土地增值税时，借记"应交税费——应交土地增值税"科目，贷记"银行存款"科目。

（3）待项目办理完土地增值税清算时，借记"税金及附加"科目，贷记"应交税费——应交土地增值税"科目；若退回多缴的土地增值税，借记"银行存款"科目，贷记"应交税费——应交土地增值税"科目；若补缴土地增值税，则作相反的会计分录。

【例题 6-12】 20×2 年 12 月，某房地产开发企业将其开发的一栋写字楼进行有偿转让，建筑面积为 14 000 平方米，单位售价为每平方米 8 600 元。该企业为开发该工程支付土地使用权转让金 2 000 万元，房地产开发成本为 1 000 万元，专门为开发该工程支付的贷款利息为 100 万元。为转让该工程应当缴纳城市维护建设税和教育费附加共 200 万元，财务费用中的利息支出为 300 万元（不能按转让房地产项目计算分摊利息支出，也不能提供金融机构证明）。当地政府规定，企业可以按照土地使用权转让金、房地产开发成本的 5% 计算扣除其他房地产开发费用。另外，税收法律法规规定，从事房地产开发的企业可以按土地使用权转让金和房地产开发成本的 20% 加计扣除。请计算该企业的应纳土地增值税税额，并作相关的会计处理。

【解析】

有关计算过程如下：

（1）房地产转让收入 = 14 000 × 8 600 ÷ 10 000 = 12 040（万元）。

（2）扣除项目金额 = 2 000 + 1 000 + 100 + 200 + (2 000 + 1 000) × 5% + (2 000 + 1 000) × 20% = 4 050（万元）。

（3）增值额 = 12 040 − 4 050 = 7 990（万元）。

（4）增值额与扣除项目金额比率 = (7 990 ÷ 4 050) × 100% ≈ 197%，确定税率为 50%，速算扣除系数为 15%。

（5）应纳土地增值税税额 = 7 990 × 50% − 4 050 × 15% = 3 387.5（万元）。

该房地产开发企业应作如下会计处理：

（1）收入实现时：

借：银行存款	131 236 000
贷：主营业务收入	120 400 000
应交税费——应交增值税（销项税额）	10 836 000

（2）计提土地增值税时：

借：税金及附加　　　　　　　　　　　　　　　　　　　　　　　　33 875 000
　　贷：应交税费——应交土地增值税　　　　　　　　　　　　　　　　　33 875 000

（3）缴纳土地增值税时：

借：应交税费——应交土地增值税　　　　　　　　　　　　　　　　　　33 875 000
　　贷：银行存款　　　　　　　　　　　　　　　　　　　　　　　　　　33 875 000

（二）非房地产开发企业土地增值税的会计核算

非房地产开发企业对于地上建筑物及其附着物连同国有土地使用权一并转让的业务，通过"固定资产清理"等科目核算，按转让时应缴纳的土地增值税税额，借记"固定资产清理"科目，贷记"应交税费——应交土地增值税"科目。实际缴纳土地增值税时，借记"应交税费——应交土地增值税"科目，贷记"银行存款"科目。

【例题 6-13】　20×2 年 12 月，G 公司将办公楼进行有偿转让，根据税收法律法规规定计算的应交土地增值税为 446.5 万元。请作相关的会计处理。

【解析】

（1）计算应交土地增值税时：

借：固定资产清理　　　　　　　　　　　　　　　　　　　　　　　　4 465 000
　　贷：应交税费——应交土地增值税　　　　　　　　　　　　　　　　　4 465 000

（2）用银行存款缴纳土地增值税时：

借：应交税费——应交土地增值税　　　　　　　　　　　　　　　　　　4 465 000
　　贷：银行存款　　　　　　　　　　　　　　　　　　　　　　　　　　4 465 000

七、土地增值税的征收管理

（一）纳税申报

1. 纳税义务的发生时间和纳税期限

（1）纳税人应当自转让房地产合同签订之日起 7 日内向房地产所在地主管税务机关办理纳税申报。纳税人因经常发生房地产转让而难以在每次转让后申报的，经税务机关审核同意后，可以定期进行纳税申报，具体期限由税务机关根据情况确定。

（2）对纳税人在项目全部竣工结算前转让房地产取得的收入可以预征土地增值税。

（3）纳税人在办理纳税申报时，应如实填写《土地增值税纳税申报表》，并向税务机关提交房屋及建筑物产权、土地使用权证书，土地使用权转让、房产买卖合同，房地产评估报告及其他与转让房地产有关的资料。

土地增值税纳税人未按规定提供前述有关资料，或不如实申报房地产交易额及规定扣除项目金额造成少缴或未缴税款的，按《中华人民共和国土地增值税暂行条例》（以下简称《土地增值税暂行条例》）的规定进行处理。

2. 纳税地点

纳税人要向房地产所在地的主管税务机关办理纳税申报。如果转让的房地产坐落在两个或两个以上地区，需要按照房地产所在地分别进行申报纳税。房地产所在地，是指房地产的坐落地。

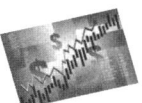

(二) 税款缴纳

土地增值税纳税申报表经税务部门核对并确定无误后,纳税方应当在根据税务部门核对的税额和约定的时间内缴纳土地增值税。土地增值税以人民币为计量单位。出让房产而获得的收入是境外货币的,按实现入账当天或者当月1日由国家发布的市场汇价折合成人民币,据以计算土地增值税。如果采用分期入账方式取得他国货币的,还应当按实现入账当日或收到当月1日国家发布的国际市场汇价折合成人民币,以计缴土地增值税。

纳税人在项目全面施工竣工结果之前转移房屋所获得的总收入,如果因为有关成本确定问题或者其他因素,而无法据以计算土地增值税的,也可预缴土地增值税,待该项目全面施工竣工、完成结算后再予以结清,并多退少补。具体办法由各省市、自治州、直辖市税务局根据当地的具体情况提出,通常情形为:对企业纳税人因预售房产所获得的总收入,按照所在地税务部门法规预征土地增值税的,企业纳税人必须到税务部门办理税收申报,并按比例预缴;地方税务机关按照法规不预征土地增值税的,缴纳方也必须在实现总收入时先到税务部门登记或备案。

案例分析

任务四　资源税会计

一、资源税的概念

资源税是对我国领域和我国管辖的其他海域开发应税资源的单位和个人,就其应税资源销售额或销售数量为计税依据而征收的一种税。

二、资源税的纳税人和扣缴义务人

(一) 纳税人

在我国领域和我国管辖的其他海域开发应税资源的单位和个人,为资源税的纳税人。

资源税仅对在中国领域及管辖海域从事应税产品开采或生产的单位和个人征收,对于进口的相关产品不征收资源税。资源税纳税义务人不仅包括符合规定的中国企业和个人,还包括外商投资企业和外国企业。

(二) 扣缴义务人

独立矿山、联合企业和其他收购未税矿产品的单位为资源税的扣缴义务人。

三、资源税的征税范围和税率

(一) 征税范围

根据《中华人民共和国资源税法》,现行资源税征税范围主要包括能源矿产、金属矿产、非金属矿产、水气矿产、盐五个税目,同时设若干个子目。

1. 能源矿产

能源矿产包括原油、天然气、煤、铀、钍、地热等。

2. 金属矿产

金属矿产包括黑色金属(如铁)、有色金属(如金)。

3. 非金属矿产

非金属矿产包括矿物类(如高岭土)、岩石类(如花岗岩)、宝玉石类(如玛瑙)。

4. 水气矿产

水气矿产包括二氧化碳气、硫化氢气、氦气、氡气、矿泉水、地下水等。

5. 盐

盐包括钠盐、钾盐、镁盐、锂盐;天然卤水;海盐。

(二) 税率

资源税实行从价定率和从量定额计征,以从价定率为主,从量定额为辅。绝大多数应税矿产品执行比例税率,少数特殊资源可选择适用比例税率或定额税率。

纳税人开采或者生产不同税目应税产品的,应当分别核算不同税目应税产品的销售额或者销售数量;未分别核算或者不能准确提供不同税目应税产品的销售额或者销售数量的,从高适用税率。

资源税税目、税率如表 6-10 所示。

表 6-10　　　　　　　　　　　　资源税税目、税率表

税目		征税对象	税率
能源矿产	原油	原矿	6%
	天然气、页岩气、天然气水合物	原矿	6%
	煤	原矿或者选矿	2%～10%
	煤成(层)气	原矿	1%～2%
	铀、钍	原矿	4%
	油页岩、油砂、天然沥青、石煤	原矿或者选矿	1%～4%
	地热	原矿	1%～20%或者每立方米 1～30 元
金属矿产	黑色金属　铁、锰、铬、钒、钛	原矿或者选矿	1%～9%
	有色金属　铜、铅、锌、锡、镍、锑、镁、钴、铋、汞	原矿或者选矿	2%～10%
	铝土矿	原矿或者选矿	2%～9%
	钨	选矿	6.5%
	钼	选矿	8%
	金、银	原矿或者选矿	2%～6%
	铂、钯、钌、锇、铱、铑	原矿或者选矿	5%～10%
	轻稀土	选矿	7%～12%
	中重稀土	选矿	20%
	铍、锂、锆、锶、铷、铯、铌、钽、锗、镓、铟、铊、铪、铼、镉、硒、碲	原矿或者选矿	2%～10%
非金属矿产	矿物类　高岭土	原矿或者选矿	1%～6%
	石灰岩	原矿或者选矿	1%～6%或者每吨(或者每立方米)1～10 元
	磷	原矿或者选矿	3%～8%

(续表)

税目			征税对象	税率
非金属矿产	矿物类	石墨	原矿或者选矿	3%～12%
		萤石、硫铁矿、自然硫	原矿或者选矿	1%～8%
		天然石英砂、脉石英、粉石英、水晶、工业用金刚石、冰洲石、蓝晶石、硅线石（矽线石）、长石、滑石、刚玉、菱镁矿、颜料矿物、天然碱、芒硝、钠硝石、明矾石、砷、硼、碘、溴、膨润土、硅藻土、陶瓷土、耐火粘土、铁矾石、凹凸棒石粘土、海泡石粘土、伊利石粘土、累托石粘土	原矿或者选矿	1%～12%
		叶蜡石、硅灰石、透辉石、珍珠岩、云母、沸石、重晶石、毒重石、方解石、蛭石、透闪石、工业用电气石、白垩、石棉、蓝石棉、红柱石、石榴子石、石膏	原矿或者选矿	2%～12%
		其他粘土（铸型用粘土、砖瓦用粘土、陶粒用粘土、水泥配料用粘土、水泥配料用红土、水泥配料用黄土、水泥配料用泥岩、保温材料用粘土）	原矿或者选矿	1%～5%或者每吨（或者每立方米）0.1～5元
	岩石类	大理岩、花岗岩、白云岩、石英岩、砂岩、辉绿岩、安山岩、闪长岩、板岩、玄武岩、片麻岩、角闪岩、页岩、浮石、凝灰岩、黑曜岩、霞石正长岩、蛇纹岩、麦饭石、泥灰岩、含钾岩石、含钾砂页岩、天然油石、橄榄岩、松脂岩、粗面岩、辉长岩、辉石岩、正长岩、火山灰、火山渣、泥炭	原矿或者选矿	1%～10%
		砂石	原矿或者选矿	1%～5%或者每吨（或者每立方米）0.1～5元
	宝玉石类	宝石、玉石、宝石级金刚石、玛瑙、黄玉、碧玺	原矿或者选矿	4%～20%
水气矿产	二氧化碳气、硫化氢气、氦气、氡气		原矿	2%～5%
	矿泉水		原矿	1%～20%或者每立方米1～30元
盐	钠盐、钾盐、镁盐、锂盐		选矿	3%～15%
	天然卤水		原矿	3%～15%或者每吨（或者每立方米）1～10元
	海盐		原矿	2%～5%

四、资源税的税收优惠政策

根据国民经济和社会发展需要，国务院对有利于促进资源节约集约利用、保护环境等情形可以规定免征或者减征资源税，具体有以下情形。

（一）免征资源税
（1）开采原油以及在油田范围内运输原油过程中用于加热的原油、天然气。

（2）煤炭开采企业因安全生产需要抽采的煤成（层）气。

（二）减征资源税
（1）从低丰度油气田开采的原油、天然气，减征20%资源税。

（2）高含硫天然气、三次采油和从深水油气田开采的原油、天然气，减征30%资源税。

（3）稠油、高凝油减征40%资源税。

（4）从衰竭期矿山开采的矿产品，减征 30% 资源税。

省、自治区、直辖市可以决定免征或者减征资源税的情形有：

（1）纳税人开采或者生产应税产品过程中，因意外事故或者自然灾害等原因遭受重大损失。

（2）纳税人开采共伴生矿、低品位矿、尾矿。

纳税人的免税、减税项目，应当单独核算销售额或者销售数量；未单独核算或者不能准确提供销售额或者销售数量的，不予免税或者减税。

【注意】

"免征"区别于"不征"；"人造"石油、"进口"石油，不属于开采我国境内不可再生的自然资源，因此不征收资源税。

五、资源税的计算

资源税的税款计算以从价计征为主，少数情况采用从量计征。地热、石灰岩、其他粘土、砂石、矿泉水、天然卤水等矿产品纳税人可以选择适用从价或者从量计算。

（一）从价计征

采用从价计征方式时应纳资源税的计算公式为：

$$应纳资源税 = 销售额 \times 适用税率$$

销售额不包括应税产品从坑口或洗选（加工）地到车站、码头或购买方指定地点的运输费用、建设基金，以及随运销产生的装卸、仓储、港杂费用。

（二）从量计征

采用从量计征方式时应纳资源税的计算公式为：

$$应纳资源税 = 销售数量 \times 适用税额$$

纳税人开采或者生产应税产品，自用于连续生产应税产品的，移送使用时不缴纳资源税；自用于其他方面的，视同销售，缴纳资源税。

（三）特殊情况下应纳税额计算

（1）应税产品为矿产品的，包括"原矿"和"选矿"，计算税额时：①纳税人以自采原矿直接销售，或自用于应当缴纳资源税情形的，按照原矿计征资源税。②纳税人以自采原矿洗选加工为选矿产品销售，或将选矿产品自用于应当缴纳资源税情形的，按照选矿产品计征资源税，在原矿移送环节不缴纳资源税。

（2）纳税人外购与自采应税产品混合销售或混合加工为应税产品销售的情形。

纳税人以外购与自采原矿混合为原矿销售，或以外购与自产选矿产品混合为选矿产品销售的，在计算应税产品销售额（数量）时，直接扣减外购原矿或选矿产品的购进金额（数量）。

纳税人以外购原矿与自采原矿混合洗选加工为选矿产品销售的，在计算应税产品销售额（数量）时，计算公式为：

$$准予扣减的外购应税产品购进金额（数量） = 外购原矿购进金额（数量） \times \frac{本地区原矿适用税率}{本地区选矿产品适用税率}$$

$$准予扣减的外购应税产品的资源税 = 外购原矿购进金额（数量） \times 本地区原矿适用税率$$

上述情形中,未准确核算外购应税产品的购进金额(数量)的,不得扣减,应当一并计算缴纳资源税。

(3) 纳税人申报的销售额明显偏低且无正当理由,或有自用应税产品行为而无销售额的,主管税务机关可以按下列方法确定:①按纳税人最近时期同类产品的平均销售价格确定。②按其他纳税人最近时期同类产品的平均销售价格确定。③按后续加工非应税产品销售价格,减去后续加工环节的成本利润后确定。④按应税产品组成计税价格确定,组成计税价格的计算公式为:

$$组成计税价格 = 成本 \times (1 + 成本利润率) \div (1 - 资源税税率)$$

(4) 开采或生产同一应税产品,其中既有享受减免税政策的又有不享受减免税政策的,按照免税、减税项目的产量占比等方法分别核算确定免税、减税项目的销售额(数量)。

【例题 6-14】 20×2 年 6 月,甲砂石企业开采砂石 1 000 吨,对外销售 800 吨,另移送 60 吨砂石继续精加工。已知:砂石的资源税税率为 4 元/吨。请计算甲企业应当缴纳的资源税税额。

【解析】

砂石以销售数量为计税依据,而非开采数量;纳税人开采应税产品,自用于连续生产应税产品的,移送使用时不缴纳资源税,因此:

应纳资源税税额 = 800 × 4 = 3 200(元)

【例题 6-15】 20×2 年 6 月,某锡矿企业销售锡矿石原矿收取不含增值税的价款 1 200 万元,其中包括从坑口到车站的运输费用为 45 万元,随运输产生的装卸、仓储费用为 10 万元,均取得增值税发票。已知:锡矿石原矿适用的资源税税率为 6%。请计算该锡矿企业应缴纳的资源税税额。

【解析】

计入销售额中的相关运杂费用,凡取得增值税发票或者其他合法有效凭据的,准予从销售额中扣除。相关运杂费用是指应税产品从坑口或者洗选(加工)地到车站、码头或者购买方指定地点的运输费用、建设基金以及随运销产生的装卸、仓储、港杂费用。因此:

应纳资源税税额 = (1 200 − 45 − 10) × 6% = 68.7(万元)

六、资源税的会计核算

企业应在"应交税费"科目下设置"应交资源税"明细科目,用来核算企业应交资源税的发生和缴纳情况。该科目贷方反映企业应缴纳的资源税税额,借方反映企业已经缴纳或允许抵扣的资源税,余额在贷方,表示企业应交而未交的资源税税额。

(一) 销售应税产品的会计核算

企业直接销售应税产品应交资源税,应借记"税金及附加"科目,贷记"应交税费——应交资源税"科目;企业实际缴纳资源税时,借记"应交税费——应交资源税"科目,贷记"银行存款"科目。

【例题 6-16】 某矿山开采稀土原矿,20×2 年 5 月,将部分原矿用于加工成稀土精矿,全部对外销售,向购买方收取的含增值税价款为 150 万元。已知稀土精矿适用的资源税税率为

12%。请计算矿山应纳增值税和资源税税额,并作相关的会计处理。

【解析】

应纳增值税税额＝150÷(1＋13%)×13%＝17.26(万元)

应纳资源税税额＝150÷(1＋13%)×12%＝15.93(万元)

(1)确认收入和增值税销项税额时:

借:银行存款 1 500 000
  贷:主营业务收入 1 327 400
    应交税费——应交增值税(销项税额) 172 600

(2)计提资源税时:

借:税金及附加 159 300
  贷:应交税费——应交资源税 159 300

(3)缴纳资源税时:

借:应交税费——应交资源税 159 300
  贷:银行存款 159 300

(二)自产自用应税产品的会计核算

纳税人自产自用应税产品,自用于连续生产应税产品的,不缴纳资源税;自用于其他方面的视同销售。按规定计提资源税时,借记"税金及附加""生产成本""制造费用"等科目,贷记"应交税费——应交资源税"科目;实际缴纳资源税时,借记"应交税费——应交资源税"科目,贷记"银行存款"科目。

【例题 6-17】 某企业为增值税一般纳税人,20×2年1月,企业职工食堂和宿舍供热等领用企业开采的原煤550吨,原煤的不含税售价为每吨72元,生产成本为每吨50元。原煤的资源税适用税率为2%。请计算该企业应缴纳的资源税税额,并作相关的会计处理。

【解析】

该企业领用原煤应纳资源税税额＝550×72×2%＝792(元)

(1)计算应缴纳的增值税时:

借:应付职工薪酬 32 648
  贷:库存商品 27 500
    应交税费——应交增值税(销项税额) 5 148

(2)计算应缴纳的资源税时:

借:税金及附加 792
  贷:应交税费——应交资源税 792

(3)缴纳资源税时:

借:应交税费——应交资源税 792
  贷:银行存款 792

(三)收购未税矿产品代扣代缴资源税的会计核算

独立矿山、联合企业收购未税矿产品代扣代缴的资源税,借记"物资采购""原材料""库存

商品"等科目,贷记"应交税费——应交资源税"科目;企业实际代缴资源税时,借记"应交税费——应交资源税"科目,贷记"银行存款"科目。

【例题 6-18】 某联合矿业企业是增值税一般纳税人,20×2 年 4 月,从其他民营铜矿企业收购铜矿石原矿 5 000 吨,不含增值税总价款为 100 万元,该批铜矿未缴纳资源税,按税收法律法规规定,联合矿业企业应代扣代缴资源税。假定联合矿业企业所在矿山的铜矿适用税率 4%。请计算该公司应代扣代缴的资源税税额,并作相关的会计处理。

【解析】

应代扣代缴的资源税税额 = $100 \times 4\% = 4$(万元)

(1)计算代扣的资源税时:

借:原材料	1 000 000
应交税费——应交增值税(进项税额)	130 000
贷:应交税费——应交资源税	40 000
银行存款	1 090 000

(2)代缴资源税时:

借:应交税费——应交资源税	40 000
贷:银行存款	40 000

七、资源税的征收管理

(一)纳税义务的发生时间和纳税期限

纳税人销售应税产品,纳税义务发生时间为收讫销售款或者取得索取销售款凭据的当日;自用应税产品的,纳税义务发生时间为移送应税产品的当日。

资源税按月或者按季申报缴纳;不能按固定期限计算缴纳的,可以按次申报缴纳。纳税人按月或者按季申报缴纳的,应当自月度或者季度终了之日起 15 日内,向税务机关办理纳税申报并缴纳税款;按次申报缴纳的,应当自纳税义务发生之日起 15 日内,向税务机关办理纳税申报并缴纳税款。

(二)纳税地点

纳税人应当向应税产品开采地或者生产地的税务机关申报缴纳资源税。

案例分析

任务五 城镇土地使用税会计

一、城镇土地使用税的概念

城镇土地使用税是国家在"城市、县城、建制镇和工矿区"范围内,对使用土地的单位和个人,以其实际占用的土地面积为计税依据,按照规定的税额计算征收的一种税。城市是指经国务院批准设立的城市,城市的征税范围为市区和郊区。县城是指县人民政府所在地,县城的征税范围为县人民政府所在的城镇。建制镇是指经省、自治区、直辖市人民政府批准设立的建制镇,建制镇的征税范围为镇人民政府所在的城镇。工矿区是指工商业比较发达,人口比较集中,符合国务院规定的建制镇标准,但尚未设立建制镇的大中型工矿企业所在地。

二、城镇土地使用税的纳税人

城镇土地使用税由拥有土地使用权的单位或个人缴纳。拥有土地使用权的纳税人不在土地所在地的,由代管人或实际使用人缴纳。土地使用权未确定或权属纠纷未解决的,由实际使用人纳税。土地使用权共有的,共有各方均为纳税人,以共有各方实际使用土地的面积占总面积的比例分别计算缴纳城镇土地使用税。用于租赁的房屋,由出租方缴纳房产税、城镇土地使用税。

三、城镇土地使用税的征税范围和税率

(一) 征税范围

凡在城市、县城、建制镇、工矿区范围内的土地,不区分国家所有,还是集体所有,都在城镇土地使用税的征税范围内。但应注意,征税范围不包括农村集体所有的土地。

(二) 税率

城镇土地使用税采用幅度差别定额税率,按大、中、小城市和县城、建制镇、工矿区分别规定每平方米土地应纳税额。城镇土地使用税税率如表 6-11 所示。

表 6-11 城镇土地使用税税率表

级别	人口(人)	每年每平方米税额(元)
大城市	50 万以上	1.5～30
中等城市	20 万～50 万	1.2～24
小城市	20 万以下	0.9～18
县城、建制镇、工矿区		0.6～12

四、城镇土地使用税的税收优惠政策

城镇土地使用税的税收优惠政策如表 6-12 所示。

表 6-12 城镇土地使用税的税收优惠政策

行为		优惠政策
非经营行为	免征	(1) 国家机关、人民团体、军队自用的土地 (2) 由国家财政部门拨付事业经费的单位自用的土地 (3) 宗教寺庙、公园、名胜古迹自用的土地(公园、名胜古迹内附设的营业单位占用的土地,如索道公司经营用地,应缴纳城镇土地使用税) (4) 市政街道、广场、绿化地带等公共用地 (5) 老年服务机构的自用土地
国家鼓励的行为	免征	(1) 直接用于农、林、牧、渔业的生产用地 (2) 经批准开山填海整治的土地和改造的废弃土地,从使用的月份起免缴城镇土地使用税 5～10 年 (3) 农产品批发市场、农贸市场用地 (4) 国家级、省级科技企业孵化器等用地 (5) 企业办的学校、医院、托儿所、幼儿园,其用地能与企业其他用地明确区分的 (6) 全民健身体育场馆用地

（续表）

行为		优惠政策
占用耕地	—	缴纳了耕地占用税的，从批准征用之日起满 1 年后征收城镇土地使用税
无偿使用	免征	免税单位无偿使用纳税单位的土地
	不免征	纳税单位无偿使用免税单位的土地
房地产开发	免征	经批准开发建设经济适用房的用地
	不免征	其他各类房地产开发用地
各行业免征规定	厂区内征	包括办公区、生活区、绿化带、机场跑道等（自 2016 年 1 月 1 日起，企业范围内的荒山、林地、湖泊等占地，全额征收城镇土地使用税）
	厂区外免征	企业的铁路专用线、公路等用地：在厂区以外、与社会公用地段未加隔离的
		火电厂围墙外的灰场、输灰管、输油（气）管道、铁路专用线用地；水电站发电厂房、生产、办公、生活以外的用地；供电部门的输电线路、变电站用地
		盐场的盐滩、盐矿的矿井用地
		林场的育林地、运材道、防火道、防火设施用地；森林公园、自然保护区用地
		水利设施及其管护用地：如水库库区、大坝、堤防、灌渠、泵站等用地
		港口：码头用地
		机场：飞行区用地、场内外通信导航设施用地、飞行区四周排水防洪设施用地、场外的道路用地
		石油行业：地质勘探、钻井、井下作业、油气田地面工程等施工临时用地；企业厂区以外的铁路专用线、公路及输油管道用地；油气长输管线用地；在城市、县城、建制镇以外工矿区内的消防、防洪排涝、防风、防沙设施用地

五、城镇土地使用税的计算

（一）计税依据

城镇土地使用税以纳税人实际占用的土地面积为计税依据。凡由省级人民政府确定的单位组织测定土地面积的，以测定的土地面积为准。尚未组织测定，但纳税人持有政府部门核发的土地使用权证书的，以证书确定的土地面积为准。尚未核发土地使用权证书的，应当由纳税人据实申报土地面积，待核发土地使用权证书后再作调整。

（二）应纳税额的计算

城镇土地使用税采用从量计税的方法，计算公式为：

$$年应纳税额 = 实际占用应税土地面积（平方米）\times 适用税额$$

【例题 6-19】　20×2 年初，某企业实际占地面积为 7 000 平方米，其中含有企业内开办的医院占地 2 000 平方米。20×2 年 4 月，该企业为扩大生产，根据有关部门的批准，新征用非耕地 3 000 平方米。另外，企业区域外公共绿化用地占地 1 500 平方米。已知该企业所处地段适用年纳税额 5 元/平方米。请计算该企业当年应缴纳城镇土地使用税税额。

【解析】

医院用地、企业区域外公共绿化用地可以免缴城镇土地使用税。

应缴纳城镇土地使用税税额 = $(7\,000 - 2\,000)\times 5 + 3\,000\times 5\times 8\div 12 = 35\,000$（元）

六、城镇土地使用税的会计核算

城镇土地使用税的会计核算应设置"应交税费——应交城镇土地使用税"科目。该科目贷方登记本期应缴纳的城镇土地使用税税额;借方登记企业实际缴纳的城镇土地使用税税额;期末贷方余额表示企业应缴而未缴的城镇土地使用税税额。

核算时,企业按规定计算应交城镇土地使用税,借记"税金及附加"科目,贷记"应交税费——应交城镇土地使用税"科目;实际缴纳城镇土地使用税时,借记"应交税费——应交城镇土地使用税"科目,贷记"银行存款"科目。

【例题 6-20】　甲贸易公司位于市区,实际占地面积为 7 000 平方米,其中办公区占地 5 000 平方米,生活区占地 1 000 平方米,自办托幼机构占地 1 000 平方米。甲贸易公司还有一个位于农村的仓库,实际占地面积为 1 500 平方米。已知城镇土地使用税适用税率每平方米税额为 5 元。该公司采用按月计提,按半年缴纳城镇土地使用税税款。假设该公司于 20×2 年 7 月缴纳上半年税款,请计算应缴纳的城镇土地使用税税额并进行会计处理。

【解析】

20×2 年上半年应缴纳城镇土地使用税税额＝6 000×5÷2＝15 000(元)

每月计提城镇土地使用税税额＝15 000÷6＝2 500(元)

(1) 按月计提城镇土地使用税时:

借:税金及附加　　　　　　　　　　　　　　　　　　　　　2 500

　　贷:应交税费——应交城镇土地使用税　　　　　　　　　　　　2 500

(2) 缴纳上半年城镇土地使用税时:

借:应交税费——应交城镇土地使用税　　　　　　　　　　　　15 000

　　贷:银行存款　　　　　　　　　　　　　　　　　　　　　15 000

七、城镇土地使用税的征收管理

(一) 纳税义务的发生时间

城镇土地使用税的纳税义务发生时间有以下几种情形:

(1) 纳税人购置新建商品房,为自房屋交付使用的次月起。

(2) 纳税人购置存量房,为自办理房屋权属转移、变更登记手续,房地产权属登记机关签发房屋权属证书的次月起。

(3) 纳税人出租、出借房产,为自交付出租、出借房产的次月起。

(4) 以出让或转让方式有偿取得土地使用权的,为合同约定交付土地时间的次月起;合同未约定交付土地时间的,为合同签订的次月起。

(5) 纳税人新征用的耕地,为自批准征用之日起满 1 年时。

(6) 纳税人新征用的非耕地,为自批准征用的次月起。

(二) 征收方式及纳税地点

城镇土地使用税按年计算、分期缴纳。缴纳期限由省、自治区、直辖市人民政府确定。城镇土地使用税由土地所在地的税务机关征收。土地管理机关应当向土地所在地的税务机关提供土地使用权属资料。

任务六　房产税会计

一、房产税的概念和特征

（一）房产税的概念

房产税是以城市、县城、建制镇和工矿区的房产为征税对象征收的一种税。

（二）房产税的特征

（1）属于财产税。房产税只以房屋为征税对象，属于财产税。

（2）征税范围有所限定。房产税的征税范围只限于在城市、县城、建制镇和工矿区范围内的房屋，农村的房屋和国家拨付行政经费、事业经费和国防经费的单位没有纳入房产税的征税范围。

（3）税源稳定，征收简便。房产税的课税对象属于不动产，因而税源相对稳定；房产税采用简易征收办法，其计税依据是房产的计税余值及房屋的租金收入，因而只需对房屋产权进行登记并对出租房产活动加强管理，易于控制管理，征收相对较为简便。

（4）结合房屋的使用方式确定征税办法。纳税人将房屋用于经营自用的，应按房产计税余值计算缴纳房产税；将房屋用于出租、出典的，按租金收入计算缴纳房产税。

二、房产税的纳税人

房产税的纳税人是指在我国城市、县城、建制镇和工矿区（不包括农村）内拥有房屋产权的单位和个人，具体包括产权所有人、承典人、房产代管人或者使用人，主要包括以下几种：

（1）产权属于国家的，其经营管理的单位为纳税人。

（2）产权属于集体和个人的，集体单位和个人为纳税人。

（3）产权出典的，承典人为纳税人。

（4）产权所有人、承典人均不在房产所在地的，房产代管人或者使用人为纳税人。

（5）产权未确定以及租典（租赁、出典）纠纷未解决的，房产代管人或者使用人为纳税人。

（6）纳税单位和个人无租使用房产管理部门、免税单位及纳税单位的房产，由使用人代为缴纳房产税。

（7）房地产开发企业建造的商品房，在出售前，不征收房产税，但对出售前房地产开发企业已使用或出租、出借的商品房应按规定征收房产税。

纳税人的具体情形如表6-13所示。

表6-13　　　　　　　　　　纳税人的具体情形

具体情形	纳税人
产权属于国家所有	经营管理单位
产权属于集体和个人所有	集体单位和个人
产权出典	承典人

（续表）

具体情形	纳税人
产权所有人、承典人均不在房产所在地	房产代管人或者使用人
产权未确定、租典纠纷未解决	
居民住宅区内业主共有的经营性房产	
产权出租	出租人

三、房产税的征税范围和税率

（一）征税范围

房产税的征税范围为城市、县城、建制镇和工矿区的房产，不包括农村。房产是以房屋形态存在的财产，包括房屋和与房屋不可分割的配套设施和附属设备。但独立于房屋之外的建筑物，如房产围墙、水塔、烟囱、室外游泳池等，不属于房产。

【注意】

房地产开发企业建造的商品房，在出售前，不征收房产税，但对出售前房地产开发企业已使用或出租、出借的商品房应按规定征收房产税。

（二）税率

我国现行房产税采用比例税率，依据房产的用途是自用还是出租，分为从价计征和从租计征，设置不同的税率：从价计征的，税率为 1.2%；从租计征的，税率为 12%。

对个人按市场价格出租的居民住房，可暂减按 4% 的税率征收房产税。对企事业单位、社会团体以及其他组织按市场价格向个人出租的住房，减按 4% 的税率征收房产税。

四、房产税的税收优惠政策

下列房产免征房产税：

（1）国家机关、人民团体、军队自用的房产。

（2）由国家财政部门拨付事业经费的单位自用的房产。

（3）宗教寺庙、公园、名胜古迹自用的房产。

（4）个人所有非营业用的房产。

（5）企业办的各类学校、医院、托儿所、幼儿园自用的房产。

（6）经营公租房的租金收入，免征房产税。

（7）经财政部和省税务局批准免税的其他房产。

纳税人纳税确有困难的，可由省、自治区、直辖市人民政府确定，定期减征或者免征房产税。

五、房产税的计算

（一）计税依据

1. 从价计征的计税依据

从价计征的计税依据为按照房产原值一次减除 10%～30% 损耗后的余值（扣除比例由省、自治区、直辖市人民政府确定）。

对于房产原值的规定主要有以下几点：

（1）房产原值是指纳税人按照会计制度规定，在会计账簿"固定资产"科目中记载的房屋原价（不减除折旧）。因此，凡按会计制度规定在账簿中记载有房屋原价的，应以房屋原价按规定减除一定比例后作为房产余值计征房产税；没有记载房屋原价的，按照上述原则，并参照同类房屋确定房产原值，按规定计征房产税。

【注意】

自2009年1月1日起，对依照房产原值计税的房产，不论是否记载在会计账簿固定资产科目中，均应按照房屋原价计算缴纳房产税。房屋原价应根据国家有关会计制度规定进行核算。对纳税人未按国家会计制度规定核算并记载的，应按规定予以调整或重新评估。

（2）房产原值应包括与房屋不可分割的各种附属设备或一般不单独计算价值的配套设施，主要有：暖气、卫生、通风、照明、煤气等设备；各种管线，如蒸汽，压缩空气、石油、给水排水等管道及电力、电讯、电缆导线；电梯、升降机、过道、晒台等。属于房屋附属设备的水管、下水道、暖气管、煤气管等应从最近的探视井或三通管起，计算原值；电灯网、照明线从进线盒连接管起，计算原值。

（3）纳税人对原有房屋进行改建、扩建的，要相应增加房屋的原值。

（4）居民住宅区内业主共有的经营性房产，自营且没有房产原值或不能将业主共有房产与其他房产的原值准确划分开的，由房产所在地税务机关参照同类房产核定房产原值。

2. 从租计征的计税依据

从租计征的计税依据为租金收入（包括实物收入和货币收入）。以劳务或其他形式抵付房租收入的，按当地同类房产租金水平确定。根据《财政部 税务总局 住房城乡建设部关于完善住房租赁有关税收政策的公告》（财政部 税务总局 住房城乡建设部公告2021年第24号）对企事业单位、社会团体以及其他组织向个人、专业化规模化住房租赁企业出租住房的，减按4%的税率征收房产税。

营业税改征增值税后，房产出租的，计征房产税的租金收入不含增值税。免征增值税的，确定计税依据时，租金收入不扣减增值税税额。

（二）应纳税额的计算

1. 从价计征

从价计征房产税应纳税额的计算公式如下：

$$全年应纳税额 = 应税房产原值 \times (1 - 扣除比例) \times 适用税率$$

【注意】

扣除比例为10%～30%，由省级人民政府确定。

2. 从租计征

从租计征房产税应纳税额的计算公式如下：

$$应纳税额 = 租金收入 \times 适用税率$$

计税租金为不含增值税的租金收入，既包括货币收入，也包括实物收入。

计税规则如表6-14所示。

表 6-14　　　　　　　　　　　　计税规则

计税方法	计税依据	税率	税额计算公式
从价计征	房产余值	1.2%	全年应纳税额＝应税房产原值×(1－扣除比例)×1.2%
从租计征	房产租金	12%	全年应纳税额＝(不含增值税)租金收入×12%
税收优惠	个人出租住房		减按 4% 的税率
	单位按市场价格向个人出租住房		

【注意】

(1) 对以房产投资联营,投资者参与投资利润分红、共担风险的,按房产余值作为计税依据计缴房产税。

(2) 对以房产投资收取固定收入,不承担联营风险的,实际上是以联营名义取得房产租金,应以出租方取得的租金收入为计税依据计缴房产税。

(3) 对于融资租赁的房屋,由承租人以房产余值计征房产税。

【例题 6-21】　20×2 年,甲公司的房产原值为 4 000 万元,已提折旧 800 万元。已知从价计征房产税税率为 1.2%,当地规定的房产税扣除比例为 20%。请计算甲公司当年应缴纳的房产税税额。

【解析】

从价计征房产税的,以房产原值一次减除 10%~30% 后的余值为计税依据,不扣除折旧。因此:

甲公司应缴纳房产税税额＝4 000×(1－20%)×1.2%＝38.4(万元)

六、房产税的会计核算

房产税的会计核算应设置"应交税费——应交房产税"科目。该科目贷方登记本期应缴纳的房产税税额;借方登记企业实际缴纳的房产税税额;期末贷方余额表示企业应交而未交的房产税税额。核算时,企业按规定计算应交的房产税,借记"税金及附加"科目,贷记"应交税费——应交房产税"科目;缴纳房产税时,借记"应交税费——应交房产税"科目,贷记"银行存款"科目。

【例题 6-22】　20×1 年 12 月 31 日,某公司房屋原始价值为 800 万元。20×2 年 6 月底,该公司将其中的 100 万元房产出租给外单位使用,租期为 2 年,每年收取租金 10.5 万元(含增值税,按简易计税办法征税)。当地政府规定,从价计征房产税的,扣除比例为 30%。房产税按年计算,分半年缴纳。请计算该公司 20×2 年下半年应纳房产税税额并进行会计核算。

【解析】

(1) 下半年应缴纳的房产税税额:

从价计征部分应纳房产税税额＝700×(1－30%)×1.2%÷2＝2.94(万元)

从租计征部分应纳房产税税额＝10.5÷(1＋5%)÷2×12%＝0.6(万元)

下半年应纳房产税税额＝2.94＋0.6＝3.54(万元)

每月计提房产税＝3.54÷6＝0.59(万元)

（2）下半年房产税的会计处理：

下半年每月计提房产税时：

借：税金及附加——房产税　　　　　　　　　　　　　　　　5 900
　　贷：应交税费——应交房产税　　　　　　　　　　　　　　　　5 900

实际缴纳下半年房产税时：

借：应交税费——应交房产税　　　　　　　　　　　　　　　35 400
　　贷：银行存款　　　　　　　　　　　　　　　　　　　　　　35 400

七、房产税的征收管理

（一）纳税义务的发生时间

（1）将原有房产用于生产经营的，从生产经营之月起，计征房产税。

（2）自建的房产用于生产经营的，自建成之日的次月起，计征房产税。

（3）委托施工企业建设的房屋，从办理验收手续之日的次月起，计征房产税。对于在办理验收手续前已使用或出借的新建房屋，应从使用或出租、出借的当月起按规定计征房产税。

（4）购置新建商品房，自房屋交付使用之次月起计征房产税。

（5）购置存量房，自办理房屋权属转移、变更登记手续，房地产权属登记机关签发房屋权属证书之次月起，缴纳房产税。

（6）出租、出借房产，自交付出租、出借之次月起计征房产税。

（7）房地产开发企业自用、出租、出借本企业建造的商品房，自房屋使用或交付之次月起计征房产税。

（8）纳税人因房产、土地的实物或权利状态发生变化而依法终止房产税纳税义务的，其应纳税款的计算应截止到房产、土地的实物或权利状态发生变化的当月月末。

（二）缴纳期限

房产税按年征收、分期缴纳，具体纳税期限由省、自治区、直辖市人民政府确定。可分季缴纳，也可分上下半年两次缴纳。

（三）纳税地点

房产税在房产所在地缴纳。房产不在同一地方的纳税人，应按房产的坐落地点分别向房产所在地的税务机关纳税。房产税由房产所在地的税务局征收。

案例分析

任务七　车船税会计

一、车船税的概念和特征

（一）车船税的概念

车船税是对在我国境内拥有或使用属于《中华人民共和国车船税法》（以下简称《车船税法》）规定的车辆、船舶的所有人或者管理人征收的一种税。

（二）车船税的特征

（1）车船税兼有财产税和行为税性质的税种。但不按财产的价值征税，而是从量定额征税。

（2）车船税以《车船税法》所附《车船税税目税额表》规定的车辆、船舶为征税范围。

（3）车船税以应税车辆、船舶的所有人或者管理人为纳税人。

二、车船税的纳税人和扣缴义务人

（一）纳税人

属于《车船税法》规定的车辆、船舶（以下简称车船）的所有人或者管理人，为车船税的纳税人。所有人是指在我国境内拥有车船的单位和个人。其中，个人包括个体工商户以及其他个人。管理人是指对车船具有管理权或者使用权，不具有所有权的单位。其中，单位包括在中国境内成立的行政机关、企业、事业单位、社会团体以及其他组织。

（二）扣缴义务人

从事机动车第三者责任强制保险业务的保险机构为机动车车船税的扣缴义务人，应当在收取保险费时依法代收车船税，并出具代收税款凭证。

三、车船税的征税范围和税率

（一）征税范围

车船税的征税范围包括依法应当在车船登记管理部门登记的机动车辆和船舶、依法不需要在车船登记管理部门登记的在单位内部场所行驶或者作业的机动车辆和船舶。车船管理部门是指公安、交通运输、农业、渔业、军队、武装警察部队等依法具有车船登记管理职能的部门。

征税范围包括乘用车、商用车、挂车、专用作业车、轮式专用机械车、摩托车和船舶。

（1）乘用车是指在设计和技术特性上主要用于载运乘客及随身行李，核定载客人数包括驾驶员在内不超过9人的汽车。

（2）商用车是指乘用车以外，在设计和技术特性上用于载运乘客、货物的汽车，划分为客车和货车。几种特殊的商用车：半挂牵引车是指装备有特殊装置用于牵引半挂车的商用车。三轮汽车是指最高设计车速不超过每小时50千米，具有三个车轮的货车。低速载货汽车是指以柴油机为动力，最高设计车速不超过每小时70千米，具有四个车轮的货车。

（3）挂车是指就其设计和技术特性需由汽车或者拖拉机牵引，才能正常使用的一种无动力的道路车辆。

（4）专用作业车是指在其设计和技术特性上用于特殊工作的车辆。

（5）轮式专用机械车是指有特殊结构和专门功能，装有橡胶车轮可以自行行驶，最高设计车速大于每小时20千米的轮式工程机械车。

（6）摩托车是指无论采用何种驱动方式，最高设计车速大于每小时50千米，或者使用内燃机，其排量大于50毫升的两轮或者三轮车辆。

（7）船舶是指各类机动、非机动船舶以及其他水上移动装置，但是船舶上装备的救生艇筏和长度小于5米的艇筏除外。其中，机动船舶是指用机器推进的船舶；拖船是指专门用于拖（推）动运输船舶的专业作业船舶；非机动驳船，是指在船舶登记管理部门登记为驳船的非机动船舶；游艇是指具备内置机械推进动力装置，长度在90米以下，主要用于游览观光、休闲娱乐、水上体育运动等活动，并应当具有船舶检验证书和适航证书的船舶。

（二）税率

车船税实行有幅度的定额税率。车船税税目及税额如表6-15所示。

表 6-15　　　　　　　　　　　　　　　　　　车船税税目及税额

税目		计税单位	年基准税额	备注
乘用车〔按发动机汽缸容量（排气量）分档〕	1.0升（含）以下的	每辆	60元至360元	核定载客人数9人（含）以下
	1.0升以上至1.6升（含）的		300元至540元	
	1.6升以上至2.0升（含）的		360元至660元	
	2.0升以上至2.5升（含）的		660元至1 200元	
	2.5升以上至3.0升（含）的		1 200元至2 400元	
	3.0升以上至4.0升（含）的		2 400元至3 600元	
	4.0升以上的		3 600元至5 400元	
商用车	客车	每辆	480元至1 440元	核定载客人数9人以上，包括电车
	货车	整备质量每吨	16元至120元	包括半挂牵引车、三轮汽车和低速载货汽车等
挂车		整备质量每吨	按照货车税额的50%计算	
其他车辆	专用作业车	整备质量每吨	16元至120元	不包括拖拉机
	轮式专用机械车		16元至120元	
摩托车		每辆	36元至180元	
船舶	机动船舶	净吨位每吨	3元至6元	拖船、非机动驳船分别按照机动船舶税额的50%计算
	游艇	艇身长度每米	600元至2 000元	

四、车船税的税收优惠政策

（一）免征车船税

以下情形免征车船税：①捕捞、养殖渔船。②军队、武装警察部队专用的车船。③警用车船。④消防车船。⑤依照法律规定应当予以免税的外国驻华使领馆、国际组织驻华代表机构及其有关人员的车船。⑥商用新能源车船。

【注意】

（1）免征车船税的"新能源汽车"是指纯电动商用车、插电式（含增程式）混合动力汽车、燃料电池商用车。"纯电动乘用车"和"燃料电池乘用车"，不征收车船税。

（2）临时入境的外国车船和中国香港特别行政区、中国澳门特别行政区、中国台湾地区的车船，不属于车船税征税范围，不征收车船税。

（二）减半征收车船税

以下情形减半征收车船税：①节能汽车（1.6升及以下小排量）。②拖船、非机动驳船。③挂车。

五、车船税的计算

车船税采用从量计征的方法，分别按照征税对象的辆数、整备质量吨数、净吨位、艇身长度等进行计算。车船税应纳税额的计算方法如表 6-16 所示。

表 6-16　　　　　　　　　　车船税应纳税额的计算方法

税目	计税单位	应纳税额
乘用车、客车和摩托车	每辆	辆数×适用年税额
≤1.6 升的节能乘用车		辆数×适用年税额×50%
货车、专用作业车和轮式专用机械车（不包括拖拉机）	整备质量每吨	整备质量吨位数×适用年税额
挂车		整备质量吨位数×适用年税额×50%
机动船舶	净吨位每吨	净吨位数×适用年税额
非机动驳船、拖船		净吨位数×适用年税额×50%
游艇	艇身长度每米	艇身长度×适用年税额

【注意】

购入当年不足 1 年的自纳税义务发生当月按月计征。

【例题 6-23】　20×2 年 4 月 12 日，甲公司购买了一辆发动机汽缸容量为 1.6 升的乘用车，已知适用年基准税额为 480 元，请计算当年应缴纳车船税税额。

【解析】

购置的新车船，购置当年的应纳税额自纳税义务发生的当月起按月计算，本例应从 4 月开始计算车船税；购入 1.6 升及以下排量的乘用车，减半征收车船税。因此：

当年应纳车船税税额 = 480×9÷12×50% = 180(元)

六、车船税的会计核算

企业核算车船税应设置"应交税费——应交车船税"科目。企业计提车船税时，应借记"税金及附加"科目，贷记"应交税费——应交车船税"科目；实际缴纳税款时，应借记"应交税费——应交车船税"科目，贷记"银行存款"科目。

【例题 6-24】　某货运公司 20×2 年拥有载货汽车 10 辆、挂车 5 辆，整备质量均为 20 吨；拥有客车 5 辆。该公司所在省规定载货汽车基准税额每吨 40 元，载客汽车单位税额为每辆 360 元。该公司的车船税按年申报缴纳，按月计提。请计算该公司当年应缴纳的车船税税额并作会计核算。

【解析】

全年应缴纳车船税税额 = 10×20×40+5×20×40×50%+5×360 = 11 800(元)

（1）每月应计提车船税 = 11 800÷12 = 983.33(元)

每月计提车船税时：

借：税金及附加　　　　　　　　　　　　　　　　　　　　　　983.33
　　贷：应交税费——应交车船税　　　　　　　　　　　　　　　　983.33

（2）缴纳全年税款时：

借：应交税费——应交车船税　　　　　　　　　　　　　　　　11 800
　　贷：银行存款　　　　　　　　　　　　　　　　　　　　　　11 800

七、车船税的征收管理

（一）纳税义务的发生时间

车船税的纳税义务发生时间为取得车船所有权或者管理权的当月。当月是指购买车船的发票或其他证明文件所载月份。

（二）纳税地点

车船税的纳税地点为车船的登记地或者车船税扣缴义务人所在地。扣缴义务人代收代缴车船税的,纳税地点为扣缴义务人所在地。纳税人自行申报缴纳车船税的,纳税地点为车船登记地的主管税务机关所在地。依法不需要办理登记的车船,其车船税的纳税地点为车船的所有人或者管理人所在地。

（三）纳税申报的相关规定

（1）车船税按年申报,分月计算,一次性缴纳。

（2）扣缴义务人应当在收取保险费时依法代收车船税,并出具代收税款凭证,扣缴义务人已代收代缴车船税的,纳税人不再向车辆登记地的主管税务机关申报缴纳车船税。

（3）没有扣缴义务人的,纳税人应当向主管税务机关自行申报缴纳车船税。

（4）已缴纳车船税的车船在同一纳税年度内办理转让过户的,不另纳税,也不办理退税。

（5）在一个纳税年度内,已完税的车船被盗抢、报废、灭失的,纳税人可以凭有关机关出具的证明和完税凭证,向纳税所在地的主管税务机关申请退还自被盗抢、报废、灭失月份起至该纳税年度终了期间的税款。失而复得的,自公安机关出具相关证明的当月起计算缴纳车船税。

任务八　车辆购置税会计

案例分析

一、车辆购置税的概念和特征

（一）概念

车辆购置税是对在我国境内购置应税车辆的单位和个人征收的一种税。

（二）特征

（1）征收范围单一。车辆购置税是以购置的特定车辆为课税对象,是一种特种财产税。

（2）征收环节单一。车辆购置税实行一次课征制,它不是在生产、经营和消费的每一环节实行道道征收,而只是在退出流通进入消费领域的特定环节征收。

（3）税率单一。车辆购置税只确定一个统一比例税率征收,税率具有不随课税对象数额变动的特点,计征简便、负担稳定,有利于依法治税。

（4）征税具有特定目的。车辆购置税具有专门用途,由中央财政根据国家交通建设投资计划,统筹安排。这种特定目的的税收,可以保证国家财政支出的需要,既有利于统筹合理地安排资金,又有利于保证特定事业和建设支出的需要。

（5）价外征收,税负不发生转嫁。车辆购置税的计税依据中不包含车辆购置税税额,车辆购置税税额是附加在价格之外的,且纳税人即为负税人,税负不发生转嫁。

二、车辆购置税的纳税人

根据 2019 年 7 月 1 日起施行的《中华人民共和国车辆购置税法》,在中华人民共和国境内购置汽车、有轨电车、汽车挂车、排气量超过 150 毫升的摩托车(以下统称应税车辆)的单位和个人,为车辆购置税的纳税人。单位,包括国有企业、集体企业、私营企业、股份制企业、外商投资企业、外国企业以及其他企业、事业单位、社会团体、国家机关、部队以及其他单位。个人,包括个体工商户及其他个人,既包括中国公民又包括外国公民。

"购置"行为是指购买、进口、自产、受赠、获奖、其他(拍卖、抵债、走私、罚没等)方式取得并自用的行为。

三、车辆购置税的征税范围和税率

(一)征税范围
征税范围中的车辆是指汽车、有轨电车、汽车挂车、排气量超过 150 毫升的摩托车。地铁、轻轨等城市轨道交通车辆,装载机、平地机、挖掘机、推土机等轮式专用机械车,以及起重机(吊车)、叉车、电动摩托车,不属于应税车辆。

【注意】
"无轨"电车属于规定车辆中"汽车"的范围,购入时同样应当征收车辆购置税。

(二)税率
车辆购置税采用 10% 比例税率。

四、车辆购置税的税收优惠政策

下列车辆免征车辆购置税:
(1)外国驻华使馆、领事馆和国际组织驻华机构及其有关人员自用的车辆。
(2)中国人民解放军和中国人民武装警察部队列入军队装备订货计划的车辆。
(3)悬挂应急救援专用号牌的国家综合性消防救援车辆。
(4)设有固定装置的非运输专用作业车辆。
(5)城市公交企业购置的公共汽电车辆。

根据国民经济和社会发展的需要,国务院可以规定减征或者其他免征车辆购置税的情形,报全国人民代表大会常务委员会备案。

根据财政部、国家税务总局、工业和信息化部发布的《关于延续新能源汽车免征车辆购置税政策的公告》(财政部 税务总局工业和信息化部公告 2022 年第 27 号)的规定,对购置日期在 2023 年 1 月 1 日至 2023 年 12 月 31 日期间内的新能源汽车,免征车辆购置税。2022 年 12 月 31 日前已列入《免征车辆购置税的新能源汽车车型目录》的新能源汽车可按照该公告继续适用免征车辆购置税政策。

五、车辆购置税的计算

(一)计税依据
不同情形下车辆购置税的计税依据如下:①纳税人购买自用应税车辆的计税价格,为纳税人实际支付给销售者的全部价款,不包括增值税税款;②纳税人进口自用应税车辆的计税价

格,为关税完税价格加上关税和消费税;③纳税人自产自用应税车辆的计税价格,按照纳税人生产的同类应税车辆的销售价格确定,不包括增值税税款;④纳税人以受赠、获奖或者其他方式取得自用应税车辆的计税价格,按照购置应税车辆时相关凭证载明的价格确定,不包括增值税税款。

若纳税人申报的应税车辆计税价格明显偏低,又无正当理由的,由税务机关核定其应纳税额。

(二)应纳税额的计算

车辆购置税采用从价计征的方法,应纳税额的计算公式为:

$$应纳税额 = 计税价格 \times 10\%$$

【例题 6-25】 20×2 年 9 月,A 公司进口一辆小轿车自用,海关审定的关税完税价格为 25 万元/辆。已知:小轿车关税税率 25%,消费税税率为 9%,车辆购置税税率为 10%。请计算该公司应缴纳的车辆购置税税额。

【解析】

进口应税车辆的车辆购置税应纳税额=(关税计税价格+关税+消费税)×车辆购置税税率。其中,关税=关税计税价格×关税税率,消费税=(关税计税价格+关税)÷(1-消费税税率)×消费税税率。经整合计算后:

关税=25×25%=6.25(万元)

消费税=(25+6.25)÷(1-9%)×9%=3.09(万元)

应纳车辆购置税税额=(25+6.25+3.09)×10%=3.43(万元)

六、车辆购置税的会计核算

企业核算车辆购置税应设置"应交税费——应交车辆购置税"科目。企业购买车辆所缴纳的车辆购置税应当计入固定资产成本,应借记"固定资产"科目,贷记"应交税费——应交车辆购置税"科目;实际缴纳税款时,应借记"应交税费——应交车辆购置税"科目,贷记"银行存款"科目。

【例题 6-26】 20×2 年 9 月,某公司购进一辆小汽车自用,取得机动车销售发票上注明的价款为 20 万元、增值税税额为 2.6 万元。已知车辆购置税的税率为 10%。请计算该公司应缴纳的车辆购置税税额并作会计核算。

【解析】

应纳车辆购置税税额=20×10%=2(万元)

会计处理如下:

(1)购买汽车时:

借:固定资产	220 000
应交税费——应交增值税(进项税额)	26 000
贷:应交税费——应交车辆购置税	20 000
银行存款	226 000

(2)缴纳车辆购置税时:

借:应交税费——应交车辆购置税	20 000
贷:银行存款	20 000

七、车辆购置税的征收管理

（一）纳税义务的发生时间

车辆购置税的纳税义务发生时间为纳税人购置应税车辆的当日。按照取得车辆方式不同，纳税义务发生时间的具体情形如表 6-17 所示。

表 6-17　　　　　　　　　　　　　　纳税义务发生时间的具体情形

取得车辆的方式	纳税义务发生时间
购买自用	《机动车销售统一发票》或其他有效凭证的开具日期
进口自用	《海关进口增值税专用缴款书》或者其他有效凭证的开具日期
自产、受赠、获奖或其他方式	合同、法律文书或其他有效凭证的生效或开具日期

（二）纳税期限

纳税人应当自纳税义务发生之日起 60 日内申报缴纳车辆购置税。

（三）纳税地点

根据是否需要办理车辆登记，纳税地点的具体规定如表 6-18 所示。

表 6-18　　　　　　　　　　　　　　纳税地点的具体规定

纳税地点	是否需要办理车辆登记
车辆登记地的主管税务机关	是
纳税人所在地的主管税务机关	否

（四）纳税环节

纳税人应当在向公安机关交通管理部门办理车辆注册登记前，缴纳车辆购置税。公安机关交通管理部门办理车辆注册登记，应当根据税务机关提供的应税车辆完税或者免税电子信息对纳税人申请登记的车辆信息进行核对，核对无误后依法办理车辆注册登记。车辆购置税实行一次性征收，购置已征车辆购置税的车辆，不再征收车辆购置税。

（五）应予补税的情形

免税、减税车辆因转让、改变用途等原因不再属于免税、减税范围的，纳税人应当在办理车辆转移登记或者变更登记前缴纳车辆购置税。

【注意】

计税价格以免税、减税车辆初次办理纳税申报时确定的计税价格为基准，每满 1 年扣减 10%。

（六）准予申请退税的情形

纳税人将已征车辆购置税的车辆退回车辆生产企业或者销售企业的，可以向主管税务机关申请退还车辆购置税。

【注意】

退税额以已缴税款为基准，自缴纳税款之日至申请退税之日，每满 1 年扣减 10%。

【例题 6-27】　张某于 20×1 年 10 月 5 日购置一辆小汽车自用，当月 20 日办理纳税申报并缴纳车辆购置税 4 万元。20×3 年 10 月 30 日，该小汽车因安全气囊问题被生产企业召回，

根据车辆购置税法律制度的规定,下列有关小汽车召回后车辆购置税的申请退税情况,说法正确的是( )。

A. 张某不得申请退税
B. 张某应申请退还的车辆购置税为 4 万元
C. 张某应申请退还的车辆购置税为 3.2 万元
D. 张某应申请退还的车辆购置税为 0.8 万元

【解析】

该辆小汽车于 20×1 年 10 月缴纳税款,于 20×3 年 10 月申请退税,按每满 1 年扣减 10%,扣减 20% 税款,即 4×20%＝0.8(万元),所以应申请退税金额＝4−0.8＝3.2(万元),所以正确答案为 C。

案例分析

任务九　印花税会计

一、印花税的概念和特征

(一) 印花税的概念

印花税是对在中华人民共和国境内书立应税凭证、进行证券交易行为所征收的一种税。因纳税人主要是通过在应税凭证上粘贴印花税票来完成纳税义务,故名印花税。它是一种具有行为税性质的税种。

(二) 印花税的特征

(1) 征税面广。印花税规定的征税范围广泛,凡税收法律法规列举的合同或具有合同性质的凭证、产权转移书据、营业账簿及证券交易,都必须依法纳税。印花税的应税凭证共有四大类、十七个税目,涉及经济活动的各个方面。

(2) 税率低,税负轻。印花税的最高税率为 1‰,最低税率为 0.05‰。

(3) 纳税人自行完税。印花税可以实行"三个自行"纳税办法:一是纳税人在发生纳税义务的同时,先根据凭证所载计税金额和应适用的税目、税率,自行计算其应纳税额;二是由纳税人自行购买印花税票,并一次足额粘贴在应税凭证上;三是由纳税人对已粘贴的印花税票自行注销或者划销。

二、印花税的纳税人和扣缴义务人

(一) 纳税人

在中华人民共和国境内书立应税凭证、进行证券交易的单位和个人,为印花税的纳税人,应当依法缴纳印花税。具体情形包括以下几种:

(1) 立合同人:书立各类经济合同的,以合同的当事人为纳税人。不包括合同的"担保人、证人、鉴定人"。注意:这种情况下印花税为"双向征收",即签订合同或应税凭证的各方都是纳税人。

(2) 立据人:订立各种产权转移书据的,以立据人为纳税人。

(3) 立账簿人:建立营业账簿的,以立账簿人为纳税人。

（4）使用人：在国外书立，在国内使用应税凭证的单位和个人。

（5）各类电子应税凭证的签订人。

（6）证券交易的出让方：证券交易印花税对证券交易的出让方征收，不对受让方征收。需注意这种情况下印花税为"单向征收"。

（二）扣缴义务人

证券登记结算机构为证券交易印花税的扣缴义务人。

三、印花税的征税范围和税率

（一）征税范围

印花税的征税范围包括合同、产权转移书据、营业账簿、证券交易，共有四大类、十七个税目。

（二）税率

印花税的税目、计税依据和税率如表 6-19 所示。

表 6-19　　　　　　　　　　印花税的税目、计税依据和税率

税目		计税依据和税率	备注
合同（指书面合同）	借款合同	借款金额的 0.05‰	指银行业金融机构、经国务院银行业监督管理机构批准设立的其他金融机构与借款人（不包括同业拆借）的借款合同
	融资租赁合同	租金的 0.05‰	
	买卖合同	价款的 0.3‰	指动产买卖合同（不包括个人书立的动产买卖合同）
	承揽合同	报酬的 0.3‰	
	建设工程合同	价款的 0.3‰	
	运输合同	运输费用的 0.3‰	指货运合同和多式联运合同（不包括管道运输合同）
	技术合同	价款、报酬或者使用费的 0.3‰	不包括专利权、专有技术使用权转让书据
	租赁合同	租金的 1‰	
	保管合同	保管费的 1‰	
	仓储合同	仓储费的 1‰	
	财产保险合同	保险费的 1‰	不包括再保险合同
产权转移书据	土地使用权出让书据	价款的 0.5‰	转让包括买卖（出售）、继承、赠与、互换、分割
	土地使用权、房屋等建筑物和构筑物所有权转让书据（不包括土地承包经营权和土地经营权转移）	价款的 0.5‰	
	股权转让书据（不包括应缴纳证券交易印花税的）	价款的 0.5‰	
	商标专用权、著作权、专利权、专有技术使用权转让书据	价款的 0.3‰	

（续表）

税目	计税依据和税率	备注
营业账簿	实收资本（股本）、资本公积合计金额的0.25‰	
证券交易	成交金额的1‰	

【注意】

（1）专利申请转让、非专利技术转让按技术合同核算；专利权转让、专利实施许可按产权转移书据核算；商品房买卖合同、土地使用权出让与转让合同均按产权转移书据核算。

（2）凡属于明确双方供需关系，据以供货和结算，具有合同性质的凭证，应按规定缴纳印花税（仅有凭证而无合同）。

四、印花税的税收优惠政策

下列凭证免征印花税：

（1）已缴纳印花税的凭证的副本或抄本，但副本或抄本视同正本使用的，应另行贴花。

（2）财产所有者将财产赠给政府、社会福利机构及学校所书立的书据。

（3）国家指定的收购部门与村民委员会、农民个人书立的农副产品收购合同。

（4）无息、贴息贷款合同。

（5）外国政府或国际金融组织向我国政府及国家金融机构提供优惠贷款所书立的合同。

（6）房地产管理部门与个人签订的用于生活居住的租赁合同。

（7）农牧业保险合同。

（8）特殊的货运凭证，包括军需物资运输、抢险救灾物资运输凭证、新建铁路的工程临管线运输凭证。

五、印花税的计算

（一）计税依据

1. 合同

应税合同的计税依据为合同所列的金额，不包括列明的增值税税款。但若合同价款和增值税未分别列明，则按照合计金额计税贴花。合同的计税依据如表 6-20 所示。

表 6-20 合同的计税依据

类别	包括	不包括
借款合同	借款金额	利息
融资租赁合同	租金	租赁财产价值
买卖合同	价款	—
承揽合同	报酬	委托方提供的材料
建设工程合同	价款	—
运输合同	运输费用	装卸费等其他杂费

（续表）

类别	包括	不包括
技术合同	价款、报酬或者使用费	—
租赁合同	租金	租赁财产价值
保管合同	保管费	装卸费等其他杂费
仓储合同	仓储费	装卸费等其他杂费
财产保险合同	保险费	被保险物价值

2. 产权转移书据

应税产权转移书据的计税依据，为产权转移书据所列的金额，不包括列明的增值税税款。产权转移书据计税依据的三种情形如表 6-21 所示。

表 6-21   产权转移书据计税依据的三种情形

适用情形	计税依据
价款与增值税分开列明	价款
价款与增值税未分开列明	价款与增值税的合计金额
未列明价款	(1) 按订立时市场价格确定 (2) 依法执行政府定价的，按照其规定确定 (3) 按照实际结算价款或报酬确定

3. 营业账簿

应税营业账簿的计税依据，为账簿记载的实收资本（或股本）、资本公积合计金额。对营业账簿一般只征一次印花税，金额不变不再纳税，金额增加对差额纳税。不记载金额的营业账簿免征印花税。

4. 证券交易

证券交易的计税依据，一般为成交金额。以非集中交易方式转让证券时无转让价格的，按照办理过户登记手续前一个交易日收盘价计算确定；办理过户登记手续前一个交易日无收盘价的，按照证券面值计算确定。

5. 其他规定

（1）同一应税凭证载有两个或两个以上经济事项并分别列明价款或者报酬的，按照各自适用税目税率计算应纳税额；未分别列明价款或者报酬的，按税率高的计算应纳税额。

（2）同一应税凭证由两方或者两方以上当事人订立的，应当按照各自涉及的价款或者报酬分别计算应纳税额。（即双向征收）

【注意】

证券交易印花税只对出让方征收，不对受让方征收。

（3）同一应税合同、应税产权转移书据中涉及两方以上纳税人，且未列明纳税人各自涉及金额的，以纳税人平均分摊的应税凭证所列金额（不包括列明的增值税税款）确定计税依据。

（4）应税合同、应税产权转移书据所列的金额与实际结算金额不一致，不变更应税凭证所列金额的，以所列金额为计税依据；变更应税凭证所列金额的，以变更后的所列金额为计税依据。

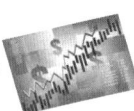

(二)应纳税额计算

印花税采用从价计征的征收方式,应纳税额的计算公式为:

$$应纳税额 = 应税凭证计税金额 \times 适用税率$$

【例题 6-28】 甲公司向乙公司租赁 3 台起重机并签订租赁合同,合同注明 3 台起重机总价值为 70 万元,租期为 2 个月,每台每月租金为 2 万元。已知租赁合同适用印花税税率为 1‰。请计算甲公司和乙公司签订该租赁合同共计应缴纳的印花税税额。

【解析】

租赁合同以合同列明的租金为计税依据。合同双方当事人均应当缴纳印花税,因此:

甲公司和乙公司应纳印花税税额 = 3 × 2 × 2 × 20 000 × 1‰ = 240(元)

六、印花税的会计核算

企业缴纳的印花税可以不通过"应交税费"科目核算。缴纳时,可直接借记"税金及附加""固定资产清理""无形资产""其他业务成本"等科目,贷记"银行存款"科目。

当进行固定资产或无形资产的购销、转让和租赁时,若作为购买方或承受方、承租方缴纳印花税,可直接借记"税金及附加""固定资产""无形资产"等科目;若作为销售方或转让方、出租方缴纳印花税,可直接借记"固定资产清理""其他业务成本"等科目。

其他情况下,一般企业在缴纳印花税时,可直接借记"税金及附加"等科目。

【例题 6-29】 甲公司与 A 企业签订技术转让合同 1 份,金额为 20 万元。请计算双方各自应缴纳的税款,并作相关的会计处理。

【解析】

技术转让合同应缴纳的印花税税额 = 200 000 × 0.3‰ = 60(元)

技术转让涉及的增值税税额 = 200 000 × 6% = 12 000(元)

甲公司取得转让收入,计算缴纳印花税时,会计处理为:

借:银行存款	212 000
贷:其他业务收入	200 000
应交税费——应交增值税(销项税额)	12 000
借:税金及附加	60
贷:银行存款	60

A 企业购买技术的会计处理为:

借:无形资产	200 060
应交税费——应交增值税(进项税额)	12 000
贷:银行存款	212 060

七、印花税的征收管理

(一)纳税方法

印花税可以采用粘贴印花税票或者由税务机关依法开具其他完税凭证的方式缴纳。印花税票粘贴在应税凭证上的,由纳税人在每枚税票的骑缝处盖戳注销或者画销。

（二）纳税义务的发生时间

印花税的纳税义务发生时间为纳税人书立应税凭证的当日，具体是指合同在签订时贴花，产权转移书据在立据时贴花，营业账簿在启用时贴花。证券交易印花税纳税义务发生时间为证券交易完成的当日。如果合同在国外签订，并且不便在国外贴花的，应在将合同带入境时办理贴花纳税手续。

（三）纳税期限

应税合同、产权转移书据的印花税可以按季或者按次申报缴纳，应税营业账簿的印花税可以按年或者按次申报缴纳，境外单位或者个人的应税凭证印花税可以按季、按年或者按次申报缴纳，具体纳税期限由各省、自治区、直辖市、计划单列市税务局结合征管实际确定。

印花税三种计征方式下的纳税期限规定如表 6-22 所示。

表 6-22　　　　　　印花税三种计征方式下的纳税期限规定

计征方式	纳税期限
按季、按年计征	季度、年度终了之日起 15 日内申报并缴纳税款
按次计征	纳税义务发生之日起 15 日内申报并缴纳税款
按周解缴（证券交易印花税）	每周终了之日起 5 日内申报解缴税款及孳息

（四）纳税地点

纳税人为单位的，应当向其机构所在地的主管税务机关申报缴纳印花税；纳税人为个人的，应当向应税凭证书立地或者纳税人居住地的主管税务机关申报缴纳印花税。不动产产权发生转移的，纳税人应当向不动产所在地的主管税务机关申报缴纳印花税。

印花税纳税地点的规定如表 6-23 所示。

表 6-23　　　　　　　　印花税纳税地点的规定

适用情形	纳税地点
单位纳税人	机构所在地的税务机关
证券交易印花税的扣缴义务人	
个人纳税人	应税凭证订立、领受地或者居住地的税务机关
出让或者转让不动产产权	不动产所在地的税务机关

任务十　契税会计

案例分析

一、契税的概念和特征

（一）契税的概念

契税是对在中华人民共和国境内转移土地、房屋权属行为征收的一种税。

（二）契税的特征

（1）契税属于转移财产税。契税以发生转移的不动产，即土地和房屋为征税对象，具有财产转移课税性质。土地、房屋产权未发生转移的，不征契税。

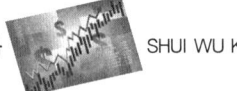

（2）契税由财产承受人缴纳。一般税种都确定销售者为纳税人，即卖方纳税；契税则属于土地、房屋产权发生交易过程中的财产税，由承受人纳税，即买方纳税。

二、契税的纳税人

根据《中华人民共和国契税法》规定，在中华人民共和国境内转移土地、房屋权属，承受的单位和个人为契税的纳税人。

【注意】

契税的纳税人强调的是"谁获得产权谁纳税"，产权仅限土地使用权和房屋所有权。

三、契税的征税范围和税率

（一）征税范围

1. 属于征税范围的情形

（1）土地使用权出让：土地使用权出让是指承受国有土地使用权并支付出让金的交易行为。国家可凭其土地所有者的身份将土地使用权在一定年限内让与土地使用者，并由土地使用者向国家支付土地使用权出让金。这种行为使得土地使用权发生了转移，因此属于契税的征税范围。

（2）土地使用权转让（包括出售、赠与、互换）：土地使用权转让是指土地使用者以出售、赠与、交换或者其他方式将土地使用权转移给其他单位和个人的行为。土地使用权的转让不包括农村集体土地承包经营权的转移。

（3）房屋买卖：房屋买卖是指买方为取得房产所有权向卖方支付一定金额货币或实物的交易行为，包括以预购方式或者预付集资建房款方式承受房屋所有权。以房产抵债、以房产作价投资或作股权转让、买房拆料或翻建新房等行为均视同房屋买卖。

（4）房屋赠与：房屋赠与是指房屋产权所有人将房屋无偿转让给他人所有。单位、个人因突出贡献或者参加社会活动（如抽奖等）而获得奖励的土地、房屋，属于无偿转移，视同土地使用权或房屋赠与征收契税。非法定继承人根据遗嘱承受死者生前的土地、房屋权属，属于赠与行为，应缴纳契税。

（5）房屋交换：房屋交换是指房屋所有者之间相互交换房屋的行为。如果交换的房屋价值不等，一方需支付差价，则支付差价方需按差价缴纳契税；当房屋价值相等，差额为零，交换双方均免契税。

【注意】

以作价投资（入股）、偿还债务、划转、奖励等方式转移土地、房屋权属的，应当征收契税。

2. 不属于征税范围的情形

（1）土地使用权转让不包括"土地承包经营权和土地经营权"的转移。

（2）土地、房屋权属的典当、出租、抵押，不属于契税的征税范围。

（二）税率

契税采用3%～5%的幅度比例税率。

契税的具体适用税率，由省、自治区、直辖市人民政府在规定的税率幅度内提出。省、自治区、直辖市可以对不同主体、不同地区、不同类型的住房的权属转移确定差别税率。

四、契税的税收优惠政策

（一）法定免征契税的情形

（1）国家机关、事业单位、社会团体、军事单位承受土地、房屋权属，用于办公、教学、医疗、科研和军事设施。

（2）非营利性的学校、医疗机构、社会福利机构承受土地、房屋权属，用于办公、教学、医疗、科研、养老、救助。

（3）承受荒山、荒地、荒滩土地使用权用于农、林、牧、渔业生产。

（4）婚姻关系存续期间夫妻之间变更土地、房屋权属。

（5）法定继承人通过继承承受土地、房屋权属。

（6）依照法律规定应当予以免税的外国驻华使馆、领事馆和国际组织驻华代表机构承受土地、房屋权属。

（二）国务院可以规定免征或减征契税的情形

居民住房需求保障、企业改制重组、灾后重建等，属于可以规定免征或减征的情形。

（三）省、自治区、直辖市人民政府可以决定免征或者减征契税的情形

（1）因土地、房屋被县级以上人民政府征收、征用，重新承受土地、房屋权属。

（2）因不可抗力灭失住房，重新承受住房权属。

【注意】

纳税人改变有关土地、房屋的用途，或者有其他不再属于免征、减征契税情形的，应当缴纳已经免征、减征的税款。

五、契税的计算

（一）计税依据

（1）土地使用权出让、出售，房屋买卖，计税依据为土地、房屋权属转移合同确定的成交价格，包括应交付的货币以及实物、其他经济利益对应的价款。

（2）土地使用权赠与、房屋赠与以及其他没有价格的转移土地、房屋权属行为，为税务机关参照土地使用权出售、房屋买卖的市场价格依法核定的价格。

（3）土地使用权互换、房屋互换，计税依据为所互换的土地使用权、房屋价格的差额。互换价格不相等的，由多交付货币的一方缴纳契税；互换价格相等的，免征契税。互换行为是指"房房、地地、房地"互换，"以房抵债"和"以房易货"均属于买卖行为。纳税人申报的成交价格、互换价格差额明显偏低且无正当理由的，由税务机关核定。

（二）应纳税额的计算

契税采用从价计税的方法，应纳税额的计算公式为：

$$应纳税额 = 计税依据 \times 税率$$

【例题 6-30】　20×2 年 10 月，甲广告公司从乙公司购入一处写字楼，支付不含增值税价款 500 万元。该写字楼乙公司账面原值为 300 万元，已提折旧 75 万元。已知契税税率为 4%。计算甲广告公司当月该笔业务应缴纳的契税税额。

【解析】

房屋买卖,应以不含增值税的成交价格为计税依据,计征契税。因此:

应纳契税税额＝500×4%＝20(万元)

【例题 6-31】 20×2 年 12 月,陈某与李某互换房屋,经房地产评估机构评估,陈某房屋价值为 230 万元,李某房屋价值为 200 万元,李某向陈某支付差价 30 万元,该房屋互换行为缴纳契税的计税依据是(　　)万元。

A. 230　　　　　　B. 200　　　　　　C. 30　　　　　　D. 430

【解析】

房屋互换,以互换房屋的价格差额为契税的计税依据。所以正确答案为 C。

六、契税的会计核算

企业核算契税应设置"应交税费——应交契税"科目。企业计提契税时,应借记"开发成本""固定资产""无形资产"等科目,贷记"应交税费——应交契税"科目;实际缴纳税款时,应借记"应交税费——应交契税"科目,贷记"银行存款"科目。

【例题 6-32】 20×2 年 8 月,伟强房地产开发公司通过政府土地出让获取土地一块,支付地价款 1 300 万元(不含增值税),当地政府规定的契税税率为 5%,计算伟强房地产开发公司应缴纳的契税税额,并作相关的会计处理。

【解析】

房地产开发公司作为土地的承受方需要就土地的价值计算缴纳契税。

应纳契税税额＝1 300×5%＝65(万元)

伟强房地产开发公司相关的会计处理如下:

借:开发成本 　　　　　　　　　　　　　　　　　　　　　　　13 650 000
　　贷:应交税费——应交契税 　　　　　　　　　　　　　　　　　650 000
　　　　银行存款 　　　　　　　　　　　　　　　　　　　　　13 000 000

借:应交税费——应交契税 　　　　　　　　　　　　　　　　　　650 000
　　贷:银行存款 　　　　　　　　　　　　　　　　　　　　　　650 000

【例题 6-33】 20×2 年 9 月,C 公司购买一层楼房用于办公使用,不含增值税价格为 3 500 万元,增值税税款为 315 万元。已知当地适用的契税税率为 3%,请计算 C 公司应缴纳的契税税额并作会计核算。

【解析】

C 公司作为房产的承受方需要就房产的价值计算缴纳契税。

应纳契税税额＝3 500×3%＝105(万元)

C 公司相关的会计处理如下:

借:固定资产 　　　　　　　　　　　　　　　　　　　　　　　36 050 000
　　应交税费——应交增值税(进项税额) 　　　　　　　　　　　3 150 000
　　贷:银行存款 　　　　　　　　　　　　　　　　　　　　　38 150 000
　　　　应交税费——应交契税 　　　　　　　　　　　　　　　1 050 000

借：应交税费——应交契税   1 050 000

    贷：银行存款   1 050 000

七、契税的征收管理

（一）纳税义务的发生时间

契税纳税义务发生时间为纳税人签订土地、房屋权属转移合同的当日,或者纳税人取得其他具有土地、房屋权属转移合同性质凭证的当日。

（二）纳税期限

契税纳税期限是依法办理土地、房屋权属登记手续前。

纳税人办理土地、房屋权属登记,不动产登记机构应当查验契税完税、减免税凭证或者有关信息。未按照规定缴纳契税的,不动产登记机构不予办理土地、房屋权属登记。

（三）纳税地点

契税纳税地点是土地、房屋所在地。

（四）纳税退还

在依法办理土地、房屋权属登记前,权属转移合同、权属转移合同性质凭证不生效、无效、被撤销或者被解除的,纳税人可以向税务机关申请退还已缴纳的税款。

其他税会计
补充练习

其他税会计补充
练习参考答案

项 目 小 结

本项目主要介绍城市维护建设税等附加税、关税、土地增值税、资源税、城镇土地使用税、房产税、车船税、车辆购置税、印花税、契税 10 个税种的征税范围、纳税人、税率、税款计算、征收管理的方法、会计处理的过程。

课 后 练 习

课后练习参考答案

一、单选题

1. 市区某纳税人当月应纳增值税 2 万元,减免 1 万元,补交上月未缴的增值税 0.5 万元,滞纳金 0.1 万元。该纳税人本月应缴纳城市维护建设税( )万元。

    A. 0.14   B. 0.182   C. 0.105   D. 0.154

2. 下列关于关税的相关表述中,不正确的是( )。

    A. 个人邮递物品的收件人属于关税的纳税人

B. 外贸进出口公司属于关税的纳税人

C. 凡准许进出口的货物,除非国家另有规定,均应由海关征收进口关税或出口关税

D. 对从境外采购进口的原产于中国境内的货物,按规定不征收进口关税

3. 根据我国《土地增值税暂行条例》的规定,我国现行的土地增值税适用的税率属于(　　)。

A. 比例税率　　　　B. 超额累进税率　　　C. 定额税率　　　　D. 超率累进税率

4. 根据资源税法律制度的规定,下列各项中,不属于资源税征税范围的是(　　)。

A. 开采的煤成(层)气　　　　　　　　B. 开采的原煤

C. 以空气加工生产的液氧　　　　　　D. 开采的天然气

5. 根据我国税收法律制度的规定,下列税种中实行从量征收的是(　　)。

A. 城市维护建设税　　B. 契税　　　　　C. 房产税　　　　　D. 城镇土地使用税

6. 根据城镇土地使用税法律制度的规定,城镇土地使用税的计税依据是(　　)。

A. 纳税人实际占用的土地面积　　　　B. 纳税人实际用于经营活动的土地面积

C. 纳税人有效利用的建筑面积　　　　D. 纳税人实际拥有的居住面积

7. 甲企业以房产进行投资联营,共担风险,并参与被投资企业的利润分红,则房产税的计税依据为(　　)。

A. 取得的分红　　　　B. 房产市值　　　　C. 房产原值　　　　D. 房产余值

8. 根据车船税法律制度的规定,下列各项中,属于载货汽车计税依据的是(　　)。

A. 排气量　　　　B. 整备质量吨位数　　C. 净吨位数　　　　D. 购置价格

9. 赵某于20×2年9月1日购入一辆小汽车自用,于10月30日申报并缴纳车辆购置税10万元。由于车辆制动系统存在严重问题,20×2年11月30日,赵某将该车退回,则赵某可以申请退还的车辆购置税为(　　)。

A. 10万元　　　　B. 9万元　　　　　C. 8万元　　　　　D. 0

10. 下列各项中,不征收印花税的是(　　)。

A. 货物运输合同　　　　　　　　　　B. 会计咨询合同

C. 融资租赁合同　　　　　　　　　　D. 建设工程合同

11. 周某向谢某借款80万元,后因谢某急需资金,周某以一套价值90万元的房产抵偿所欠谢某债务,谢某取得该房产产权的同时支付周某差价款10万元。已知契税税率为3%。关于此次房屋交易缴纳契税的下列表述中,正确的是(　　)。

A. 周某应缴纳契税0.3万元　　　　　B. 周某应缴纳契税2.4万元

C. 谢某应缴纳契税2.7万元　　　　　D. 谢某应缴纳契税0.3万元

二、多选题

1. 下列关于城市维护建设税的说法中,正确的有(　　)。

A. 外商投资企业、外国企业不征收城市维护建设税

B. 进口货物行为不征收城市维护建设税

C. 对出口产品退还增值税、消费税的,退还已缴纳的城市维护建设税

D. 对出口产品退还增值税、消费税的,不退还已缴纳的城市维护建设税

2. 下列费用中,可以计入进口货物完税价格的有(　　)。

A. 卖方付给进口人的正常回扣　　　　　　B. 货价

C. 包装费   D. 保险费

3. 下列各项中,不应征收土地增值税的有( )。

A. 赠予红十字会的房地产

B. 个人之间互换自有居住用房地产

C. 抵押期满权属转让给债权人的房地产

D. 两个非房地产开发企业合并为一个企业,且原企业投资主体存续的,对原企业将国有土地、房屋权属转移、变更到合并后的企业

4. 下列关于资源税计税依据的说法中,正确的有( )。

A. 单位自产自用的天然气,以移送时的自用数量为计税依据

B. 单位对外销售自产的原油,以销售额为计税依据

C. 纳税人将其开采的矿产品原矿自用于连续生产精矿产品,无法提供移送使用原矿数量的,可将其精矿按选矿比折算成原矿数量,以此作为销售数量

D. 单位自产自用的铁矿石,以实际移送使用数量为计税依据

5. 根据城镇土地使用税法律制度的规定,下列关于城镇土地使用税纳税义务发生时间的说法中,正确的有( )。

A. 纳税人购置新建商品房,自房屋交付使用之次月起缴纳城镇土地使用税

B. 纳税人以出让方式有偿取得土地使用权,应从合同约定交付土地时间的次月起缴纳城镇土地使用税

C. 纳税人新征用的耕地,自批准征用之日起满1年时开始缴纳城镇土地使用税

D. 纳税人新征用的非耕地,自批准征用次月起缴纳城镇土地使用税

6. 根据房产税法律制度的规定,下列各项中,属于房产税征税范围的有( )。

A. 市区酒店的室外游泳池   B. 农村的村民住宅

C. 工矿区企业的厂房   D. 县政府的办公楼

7. 根据车船税法律制度的规定,下列各项中,减半征收车船税的有( )。

A. 悬挂应急救援专用号牌的国家综合性消防救援船舶

B. 拖船

C. 非机动船舶

D. 挂车

8. 根据税收法律制度的规定,下列关于车辆购置税的说法中正确的有( )。

A. 车辆购置税的征税范围包括汽车、有轨电车、汽车挂车、排气量超过150毫升的摩托车

B. 车辆购置税的计税依据包括购买车辆所缴纳的增值税税款

C. 纳税人应当在向公安机关交通管理机构办理车辆登记注册前,缴纳车辆购置税

D. 公安机关交通管理部门办理车辆注册登记,应当根据税务关机提供的应税车辆完税或者免税电子信息对纳税人申请登记的车辆信息进行核对,核对无误后依法办理车辆注册登记

9. 关于印花税纳税人的下列表述中,正确的有( )。

A. 会计账簿以立账簿人为纳税人

B. 产权转移书据以立据人为纳税人

C. 建设工程合同以合同当事人为纳税人

D. 证券交易以证券出让方为纳税人

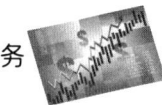 

10. 关于契税计税依据的下列表述中,符合法律制度规定的有( )。

A. 受让国有土地使用权的,以价格为计税依据

B. 受赠房屋的,由征收机关参照房屋买卖的市场价格规定计税依据

C. 购入土地使用权的,以评估价格为计税依据

D. 交换土地使用权的,以交换土地使用权的价格差额为计税依据

三、判断题

1. 因故退还的境外进口货物,可以免征出口关税,并退还已征收的进口关税。 ( )

2. 计算土地增值税时,土地增值额的大小,取决于转让房地产的收入额和扣除项目金额两个因素。 ( )

3. 纳税人不能准确提供应税产品销售数量的,以应税产品的产量或按主管税务机关确定的折算比换算成的数量为计征资源税的销售数量。 ( )

4. 公园、名胜古迹内的索道公司经营用地,免征城镇土地使用税。 ( )

5. 以房屋为载体、不可随意移动的附属设备和配套设施,如果单独记账,价值没有计入房产原值,可以不计算缴纳房产税。 ( )

6. 已缴纳车船税的车船在同一纳税年度内办理转让过户的,不需要另外纳税。 ( )

7. 纳税人以受赠、获奖或者以其他方式取得并自用的应税车辆的计税价格,由主管税务机关参照市场价格核定。 ( )

8. 企业缴纳的印花税必须通过"应交税费"科目核算。 ( )

9. 一般企业在缴纳印花税时,可贷记"税金及附加"科目。 ( )

10. 甲房地产企业向乙公司转让其商品房的,契税和土地增值税均由甲企业缴纳。 ( )

四、计算题

1. 甲公司委托乙公司加工一批高档化妆品,材料费为 20 000 元,加工费为 3 360 元,该批产品没有同类产品销售价格。已知消费税税率为 15%,甲公司、乙公司所在地城市维护建设税的税率分别为 5%、7%。要求:计算甲公司应纳城市维护建设税税额。

2. 甲外贸公司于 20×2 年 5 月进口一批设备,货价为 100 万元,货物运抵我国关境内输入地点起卸前的包装费和运费分别为 5 万元和 7 万元。已知关税税率 10%。要求:计算该公司应缴纳的进口关税税额。

3. 丙房地产开发公司开发一项房地产项目,取得土地使用权支付的金额为 100 万元,发生开发成本 500 万元,发生开发费用 100 万元,其中利息支出 50 万元无法提供金融机构贷款利息证明。已知当地省人民政府规定房地产开发费用的扣除比例为 10%。

要求:计算该公司应缴纳土地增值税税额时,可以扣除的房地产开发费用。

4. 20×2 年,A 公司拥有机动船舶 4 艘,每艘净吨位为 150 吨;非机动驳船 3 艘,每艘净吨位为 80 吨。已知机动船舶适用年基准税额为每吨 3 元,要求:计算 A 公司当年应缴纳车船税税额。

5. 风尚公司当月签订两份合同:①承揽合同,合同载明材料金额为 30 万元,加工费为 10 万元;②财产保险合同,合同载明被保险财产价值为 1 000 万元,保险费为 1 万元。已知承揽合同印花税税率为 0.3‰,财产保险合同印花税税率为 1‰。要求:计算企业当月应缴纳的印花税税额。

五、业务题

1. 20×2 年 10 月，甲公司向税务机关实际缴纳增值税 89 000 元、消费税 45 000 元；向海关缴纳进口环节增值税 32 000 元、消费税 10 000 元。已知城市维护建设税适用税率为 7%。要求：计算甲公司当月应缴纳城市维护建设税税额和教育费附加税额，并作相关会计核算。

2. H 贸易有限公司主要从事金属材料进出口业务，拥有进出口经营权。20×2 年 5 月，该公司从加拿大进口一批钢材用于生产，货物于 6 月 1 日抵达上海港，该货物采用实际成本计价。该货物的成交价格为 20 万美元，关税税率为 1%。运抵广州港前发生的运杂费为 8 000 元，保险费率为 0.25%。已知汇率 1∶6.76。

要求：计算该公司进口这批货物应缴纳的关税税款（保留两位小数），并编制相应的会计分录。

3. 某市 W 企业利用库房空地进行住宅商品房开发，按照国家有关规定补交土地出让金 2 900 万元，缴纳相关税费 200 万元；住宅开发成本为 2 600 万元，其中含装修费用 700 万元；房地产开发费用中的利息支出为 300 万元（不能按转让房地产项目计算分摊利息支出，也不能提供金融机构证明）；当年住宅全部销售完毕，取得不含税销售收入共计 20 000 万元；缴纳城市维护建设税和教育费附加共计 495 万元；缴纳印花税 4.5 万元。已知：当地规定该企业的房地产开发费用的计算扣除比例为 10%。

要求：计算该企业销售住宅应缴纳的土地增值税税额，并编制相应的会计分录。

4. 甲煤矿有限公司开采原煤 100 万吨，将其中 50 万吨移送加工生产洗选煤，销售洗选煤 30 万吨，不含增值税销售收入为 1 200 万元，洗选煤折算率为 75%。销售原煤 40 万吨，不含增值税销售收入为 1 000 万元，煤炭资源税税率 6%。要求：计算甲煤矿公司应纳资源税税额，并作相关会计核算。

5. 20×2 年，某火电厂总占地面积为 80 万平方米，其中围墙内占地 40 万平方米，围墙外灰场占地 3 万平方米，厂区及办公楼占地 37 万平方米，已知该火电厂所在地适用的城镇土地使用税为每平方米年税额 1.5 元。该厂采用按月计提，按半年缴纳税款。要求：计算该火电厂 20×2 年下半年应缴纳的城镇土地使用税税额，并作会计核算。

6. 20×2 年年初，某企业自有办公楼原值为 5 000 万元，账面已提折旧 1 000 万元。20×2 年 7 月 1 日开始办公楼整体对外出租，每月租金为 2 万元，租期为 2 年。计算该企业 20×2 年下半年应缴纳房产税税额，并作会计核算。

7. 某企业进口自用小汽车一辆，海关审定的关税完税价格为 160 万元，进口环节缴纳关税 40 万元、消费税 50 万元、增值税 32.5 万元。已知车辆购置税税率为 10%。要求：计算该企业应缴纳的车辆购置税税额，并作相关会计核算。

8. 某公司于 20×2 年 7 月注册成立，营业账簿中记载的实收资本为 80 万元、资本公积为 20 万元，共计为 100 万元；同年 12 月初，该公司以自有房产 50 万元作抵押，取得某银行抵押贷款 100 万元，签订合同，合同规定年底归还，但年底因资金周转困难，无力偿还，按照合同规定将抵押房产产权转移给该银行，并依法签订了产权转移书据。要求：计算该公司第 4 季度应缴纳的印花税税额，并编制相应的会计分录。

9. 某公司购买一层楼房用于办公使用，购买价格为 3 600 万元，增值税税款为 324 万元。购买后进行装修，支出 200 万元。已知当地适用的契税税率为 3%。要求：计算该公司应缴纳的契税税额，并作会计核算。

六、讨论题

1. 国家征收关税的作用是什么?

2. 国家征收土地增值税的作用是什么?

3. 国家征收资源税的作用是什么?